Objectif

DAEU

Diplôme d'accès aux études universitaires (DAEU A et B)

Mise à niveau pré-DAEU

ANGLAIS

2e édition

Philippe LANOË
Professeur certifié d'anglais
Université de Nantes

ellipses

Dans la collection « Objectif DAEU »

Christian Battaglia, Marianne Hamon, Delphine Le Gallic, *Mise à niveau pré-DAEU – Français*, 2e édition.

Christian Battaglia, *La Dissertation : rédiger un texte argumentatif*, 2e édition.

Dominique Comelli, Philippe Honnet, Jean-Robert Touvron, *Histoire*, 2e édition.

Dominique Beloeil, Philippe Cocheril, Jean-Robert Touvron, *Géographie*.

Bernard Maxime, *Physique*.

Bernard Truffault, Jean-Yves Diard, *Mathématiques*, 2e édition.

ISBN 9782340-002814

32, rue Bargue 75740 Paris cedex 15

www.editions-ellipses.fr

SOMMAIRE

AVANT-PROPOS

Pour qui ?

Cet ouvrage s'adresse à un public d'adultes désireux de consolider ses connaissances et d'évaluer progressivement ses compétences en anglais. Il a pour ambition de vous remettre le pied à l'étrier en balisant un itinéraire ayant comme objectif final l'acquisition d'un niveau pour envisager le DAEU (Diplôme d'accès aux études universitaires).
L'ouvrage n'est donc pas une méthode pour débutants. Il a été conçu pour être à la fois un outil d'accompagnement à des cours dispensés dans le cadre de formations en présentiel ou à distance, et un outil d'entraînement avec des exercices d'application gradués.

Quelle démarche ?

L'ouvrage se compose de trois modules:
1- Maîtriser le groupe verbal.
2- Maîtriser le groupe nominal.
3- Maîtriser les principaux types d'énoncés.

Chacun de ces modules s'articule autour de séquences qui revisitent les notions grammaticales de base et les connaissances indispensables pour mieux s'exprimer en anglais: *"We cannot live without language. And grammar is the fundamental organizing principle of language."* (David Crystal, *Rediscover Grammar* Longman, 1996).

La remise à niveau d'une langue s'acquiert, entre autres, par une présentation théorique concise, une mise en pratique fondée sur des exercices (écrits et oraux) guidés, semi-guidés et sur la lecture ou l'étude de documents divers authentiques (articles de presse, blagues, citations, jeux de mots etc.). Des incitations à de telles lectures concluent chaque séquence de travail.

Comment travailler ?

Afin de tirer le meilleur parti de l'ouvrage, il vous est vivement conseillé de ne pas brûler les étapes. Chaque séquence comporte trois phases:

- deux phases d'apprentissage pour maintenir le cap : ***C****omprendre pour* ***A****pprendre* et ***P****ratiquer pour maîtriser*
- une phase d'ouverture : *Après l'effort le réconfort*, pour vous inviter à aller plus loin.

1. Dans *Comprendre pour apprendre*, l'objectif est de défricher et déchiffrer les savoirs essentiels. Conscient des contraintes, des ruptures et des apprentissages précédents parfois compliqués d'un public d'adultes en reprise d'études, nous nous sommes appliqué à faire des explications simples pour donner le plaisir de redécouvrir et d'apprendre. Néanmoins cela exigera de votre part une lecture attentive et active, une étude méthodique et un travail de mémorisation (vocabulaire, structures grammaticales, conjugaisons, par exemple).

2. Dans *Pratiquer pour maîtriser*, il s'agira de mettre en œuvre ce que vous aurez revisité et appris à partir d'exercices divers. D'activités basiques vous serez amenés à pratiquer des activités plus complexes pour aboutir à une maîtrise progressive des compétences fondamentales ciblées dans la séquence. Dans maîtriser il y a aimer, et quand on aime on ne compte pas. Les exercices proposés dans cette partie seront légion afin de varier les plaisirs à l'écrit et à l'oral, en classe ou en auto-apprentissage. Vous pourrez mesurer vos progrès en vous reportant aux corrigés en fin d'ouvrage.

3. Dans *Après l'effort le réconfort*, nous vous proposons une variété de documents qui doivent vous permettre de retrouver des points théoriques abordés dans le cours, d'accompagner votre réflexion et votre étude sur la langue, d'élargir la stricte étude linguistique par une approche de textes sociologiques, humoristiques, ou autres, de vous donner le goût à la lecture en version originale et d'élargir le débat … en anglais, *of course !*

Enfin, vous trouverez en annexes quelques suggestions méthodologiques pour l'apprentissage des verbes irréguliers et un petit bilan, *Pick and Choose*, qui démontrera non seulement que l'anglais ne vous reste plus en travers de la gorge, mais aussi que vous pouvez poursuivre vos études *in English* avec confiance et efficacité.

L'auteur remercie chaleureusement Ronald Batchelor et Mandy McLeod pour la relecture du manuscrit et leurs commentaires avisés.

MODULE 1

MAÎTRISER LE GROUPE VERBAL

SÉQUENCE 1 : LE PRÉSENT

LE PRÉSENT SIMPLE

Comprendre pour apprendre

1. Quand l'employer ?

- Pour exprimer des généralités
- Pour exprimer des habitudes.
- Pour exprimer des états (pas d'action).
- Pour exprimer des actions futures générales et habituelles (horaires fixes)
- Pour exprimer un futur dans les subordonnées de temps (introduites par *when, as soon as*).

Quelques exemples dans des expressions types

Might makes right. (La raison du plus fort est toujours la meilleure.)
The exception proves the rule. (C'est l'exception qui fait la règle.)
They sleep in separate rooms. (Ils font chambre à part.)
She doesn't look her age. (Elle ne fait pas son âge.)
She eats like a bird and... he drinks like a fish. (Elle mange trois fois rien… et lui, il boit comme un trou.)
This coffee tastes like dishwater. (C'est du jus de chaussettes.)
She's the one who brings home the bacon. (C'est elle qui fait bouillir la marmite.)
Never say never. (Il ne faut pas dire « fontaine, je ne boirai pas de ton eau. »)
It never rains but it pours. (Un malheur n'arrive jamais seul.)
Short reckonings make long friends. (Les bons comptes font les bons amis.)
He'll do it when hell freezes over! (Il le fera à la saint-glinglin !)

2. Comment le conjuguer ?

Forme affirmative	Forme négative	Forme interrogative
I work	I don't work	Do I work?
You work	You don't work	Do you work?
He/she/it works	He/she/it doesn't work	Does he/she/it work?
We work	We don't work	Do we work?
You work	You don't work	Do you work?
They work	They don't work	Do they work?

3. Formes contractées

do not = don't
does not = doesn't
Les formes contractées (pour tous les temps) s'emploient énormément dans la langue écrite et orale.

4. Réponses courtes

Yes, I/you/we/they do.	No, I/you/we/they don't.
Yes, he/she/it does.	No, he/she/it doesn't.

5. Remarques

Attention aux verbes qui se terminent en -S, -SH, -CH, -X, -O et -Y précédés d'une consonne à la 3e personne du singulier : on ajoute *–es*. (Exemples : *she kisses ; she pushes ; she touches ; she faxes ; she goes; she carries* – le *y* se transforme en *i* devant *es*)

Les adverbes de fréquence (*never, rarely, hardly ever, sometimes, usually, often, always*) se placent :
- avant le verbe s'il est de forme simple : *she **usually buys** the Sunday papers.*
- avant le participe passé ou la forme en –ing s'il est de forme composée : *we have **always eaten** Sunday lunch at 2pm; he is **always complaining**.*
- après le verbe être : *they **are never** late.*

L'interro-négation combine l'interrogation et la négation. Les remarques qui suivent s'appliquent pour tous les temps.
Deux formes possibles :

Forme la plus employée (langue de tous les jours)	**Forme peu employée (langue soutenue)**
Auxiliaire négatif à la forme contractée + sujet (+ verbe)	Auxiliaire + sujet + *not* (+ verbe)
Quelques exemples : *Aren't you French?* *Doesn't Jim like tea?* *Isn't he playing in the garden?* *Don't you work?* *Aren't you working?*	Quelques exemples : *Are you not French?* *Does Jim not like tea?* *Is he not playing in the garden?* *Do you not work?* *Are you not working?*

Pratiquer pour maîtriser

Exercice 1. Conjuguez les verbes suivants au présent simple en reproduisant un tableau identique

live ; pass ; brush ; go ; cry ; play ; watch

Forme affirmative	**Forme négative**	**Forme interrogative**	**Forme interro-négative**
I			
You			
He/she			
We			
You			
they			

Exercice 2. Routine quotidienne

Faites dix phrases simples en disant ce que vous faites habituellement :
I get up at half past seven.
I go to the kitchen and have a light breakfast.

Ensuite faites cinq phrases en disant ce que fait votre conjoint(e)/un(e) de vos ami(e)s ou une autre personne de votre choix.

Exercice 3. Questionnaire

Préparez dix questions au présent simple que vous poserez à votre professeur ou à quelqu'un d'autre dans le groupe (pratiques quotidiennes, passe-temps, voyages etc.)
Do you live in a house or in a flat?
Do you often go to Britain/the States?

Exercice 4. Complétez cet extrait du roman de Julian Barnes, *Talking it Over* avec les verbes au présent simple proposés ci-dessous

live - agrees - go - have - see - means - is - 'm not - tell - exists - subscribe - earn - spend - 's - work - give - agrees - work - get

One of the first things people … you about money is that it … an illusion. It's notional. If you … someone a dollar bill it's not 'worth' a dollar – it's 'worth' a small piece of paper and a small amount of printer's ink – but everyone … , everyone subscribes to the illusion

it's worth a dollar, and therefore it …. All the money in the world only … what it does because people … to the same illusion about it. Why gold, why platinum? Because everyone … to place value upon them. And so on.
You can probably … where I'm leading. The other world illusion, the other thing that … simply because everyone agrees to place a certain value on it, is love.
I … friendless. Don't misjudge me. I … to work, and I … hard, and I … my money. I … in a nice apartment not too far from Dupont Circle. I … friends, both male and female, with whom I … time. I … as close to them as I want to, but no closer.

Exercice 5. Traduisez en anglais
1) Je prends le bus tous les jours.
2) Je connais la petite amie de Paul.
3) Nous visiterons le château de Warwick quand vous viendrez.
4) Le billet d'avion coûte £450.
5) Ecoutez-vous souvent la BBC ?
6) Je ne travaille jamais le lundi.
7) Le dernier train pour Londres part à 23h30.
8) Habite-t-elle dans un appartement ?

LE PRÉSENT PROGRESSIF

Comprendre pour apprendre

1. Quand l'employer ?
- Pour décrire une action spécifique en cours, en train de se faire.
- Pour exprimer une action future spécifique, particulière (on emploie également le présent en français).
- Pour exprimer une posture présente.
- Pour exprimer un agacement avec l'adverbe *always.*

Quelques exemples dans des expressions types
She's walking to and fro. (Elle marche de long en large)
You're fighting a losing battle. (C'est peine perdue/C'est perdu d'avance)
He's yawning his head off. (Elle bâille à s'en décrocher la mâchoire)
He's leading the life of Riley. (Il mène la grande vie)
My boss is always breathing down my neck. (J'ai toujours mon patron sur le dos)

2. Comment le conjuguer ?

Forme affirmative	Forme négative	Forme interrogative
I am working	I'm not working	Am I working?
You are working	You aren't working	Are you working?
He/she/it is working	He/she/it isn't working	Is he/she/it working?
We are working	We aren't working	Are we working?
You are working	You aren't working	Are you working?
They are working	They aren't working	Are they working?

3. Formes contractées
am not = 'm not
is not = isn't
are not = aren't

4. Réponses courtes

Yes, I am.	No, I'm not.
Yes, he/she/it is.	No, he/she/it isn't.
Yes, you, we, they are.	No, you, we, they aren't.

5. Remarques

Le présent progressif est incompatible avec les verbes d'état, sans valeur dynamique.

Les adverbes de fréquence sont incompatibles avec le présent progressif puisqu'il s'agit d'une action particulière en cours sauf avec *always* où le présent progressif exprimera l'humeur de l'énonciateur:

- *It always rains.* (point de vue général)
- *It's always raining!* (humeur de l'énonciateur: son irritation)

Pratiquer pour maîtriser

Exercice 1. Conjuguez les verbes suivants au présent progressif en reproduisant un tableau identique et en suivant les consignes. Regardez l'exemple :

I	work	*Forme négative*	I'm not working
She	write	*Forme affirmative*	
They	stay	*Forme interrogative*	
We	leave	*Forme affirmative*	
You	come	*Forme interronégative*	
He	paint	*Forme négative*	
They	run	*Forme négative*	
You	meet	*Forme affirmative*	

Exercice 2. Mettez les verbes entre parenthèses au présent progressif

1) Britons (drink) … more and (get) … fatter but (live) … longer, figures show.
2) She's still depressed but things … (get) better.
3) Where (they/go) …? – They're off to Brighton.
4) A new multiplex (open) … next month.
5) Our son (study) … to become an engineer.
6) What's the matter, Ron? – I (not feel) … well.
7) He (face) … charges of being an accomplice to rape.
8) Why (you/be) … so fussy?
9) Where is he? – He (clean) … the car.
10) Who (you/think) … of? Keith?

Exercice 3. Traduisez en anglais

1) Que fais-tu ? – Je lis le journal.
2) Nous allons au pub ce soir.
3) Elle ne travaille pas en ce moment.
4) Je ne comprends pas ce qu'elle dit.
5) Il se plaint toujours !
6) Est-il en train de regarder les infos ? – Non.
7) Travaillez-vous samedi après-midi ? – Oui.
8) Elle est assise au coin.

Exercice 4. Quelle est la différence entre :

1A) What does he do?
1B) What is he doing?
2A) He's stupid.
2B) He's being stupid.
3A) They think it's a good project.
3B) They're thinking about the project.

APRÈS L'EFFORT, LE RÉCONFORT

JOKES

The bad news

A son takes his father to the doctor. The doctor gives them the bad news that the father is dying of liver and kidney failure from years of alcohol abuse.

The father tells the son that he has had a good long life and wants to stop at the bar on the way home to celebrate it.

While at the bar, the father sees several of his drinking friends. He tells them that he is dying of AIDS. When the friends leave, the son asks, "Dad, why did you lie? Why did you tell them that you're dying of AIDS?"

The father replies, "I wouldn't trust any of them an inch when I am gone where your mother is concerned."

Doctor? Doctor!

"Doctor, doctor. I keep thinking there are two of me."
"One at a time, please."

"Doctor, doctor. I keep thinking I'm a bell."
"Take these, and if they don't help, give me a ring."

NOTICES

TOILET OUT OF ORDER? PLEASE USE FLOOR BELOW

AUTOMATIC WASHING MACHINES:
PLEASE REMOVE ALL YOUR CLOTHES WHEN THE LIGHT GOES OUT

BARGAIN BASEMENT UPSTAIRS

WOULD THE PERSON WHO TOOK THE STEP LADDER YESTERDAY PLEASE BRING IT BACK OR FURTHER STEPS WILL BE TAKEN?

AFTER TEA BREAK, STAFF SHOULD EMPTY THE TEAPOT AND STAND UPSIDE DOWN ON THE DRAINING BOARD

WE EXCHANGE ANYTHING: BICYCLES, WASHING MACHINES ETC.
WHY NOT BRING YOUR WIFE ALONG AND GET A WONDERFUL BARGAIN?

FOR ANYONE WHO HAS CHILDREN AND DOESN'T KNOW IT,
THERE IS A DAY CARE CENTRE ON THE 1ST FLOOR

SÉQUENCE 2 : LE PRÉTÉRIT

LE PRÉTÉRIT SIMPLE

Comprendre pour apprendre

1. Quand l'employer ?

- Pour exprimer une action révolue, brève et bien ancrée dans le passé. Elle n'a aucun lien avec le présent (cela est souvent précisé par un marqueur temporel : *last night, yesterday, two days ago*)
- Pour exprimer un fait irréel (souhait, regret) ; pour entrer dans le monde du virtuel. Les expressions suivantes provoquent ce prétérit que l'on appelle *prétérit modal* : *if* (si), *if only* (si seulement), *I wish* (j'aimerais bien ; si seulement), *I would rather* (je préférerais), *it is time* (il est temps que), *it is high time* (il est grand temps que).

Notez bien que dans les deux cas la rupture avec le présent existe bien : dans le premier cas l'action réelle n'a plus aucun rapport avec le présent ; dans le deuxième cas, l'action irréelle ou virtuelle n'a évidemment aucun rapport avec une situation présente réelle.

1- *I had an old mini when I was a student.*

2- *I wish I had my old mini now because you don't see them very often these days. It'll soon be a vintage car.*

Dans l'irréel on emploiera de préférence *were* à toutes les personnes. Cependant, il n'est pas rare d'entendre: *I wish I was…, If I was …*

I wish I were rich. (J'aimerais bien être riche ; si seulement j'étais riche.)

I wish I were a fly on the wall. (J'aimerais être une petite souris.)

If only she were here. (Si seulement elle était là.)

Pour résumer, le prétérit c'est « Touche pas au présent ! »

2. Comment le conjuguer ?

- **Verbes réguliers : un exemple avec *to work***

Forme affirmative	Forme négative	Forme interrogative
I worked	I didn't work	Did I work?
You worked	You didn't work	Did you work?
He/she/it worked	He/she/it didn't work	Did he/she/it work?
We worked	We didn't work	Did we work?
You worked	You didn't work	Did you work?
They worked	They didn't work	Did they work?

- **Verbes irréguliers : un exemple avec *to break***

Forme affirmative	Forme négative	Forme interrogative
I broke	I didn't break	Did I break?
You broke	You didn't break	Did you break?
He/she/it broke	He/she/it didn't break	Did he/she/it break?
We broke	We didn't break	Did we break?
You broke	You didn't break	Did you break?
They broke	They didn't break	Did they break?

3. Formes contractées

did not = didn't

4. Réponses courtes

Yes, I/you/he/she/it/we/you /they did.	No, I/you/he/she/it/we/you /they didn't.

5. Remarques

- Il y a des verbes réguliers qui prennent *-ed* à la forme affirmative (se reporter au tableau ci-dessus avec *to work*) et des verbes irréguliers pour lesquels les formes affirmatives sont bien évidemment à connaître par cœur (exemple : *to break, broke*). Consultez la liste des principaux verbes irréguliers à la fin du livre.
- Pour les verbes réguliers on ajoute *-ed* à la base verbale (*worked*) ; on ajoute *-d* si la base se termine déjà par *e* (*managed*), on redouble la consonne finale sur une syllabe accentuée lorsqu'une voyelle est placée entre deux consonnes (*rob/robbed*) et on transforme le *y* final de la base verbale en *-ied* (*cry/cried*).
- Pour l'interro-négation, deux structures sont possibles :
  Structure 1 (la plus usuelle) : (mot interrogatif) + *didn't* + sujet + base verbale ?
  Structure 2 (registre de langue élevé) : (mot interrogatif) + *did* + sujet + *not* + base verbale ?
- Les adverbes de fréquence (*never, rarely, hardly ever, sometimes, usually, often always*) se placent :
  - avant le verbe s'il est de forme simple : *she* ***hardly ever visited*** *her grandmother.*
  - devant la base verbale ou la forme en *-ing* s'il est de forme composée : ***Did he ever say*** *'no' ? We* ***didn't often go*** *there ; they were* ***always arguing****.*
  - après le verbe être : *He* ***was always*** *ready to help.*

Attention à la traduction du prétérit en français : il correspond au passé simple, à l'imparfait ou au passé composé. Seul le contexte permettra de déterminer le choix du temps français.

Pratiquer pour maîtriser

Exercice 1. Conjuguez les verbes suivants au prétérit simple. Suivez les consignes

We	Forme affirmative	*wait*	*We waited*
I	Forme négative	*drive*	
You	Forme interrogative	*buy*	
He/she	Forme interronégative	*get*	
We	Forme affirmative	*remember*	
You	Forme affirmative	*forget*	
They	Forme affirmative	*cry*	

Exercice 2. Dites si le prétérit simple conviendrait pour exprimer les énoncés suivants en anglais. Vous reporterez vos réponses V (vrai) ou F (faux) dans une grille identique à celle-ci-dessous.

1	2	3	4	5	6	7

1) Je n'ai jamais vraiment aimé prendre l'avion.
2) Elle nous connaît depuis l'année dernière.
3) Quand es-tu allé en Angleterre ?
4) Il est grand temps que je commence mes révisions. Les examens approchent.
5) Nous avons attendu une heure puis nous sommes partis.
6) Hier à cette heure-là, nous attendions Pat à l'aéroport.
7) Je préférerais qu'il ne vienne pas.

Exercice 3. *Dreams, dreams, dreams!*
Complétez les phrases suivantes avec la forme correcte du verbe entre parenthèses.

1) I wish she … (have) a car.
2) It's time somebody … (teach) her a lesson.
3) If I … (be) you, I would leave it as it is.
4) I'd rather you … (not drive) tonight. You look tired.
5) Do you mind if I smoke? – I'd rather you … (do).
6) What would you do if they … (decide) to leave home?

Exercice 4. Traduisez en anglais
1) À quelle heure sont-ils arrivés ?
2) Ils se sont rencontrés hier matin.
3) Où étiez-vous ? – J'ai appelé deux fois hier soir.
4) Je ne l'ai pas vue dimanche.
5) Il est grand temps que tu travailles.
6) Si seulement j'avais/J'aimerais bien avoir plus d'argent.
7) Je préférerais que tu ne l'appelles pas.
8) Elle a attendu vingt minutes puis elle est partie.
9) J'ai acheté un ordinateur samedi dernier.
10) Pourquoi ne lui as-tu pas dit ?

LE PRÉTÉRIT PROGRESSIF

Comprendre pour apprendre

1. Quand l'employer ?

- Pour décrire une action spécifique en cours, qui était en train de se réaliser dans le passé.

I couldn't answer the phone. I was having a shower.

- Pour insister sur le déroulement, la durée de l'action dans le passé. Cette action en déroulement peut être interrompue par une action soudaine (au prétérit simple).

I was watching the news when the phone rang.

- Pour exprimer une posture dans le passé.

At this time yesterday I was lying on the beach.

2. Comment le conjuguer ?

Forme affirmative	Forme négative	Forme interrogative
I was working	I wasn't working	Was I working?
You were working	You weren't working	Were you working?
He/she/it was working	He/she/it wasn't working	Was he/she/it working?
We were working	We weren't working	Were we working?
You were working	You weren't working	Were you working?
They were working	They weren't working	Were they working?

3. Formes contractées
was not = wasn't
were not = weren't

4. Réponses courtes

Yes, I/he/she/it was.	No, I/he/she/it wasn't.
Yes, you, we, they were.	No, you, we, they weren't.

5. Remarques

- Le passé progressif est incompatible avec les verbes d'état, sans valeur dynamique.
- Les adverbes de fréquence sont difficilement compatibles avec le passé progressif puisqu'il s'agit d'une action particulière qui était en cours.
- Attention aux différences de sens : *He thought she was right* (il pensait qu'elle avait raison) ; *He was thinking about it.* (il y réfléchissait = il était en train d'y penser)
- Pour la forme interro-négative, deux structures sont possibles :
  Structure 1, la plus courante : (mot interrogatif) + *wasn't/weren't* + sujet + *V-ing* ?
  Structure 2, registre de langue élevé : (mot interrogatif) + *was/were* + sujet + *not* + *V-ing* ?

- Le prétérit progressif correspond à l'imparfait (qui exprime une action passée durative, une action qui était en cours – qui **était en train de** ...).

Pratiquer pour maîtriser

Exercice 1. Have you got a good memory or a memory like a sieve?
Look at your watch... What's the time?
1) What were you doing at this time yesterday?/the day before yesterday?/last Saturday?/on Sunday?
2) What were you doing just before your English teacher came in?

Exercice 2. Comparez et traduisez en français
1) « I went to London last week. » she said.
2) He always went to London by car. He didn't like public transport.
3) He went into a pub, shouted at everyone and fell over! He was drunk!

Exercice 3. Vrai ou faux ? On emploie le prétérit pour traduire les phrases suivantes. Entourez la réponse qui vous semble correcte.

1- Je n'ai pas vu ma sœur depuis trois mois.	VRAI	FAUX
2- Je ne suis jamais allé aux États-Unis.	VRAI	FAUX
3- Ma mère ne travaille pas en ce moment.	VRAI	FAUX
4- Regarde ! J'ai acheté une nouvelle moto.	VRAI	FAUX
5- Les enfants sont allés à Londres hier.	VRAI	FAUX
6- J'ai toujours aimé le chocolat.	VRAI	FAUX
7- Il est temps que tu te mettes à travailler ton anglais.	VRAI	FAUX
8- Si seulement elle venait en Espagne avec nous.	VRAI	FAUX
9- Je ne l'ai pas cru quand il m'a dit qu'il avait une villa en Espagne.	VRAI	FAUX
10- Dickens a écrit *De Grandes Espérances*.	VRAI	FAUX

Exercice 4. Mettez les verbes entre parenthèses à la forme correcte, soit au prétérit simple soit au passé progressif
1- They (meet) ---------------- early this morning.
2- When (you + see) -------------------------- them?
3- She (make) ----------------------- some coffee when I (arrive) ------------------
4- He (read) ----------------------------- the newspaper while she (do) ----------------------- the washing-up. How rude!
5- We (not go) -------------------- to the British Museum. We (not have) ----------------- enough time.

Exercice 5. Marqueurs temporels. Chassez l'intrus dans chaque colonne

Yesterday	Every day	The other day
Last Monday	On Sundays	Tomorrow
Next week	Today	In a couple of days
Two years ago	At five this morning	Next year
On Friday.	Now	Soon

Exercice 6. Complétez les questions
1-We went to an Italian restaurant last Saturday.
Where --?
2- I had steak for dinner.
What ---?
3- She taught in that school for thirty years.
How long --?

4- They arrived late because there was an accident on the motorway.
Why ---?
5- My father told me the whole story.
Who -- ?

Exercice 7. Verbes irréguliers. Complétez le tableau :

To speak		spoken	parler
To find		found	
	saw		
		written	
			prendre
	swam		
	chose		
To drink			
			acheter
		eaten	

Un conseil
Reportez-vous à la fin de l'ouvrage et commencez à apprendre de manière régulière et méhodique les verbes irréguliers. Des séries de tests vous sont proposées.

Exercice 8. Traduisez en anglais :
1) Que faisais-tu ? – Je lisais le journal quand il est arrivé.
2) « Que faisiez-vous à cinq heures samedi matin ? » demanda l'inspecteur.
3) Elle écoutait son MP3 pendant qu'elle attendait son bus.
4) Elle était assise dans un fauteuil et attendait patiemment.
5) Elle parlait au téléphone quand son patron est entré dans le bureau.

APRÈS L'EFFORT, LE RÉCONFORT

A NURSERY RHYME

The History of an Apple Pie Written by *Ze* awful Z.

A was an apple pie.
B bit it.
C cut it.
D dealt it.
E eyed it.
F fought for it.
G got it.
H had it.
I inspected it.
J joined for it.
K kept it.
L longed for it.
M mourned for it.
N nodded at it.
O opened it.
P peeped into it.
Q quartered it.
R ran for it.
S stole it.
T took it.
U upset it.

V viewed it.
W wanted it.
X X-rayed it.
Y yawned for it.
Z zapped it!

JOKES

The Sin of Lying

A minister told his congregation. "Next week I plan to preach about the sin of lying. To help you understand my sermon, I want you all to read Mark chapter 17."

The following Sunday, as he prepared to deliver his sermon, the minister asked for a show of hands. He wanted to know how many had read Mark 17. Every hand went up. The minister smiled and said: "Mark has only written sixteen chapters. I will now proceed with my sermon on the sin of lying."

An old man was driving on the motorway when his mobile rang. It was his wife saying that she had just heard a news report about a car that was driving the wrong way up the motorway.

"I know," said the old man. "But it's not just one car, it's hundreds of them!"

When a man arrived home from work, his wife was waiting for him. She sat him down and told him she had good news and bad news about the car.

"Right," he said. "What's the good news?"

She said "The airbag works."

WHAT DO YOU THINK OF IT?

Congratulations to all the kids who were born in the 1940s, 50s, 60s and 70s!

First we survived being born to mothers who smoked and/or drank while they carried us. They took aspirin, ate blue cheese dressing, tuna from a tin, and didn't get tested for diabetes.

Then after that trauma, our baby cots were covered with bright colour lead-based paints. We had no childproof lids on medicine bottles, doors or cabinets and when we rode our bikes, we had no helmets, not to mention the risks we took hitchhiking.

As children we would ride in cars with no seat belts or air bags and riding in the back of a van – loose – was always great fun.

We drank water from the garden hosepipe and NOT from a bottle. We shared one soft drink with four friends, from one bottle and NO ONE actually died from this.

We ate cakes, white bread and real butter and drank pop with sugar in it, but we weren't overweight because WE WERE ALWAYS OUTSIDE PLAYING!

We would leave home in the morning and play all day, as long as we were back when the street lights came on. No one was able to reach us all day. And we were OK.

We would spend hours building our go-carts out of scraps and then ride them down the hill, only to find out we forgot the brakes. After running into the bushes a few times we learned to solve the problem.

We did not have *Playstations, Nintendos, X-boxes*, no video games at all, no endless channels on cable, no video tape movies, no surround sound, no cell phones, no text messaging, no personal computers, no Internet or Internet chat rooms – WE HAD FRIENDS and we went outside and found them!

We fell out of trees, got cut, broke bones and teeth and there were no lawsuits from these accidents. We played with worms and mud pies made from dirt and the worms did not live in us forever.

We made up games with sticks and tennis balls and although we were told it would happen, we did not poke out any eyes. We rode bikes and walked to a friend's house and knocked on the door or rang the bell, or just yelled for them!

Local teams had tryouts and not everyone made the team. Those who didn't had to learn to deal with disappointment. Imagine that!

The idea of a parent bailing us out if we broke the law was unheard of. They actually sided with the law. And if we were punished at school, the last person we complained to was our parents because we knew we would get another good hiding for getting into trouble with our teacher.

This generation has produced some of the best risk-takers, problem solvers and inventors ever! The past 50 years have been an explosion of innovation and new ideas. We had freedom, failure, success and responsibility, and we learned HOW TO DEAL WITH IT ALL!

SÉQUENCE 3 : AUTRES FAÇONS D'EXPRIMER LE PASSÉ

Used to + V
Would + V
Kept + V-ing/went on + V-ing
Pluperfect & past perfect

Comprendre pour apprendre

USED TO + V

1. Quand l'employer ?

- Pour évoquer une habitude passée que l'on a abandonnée.
- Pour traduire les notions suivantes : *autrefois, avant, jadis, naguère, dans le temps.*
- *Used to + V* oppose le passé au présent avec une rupture franche (véhiculant l'idée d'*avant*) alors que le prétérit se contente d'exposer un fait passé.
  There was a post office here.
  There used to be a post office here.

2. Comment conjuguer ?

Forme affirmative	Forme négative	Forme interrogative
I used to work	I didn't use(d) to work	Did I use(d) to work?
You used to work	You didn't use(d) to work	Did you use(d) to work?
He/she/it used to work	He/she/it didn't use(d) to work	Did he/she/it use(d) to work?
We used to work	We didn't use(d) to work	Did we use(d) to work?
You used to work	You didn't use(d) to work	Did you use(d) to work?
They used to work	They didn't use(d) to work	Did they use(d) to work?

3. Forme contractée

did not use(d) to = didn't use(d) to

4. Réponses courtes

Yes, I/you/he/she/it/we/you /they did.	No, I/you/he/she/it/we/you /they didn't.

5. Remarques

- Les formes *didn't used to* et *did you/he/she etc. used to* sont acceptables de nos jours.
- Ne pas confondre *used to + V* avec *be used to + V-ing/nom/pronom.*

1) be used to + V-ing/nom = avoir l'habitude de.
Cette expression véhicule vraiment la notion d'habitude d'une action/activité
Exemples :
I am used to getting up early. (J'ai l'habitude de me lever tôt.)
I am used to it. (J'y suis habitué.)
2) get used to + V-ing/nom/pronom = s'habituer à
Exemples :
I'm getting used to it. (Je m'y habitue.)
I had got used to swimming in cold water when I lived in England. (Je m'étais habitué à nager dans une eau froide quand je vivais en Angleterre.)

- Notez la nuance entre :

I used to get up early. (Autrefois je me levais de bonne heure.)
I was used to getting up early. (J'avais l'habitude de me lever tôt.)

- La forme en *used to* se traduit en français par l'imparfait.

Pratiquer pour maîtriser

Exercice 1. Les temps changent !
Vous avez changé depuis votre adolescence. C'est sûr ! Dites en quoi.
Voici quelques exemples :
I used to ride a bike.
I used to play badminton.
I didn't use to have a laptop and a mobile.
I used to be fatter because I ate junk food all the time/I kept nibbling.
I didn't use to have a credit card.

Le début du 20e siècle et maintenant. Quelles différences ?
Voici quelques exemples :
People didn't use to eat meat every day. It was a real luxury.
In some villages lost in the middle of nowhere, they didn't use to have electricity.
School didn't use to be compulsory until the age of sixteen.
People didn't use to freeze food.
People used to work longer hours.
Most women used to spend all their time at home.

Photos souvenirs
Présentez deux cartes postales/deux clichés pris à des époques différentes et présentant le même lieu dans votre village/ville. Dites ce qui a changé.
Par exemple :
Look! There used to be a café there. Now it's a block of flats.

***Be a Nosey Parker!* (Soyez curieux !)**
Fouillez dans le passé de votre professeur ou d'une personne de votre groupe.
Did you use to have long hair?
Where did you use to live?
Didn't you use to live in the States?

Exercice 2. Comment diriez-vous ?
1- Je n'ai pas l'habitude de conduire à gauche.
A- *I'm not used to driving on the left.*
B- *I didn't use to drive on the left.*
2- Tu avais une barbe avant, hein ?
A- *You are used to having a beard, aren't you?*
B- *You used to have a beard, didn't you?*
3. Ne t'inquiète pas ! Tu t'y habitueras.
A- *Don't worry! You'll get used to it.*
B- *Don't worry! You'll be used to it.*
4. Il était si gros que ses copains l'appelaient *Piggy.*
A- *He was so fat that his friends called him Piggy.*
B- *He was so fat that his friends used to call him Piggy*
5. Avant nous habitions dans un appartement.
A- *We are used to living in a flat.*
B- *We used to live in a flat.*

Exercice 3. Trouvez les bonnes correspondances.

1	2	3	4	5

1- She used to eat vegetarian food.
2- She's got used to eating vegetarian food.
3- She isn't used to eating vegetarian food.

4- She didn't use to eat vegetarian food.
5- She is used to eating vegetarian food.
A- Avant elle ne mangeait pas de plats végétariens.
B- Elle s'est habituée à manger des plats végétariens.
C- Elle a l'habitude de manger des plats végétariens.
D- Autrefois elle mangeait des plats végétariens.
E- Elle n'a pas l'habitude de manger des plats végétariens.

Exercice 4. Lisez cette pub anglaise et dites de quel article il s'agit et ce qui a changé ; les personnes ciblées. Ensuite traduisez-la en français.

Your eyes aren't what they used to be.
Your ears aren't what they used to be.
Your knees aren't what they used to be.
Fortunately stair lifts aren't what they used to be.

Comprendre pour apprendre

WOULD + V

1. Quand l'employer ?

- Pour évoquer un comportement typique ou prévisible dans le passé ; une caractéristique, c'est-à-dire à quoi il fallait s'attendre.
- Pour traduire la notion de *volontiers.*

2. Comment conjuguer ?

Forme affirmative	Forme négative	Forme interrogative
I would work	I wouldn't work	Would I work?
You would work	You wouldn't work	Would you work?
He/she/it would work	He/she/it wouldn't work	Would he/she/it work?
We would work	We wouldn't work	Would we work?
You would work	You wouldn't work	Would you work?
They would work	They wouldn't work	Would they work?

3. Forme contractée

would not = wouldn't

4. Réponses courtes

Yes, I/you/he/she/it/we/you /they would.	No, I/you/he/she/it/we/you /they wouldn't.

5. Remarques

- Ne pas confondre cette structure avec le conditionnel. Veillez au contexte.

Exemples : *She would swim for an hour before breakfast.* (Elle nageait pendant une heure avant de prendre son petit déjeuner.)

*She would swim for an hour before breakfast **if** they had a swimming-pool.* (Elle nagerait pendant une heure avant son petit déjeuner s'ils avaient une piscine.)

- Cette structure véhicule toujours une caractéristique du sujet, un comportement typique et une volonté sous-jacente. Elle s'emploiera donc toujours avec un verbe d'action.

Exemples : *My grandmother would sit for hours without saying a word.* (Ma grand-mère restait assise pendant des heures sans rien dire.)

We had a small kitchen and at mealtimes, the table would come out in the middle of the room. (Nous avions une petite cuisine, et au moment des repas, la table arrivait toujours/comme par enchantement au milieu de la pièce.)

Pour traduire « Autrefois il y avait un pub ici. » on dira: *There used to be a pub here*, et non pas: *There would be a pub here.*

➢ Cette structure en *would* se traduit toujours par un imparfait en français.

Pratiquer pour maîtriser

Exercice 1. Dites si l'auxilaire *would* fait référence au conditionnel ou au comportement prévisible

1) What would you like to do tonight?
2) He would call his girlfriend every day and ask her if she had changed her mind.
3) I would insist if I were you.
4) They would often hear him complaining.
5) She would shout at her children all the time.
6) He would never take his car to town. He said public transport was easier and cheaper.
7) It's very hot. I'm sure you wouldn't mind a drink.

Exercice 2. Traduisez en français cet extrait de roman :

Anthea had been fond of her grandmother – Granny, that is, rather than her mother's mother, who was, or had been, Nan. She used to visit her in Swansea twice a year and spend a week with her every summer in Pembrokeshire. Each visit would end with Granny fetching her purse –'a little something to tide you over' – and Anthea guiltily accepting her largesse.

Blake Morrison, *South of the River*, Vintage Books, London, 2007, p.262

KEPT (ON) + V-ing / WENT ON + V-ing

Elles correspondent à *« ne pas s'arrêter de », « continuer de/à »*

Exemples : *The teacher asked them to be quiet but they kept (on) talking.* (Le professeur leur a demandé de se taire mais ils ont continué de parler.)

They kept (on) talking./They went on talking. (Elles n'arrêtaient pas de bavarder.)

LE *PLUPERFECT* SIMPLE/*PAST PERFECT* SIMPLE

Comprendre pour apprendre

Mise au point

Le *pluperfect* correspond à notre plus-que-parfait ou à notre imparfait.
Le *past perfect* correspond à notre passé antérieur.

Exemples	Commentaires et traduction anglaise
Nous l'avions déjà rencontrée.	Il s'agit d'une rencontre qui avait déjà eu lieu par rapport à un moment du passé ; par rapport au weekend dernier quand nous l'avons revue, par exemple. *We **had** already **met** her.*
Nous la connaissions.	Il s'agit d'un état dans le passé, un point c'est tout. Aucune indication sur depuis combien de temps on la connaissait. We ***knew*** her.
Nous la connaissions **depuis trois mois**.	Il s'agit bien d'une référence au passé mais en plus (bonus !) on nous renvoie encore plus loin dans le passé (passé du passé) en nous précisant la durée. *We **had known** her **for** three months.*

Nous la connaissions **depuis septembre 2010**.	Mêmes remarques que précédemment, mais là on précise le point de départ. *We **had known** her **since** September 2010.*

Le passé antérieur français est peu employé. On le rencontre dans les propositions subordonnées introduites par *quand, lorsque, dès que, une fois que*. Il se situe dans le passé d'un autre passé.

Exemples : Dès qu'il **eut terminé** son travail, il alla se coucher.
*As soon as he **had finished** his work, he went to bed.*
On dirait plus facilement : Une fois son travail terminé …

1. Quand l'employer ?

- Pour exprimer « le passé du passé » ou l'antériorité : une action commencée avant une action passée. Il établit un lien d'antériorité entre deux actions passées.

Exemples : *I had worked.* (J'avais travaillé.)
My children had finished their homework when I got back home last night. (Mes enfants avaient terminé leurs devoirs quand je suis rentré à la maison hier soir.)

- Pour exprimer un fait, un état, une action commencés avant un point du passé et qui se poursuivait jusqu'à ce point du passé et même après.
  Exemples : *We had had our new car for a month when it was stolen.* (Nous avions notre nouvelle voiture depuis un mois quand elle fut volée.)
  They had lived in that flat since 1925 when the war broke out (Ils habitaient dans cet appartement depuis 1925 quand la guerre éclata.)
- Pour transposer dans le discours indirect et pour respecter la concordance des temps.
  Exemples : *She said: "I saw you yesterday."* (Elle a dit : Je t'ai vu hier.)
  She said she had seen me the day before. (Elle a dit qu'elle m'avait vu la veille.)
- Pour exprimer un regret par rapport au passé.
  Exemples : *I wish I had bought this flat.* (Si seulement j'avais acheté cet appartement/Je regrette de ne pas avoir acheté cet appartement.)
  I wish I hadn't told them. (Si seulement je ne leur avais pas dit/Je regrette de le leur avoir dit.)

2. Comment le conjuguer ?

Forme affirmative	Forme négative	Forme interrogative
I had worked	I hadn't worked	Had I worked?
You had worked	You hadn't worked	Had you worked?
He/she/it had worked	He/she/it hadn't worked	Had he/she/it worked?
We had worked	We hadn't worked	Had we worked?
You had worked	You hadn't worked	Had you worked?
They had worked	They hadn't worked	Had they worked?

3. Forme contractée

had not = hadn't

4. Réponses courtes

Yes, I/you/he/she/it/we/you /they had.	No, I/you/he/she/it/we/you /they hadn't.

5. Remarques

- Certains verbes français se conjuguent avec l'auxiliaire *être* et d'autres avec l'auxiliaire *avoir*. Cela n'a aucune incidence en anglais. On emploiera toujours l'auxiliaire *had* suivi du participe passé du verbe.

Exemples : *They had already told me everything.* (Ils m'avaient déjà tout raconté.)
They had already met. (Ils s'étaient déjà rencontrés.)

- Les participes passés des verbes réguliers se terminent en *–ed* (*want/wanted*) alors que les participes passés des verbes irréguliers doivent être mémorisés (*break/broken ; feel/felt*). Pour cela reportez-vous à la liste de ces verbes en fin d'ouvrage.

LE *PLUPERFECT* PROGRESSIF/*PAST PERFECT* PROGRESSIF

Comprendre pour apprendre

1. Quand l'employer ?

- Pour décrire une action qui était en train de se réaliser dans le passé depuis un certain temps.
  Exemple : *I had been sleeping for twenty minutes when I heard some shouts outside.* (Je dormais depuis vingt minutes quand j'entendis des cris dehors.)
- Pour insister sur le déroulement, la durée de l'action dans le passé du passé. Cette action qui était en déroulement depuis un certain temps peut être interrompue par une action soudaine (au prétérit simple).
  Exemples : *I had been watching television since seven o'clock in the morning when the phone rang.* (Je regardais la télévision *depuis sept heures du matin* quand le téléphone sonna.)
  I was watching television when the phone rang. (Je regardais la télévision quand le téléphone sonna.)
- Pour exprimer une posture commencée dans le passé du passé.
  Exemple : *I had been lying on the beach all alone for ten minutes when a gang of children turned up and began making an awful lot of noise.* (Cela faisait dix minutes que j'étais allongé sur la plage quand une bande d'enfants est arrivée et s'est mise à faire du boucan.)

2. Comment le conjuguer ?

Forme affirmative	Forme négative	Forme interrogative
I had been working	I hadn't been working	Had I been working?
You had been working	You hadn't been working	Had you been working?
He /she/it had been working	He /she/it hadn't been working	Had he/she/it been working?
We had been working	We hadn't been working	Had we been working?
You had been working	You hadn't been working	Had you been working?
They had been working	They hadn't been working	Had they been working?

3. Forme contractée

had not been = hadn't been

4. Réponses courtes

Yes, I/you/he/she/it/we/you /they had.	No, I/you/he/she/it/we/you /they hadn't.

5. Remarques

- Veillez au contexte. Pour la phrase suivante, il y a deux interprétations possibles.
  *He **had been driving** for five hours when he decided to stop and have a break*
  1- Il **conduisait** depuis cinq heures quand il décida de s'arrêter et de faire une pause
  2- Il **avait conduit** pendant cinq heures quand il décida de s'arrêter et de faire une pause.

- Apprenez les participes passés des verbes irréguliers.
- L'implication d'un nombre est incompatible avec la forme progressive. Soit on s'intéresse au nombre (résultat quantitatif), soit à l'action ou à sa traçabilité/aux effets visibles (*V-ing*)

  Exemples : He **had been eating** chocolate. (Il avait mangé du chocolat – et ça se voyait !-)
  He **had eaten** *three* bars of chocolate. (Il avait mangé **trois** barres de chocolat.)

Pratiquer pour maîtriser

Exercice 1. Trouvez l'erreur et récrivez cette phrase correctement
The driver was driving for 38 hours without a break before colliding with the family's car.

Exercice 2. Mettez les verbes entre parenthèses exprimant le passé aux formes adéquates.
1) There … (be) smoke everywhere. Everybody … (wonder) what (happen) …
2) They were exhausted but they … (keep/walk).
3) As soon as all her friends … (leave), Irena (go) … to the kitchen and (start) … doing the dishes. She … (be not used to/have) so many guests in her house.
4) I … (never try) haggis until I … (visit) friends in Scotland.
5) We … (not notice) that Chris … (leave) a twenty-pound note on our son's desk.
6) We … (not want) to go to Mexico with them because we … (already/be) there.
7) I … (not speak) to her for ages ! We … (have) an argument a couple of years before.
8) She … (teach) geography for thirty odd years when she … (decide) to retire.
9) They … (split up) three months ago. How long … (be) married? – No idea!
10) You said he … (used to/teach) at the University of Nottingham, didn't you?

Exercice 3. Traduisez en anglais.
1) Avant, elle habitait à Nottingham, n'est-ce pas ?
2) À l'époque nous n'avions pas de vacances. – Ah non ?
3) Ils n'arrêtaient pas de se quereller.
4) Est-ce qu'avant tu travaillais trente-cinq heures par semaine ? – Oh non.
5) Nous nous connaissions depuis cinq ans quand nous nous sommes mariés.
6) Elle attendait ses parents dans le parc.
7) Elle attendait ses parents dans le parc depuis une demi-heure quand il se mit à pleuvoir.
8) Elle avait oublié son parapluie.
9) Quand je leur ai dit comment cela s'était passé et pourquoi elle l'avait fait, personne ne m'a cru.
10) Je regrette de ne pas leur avoir écrit plus tôt.

APRÈS L'EFFORT, LE RÉCONFORT

A NURSERY RHYME from *The Mother Goose Book*

Solomon Grundy,
Born on a Monday.
Christened on Tuesday.
Married on Wednesday.
Took ill on Thursday.
Worse on Friday.
Died on Saturday.
Buried on Sunday.
This is the end of
Solomon Grundy.

JOKES

Comments at your funeral

Three friends die in a car accident and they go to an orientation in heaven. They are all asked: "When you are in your coffin, and friends and family are mourning you, what would you like to hear them say about you?"

The first guy says: "I would like to hear them say that I was a great doctor of my time and a great family man."

The second guy says: "I would like to hear that I was a wonderful husband and school teacher which made a huge difference in our children of tomorrow."

The last guy replies: "I would like to hear them say … Look he's moving!"

A sad little boy

For weeks, a six-year-old boy had been telling his teacher about the baby brother or sister that was expected at his house. One day his mother allowed him to feel the movements of the unborn child. Although obviously impressed, he didn't say anything and from then on, he stopped telling his teacher about the impending event.

The teacher finally sat the boy on her lap and said: "Timmy, whatever became of that baby brother or sister you were expecting at home?"

Timmy burst into tears and confessed: "I think Mommy ate it!"

WORDS, WORDS, WORDS : how they change!
We Are Survivors!
(For those born before 1940)

We were born before television, before penicillin, polio shots, frozen foods, Xerox, contact lenses, videos and the pill. We were before radar, credit cards, split atoms, laser beams and ballpoint pens, before dish-washers, tumble driers, electric blankets, air-conditioners, drip-dry clothes, and before man walked on the moon.

We got married first and then lived together (how quaint can you be?). We thought "fast food" was what you ate in Lent, a "Big Mac" was an oversized raincoat and "crumpet" we had for tea. We existed before house husbands, computer dating and "sheltered accommodation" was where you waited for a bus.

We were before day care centres, group homes and disposable nappies. We never heard of FM radio, tape decks, artificial hearts, word processors, or young men wearing earrings. For us, "time sharing" meant togetherness, a "chip" was a piece of wood or fried potato, "hardware" meant nuts and bolts, and "software" wasn't a word.

Before 1940, "Made in Japan" meant junk, the term "making out" referred to how you did in your exams, "stud" was something that fastened a collar to a shirt, and "going all the way" meant staying on a double-decker bus to the terminus. In our day, cigarette smoking was "fashionable", "grass" was mown, "coke" was kept in the coalhouse, a "joint" was a piece of meat you ate on Sundays and "pot" was something you cooked in. "Rock Music" was a fond mother's lullaby, "Eldorado" was an ice-cream, a "gay person" was the life and soul of the party, while "aids" just meant beauty treatment or help for someone in trouble.

We who were born before 1940 must be a hardy bunch when you think of the way in which the world has changed and the adjustments we have had to make. No wonder there is a generation gap today… BUT

By the grace of God… we have survived!

Vocabulaire

Split atom : fission de l'atome
Tumble-drier : sèche-linge
Drip-dry clothes : vêtements qui se lavent et s'étendent sans essorage/repassage.
Quaint : bizarre
Crumpet : petite galette
A nice bit of crumpet : une meuf
Tape deck : platine

Sheltered accomodation : foyer-logement
Hardware : quincaillerie
Nuts and bolts : boulons et écrous
Chip : copeau de bois
To make out : s'en sortir
To make out : se peloter, se tripoter
Stud : bouton de col
Stud : étalon, mec
To go all the way: coucher avec quelqu'un (aller jusqu'au bout)
Pot: marijuana (to smoke pot: fumer de l'herbe)
Joint : rôti
A lullaby : une berceuse
To be the life and soul of the party: être le boute-en-train
Hardy bunch : des gens costauds/robustes
The generation gap : le fossé des générations.

ADVERTS

Traffic examiners
£25,260 - £28,439 + benefits
Keeping dangerous vehicles off the UK's roads and trying to stop accidents before they happen – that's what we're aiming for at VOSA. From spot checking drivers and vehicles on the road, to testing vehicles at our testing stations and licensing vehicle operators, we're committed to making the roads safer.
You'll be involved in checking a range of vehicles on the roadside or at operators' sites, for everything from tachographs and weights, to operator's licences. This will include checking the safety of hazardous materials being stored and transported. You'll also prepare papers and recommendations on cases for prosecution. Naturally, you'll need to be a good communicator, with a background in transport management and legal compliance, or experience of transport or law enforcement.
In return, we'll give you a range of benefits including 30 days' holiday, mileage allowance and childcare vouchers.
To find out more and apply, go to www.vosa.gov.uk/careers
Closing date :1st February 2008

"I wish I had phoned you sooner" spoken by so many grateful clients
P.J. Millin, P.H.C. Psychologist/Hypnotherapist, has helped many thousands of people!
Lack of confidence, stress, overweight, blushing, phobias, anxiety, sex problems, stop smoking, insomnia etc.
Free assessment, no obligation.
You have nothing to lose, and much to gain! Tel .....

SÉQUENCE 4 : LE PRESENT PERFECT

LE PRESENT PERFECT SIMPLE

Comprendre pour apprendre

1. Quand l'employer ?

- Tout d'abord, notez bien l'appellation de cette forme verbale : *present perfect* ; le mot *present* figure en pole position. C'est donc le présent qui s'impose avant l'évocation d'un morceau du passé (*perfect*).
- Pour mettre en relation, le passé et le présent, pour établir un lien entre eux.
- Pour faire un bilan d'une action passée indéterminée (pas de date !) dans le présent. En d'autres termes, pour exprimer le résultat présent d'une action passée indéterminée.
  Exemple : *I've washed my car.* (J'ai lavé ma voiture.)
  Aucun ancrage précis dans le passé. Ce qui importe c'est le résultat : ma voiture est propre.
- Pour dire que ce qui importe avant tout c'est le présent avec tous les effets ou conséquences que l'action commencée dans le passé peut entraîner. On se moque de la date, du moment de réalisation.
  Exemple : *Look! He's broken the window.* (Regarde ! Il a brisé la vitre.)
  N.B. Avec une date passée, on emploie le prétérit : *He broke the window* ***last week***.
- Pour parler d'un fait commencé dans le passé et qui se poursuit dans le présent.
  Exemples : *They've lived in Nantes for twenty years.* (Ils habitent à Nantes depuis dix ans.)
  I've known Geoff since I was a child. (Je connais Geoff depuis mon enfance.)
- EN BREF : le *present perfect*, c'est du passé **et** du présent. C'est **un bridge** entre les deux.

2. Comment conjuguer ?

Forme affirmative	Forme négative	Forme interrogative
I 've worked	I haven't worked	Have I worked?
You 've worked	You haven't worked	Have you worked?
He/she/it's worked	He/she/it hasn't worked	Has he/she/it worked?
We 've worked	We haven't worked	Have we worked?
You 've worked	You haven't worked	Have you worked?
They' ve worked	They haven't worked	Have they worked?

N.B. Dans certains ouvrages on peut trouver *V-en* pour indiquer le participe passé au lieu de PP. C'est la même chose ; mais attention cela ne veut pas dire que le verbe prend systématiquement *-en* à la fin.

3. Formes contractées

have = 've
has = 's

N.B. La contraction *'s* ne doit poser aucun problème dans son interprétation pour savoir s'il s'agit de l'auxiliaire *être*, de l'auxiliaire *avoir* ou de la marque du cas possessif. Contexte, bon sens et structures grammaticales doivent participer au décryptage. Par exemple :
He's playing. (be + V-ing)
She's found a new job. (have + PP)
He's got a new car. (have got)
It's written in English. (be + PP : forme passive)

4. Réponses courtes

Yes, I/you/we/you /they have.	No, I/you/we/you /they haven't.
Yes, he/she/it has.	No, he/she/it hasn't.

5. Remarques

- Attention aux participes passés des verbes irréguliers qu'il faut connaître par cœur !

Exemples : *Have you* ***lost*** *your tongue? ; he's* ***forgotten*** *the key ; she's* ***written*** *thirty Christmas cards ; they've just* ***sent*** *me an email to confirm the booking.*

- Les expressions *it's the first time/second time/third time* etc. provoquent le *present perfect* puisqu'il y a inévitablement un bilan dans le présent.
  Exemple : *It's the first time I've eaten snails.* (C'est la première fois que je mange des escargots.)
- En employant un nombre sans donner de point d'ancrage dans le passé, le *present perfect* s'impose également.
  Exemple : *She's written twenty postcards.* (Elle a fait/écrit vingt cartes postales.)
- Il en est de même avec les adverbes *not yet* (pas encore), *ever* (jamais *dans un sens affirmatif ou interrogatif*/déjà), *never* (jamais), *always* (toujours), *already* (déjà) ou le mot interrogatif *how long* (combien de temps/depuis combien de temps) dès qu'il y a mise en relation du passé et du présent.
  Exemples : *No one has replied yet.* (Personne n'a encore répondu.)
  I haven't seen her yet. (Je ne l'ai pas encore vue.)
  It's the best film that I have ever seen. (C'est le meilleur film que j'aie jamais vu.)
  Have you ever visited York? (Avez-vous jamais visité York?)
  I've already told them. (Je le leur ai déjà dit.)
- Le *present perfet simple* s'emploie avec les verbes qui n'acceptent pas la notion de progressif, c'est-à-dire d'action et de dynamisme.
  Exemple : *I've known Mandy for over thirty years.* (Je connais Mandy depuis plus de trente ans.)
  Le verbe *to know* n'a aucun sens dynamique, actif. C'est un état, un verbe *sans mouvement.*

Le cas particulier de *been* et *gone* pour traduire *allé* et *parti.*

- On emploie *been* pour exprimer *l'aller-retour.*

Exemple : *She's been to Nottingham.* (Elle est allée à Nottingham –sous-entendu : elle est revenue.)

Astuce ! Calquez sur l'anglais pour confirmer votre choix : Elle est allée = Elle a été = *She has been…*

- On emploie *gone* pour exprimer *l'aller simple…* ou *la disparition avec point de non-retour.*

Exemples : *She's gone to Nottingham.* (Elle est partie à Nottingham.)
Our plans have gone up in smoke. (Nos projets sont partis en fumée.)

Ainsi lors d'une vente aux enchères on entendra : *Going, going, gone !* c'est-à-dire « Ça part, ça part, c'est parti/il a disparu » (*it's gone*). Soyez donc plus rapide à réagir outre-Manche car en France on a un peu plus de temps : « Une fois, deux fois, trois fois… Adjugé, vendu ! »

Gone with the wind (célèbre film : Autant en emporte le vent)
Gone are the days when ... (Le temps n'est plus où…)

Et pour couronner le tout (*to crown it all*), on dira : *She's been and gone.* (Elle est venue et elle est repartie).

La traduction de *depuis : For or since, that is the question!*

- ***for*** s'emploie pour introduire une notion de durée (cela fait … que…)
  Astuce ! Cela fffffffffait…ffffffFORmidable, ça marche, donc c'est *for.*
  Exemple : *I have known Geoff for forty years.* (Je connais Geoff depuis quarante ans/Cela fait quarante ans que je connais Geoff)

Attention, ne confondez pas *last* qui véhicule une notion complètement passée et l'expression *the last + nombre + temporalité* qui peuvent véhiculer une notion de passé et de continuité dans le présent.

Exemple : *I saw her last week.* (Je l'ai vue la semaine dernière.) : c'est terminé.
I haven't seen her ***for*** *the last few weeks.* (Je ne l'ai pas vue ces dernières semaines) : et je ne l'ai toujours pas vue ; il y a donc une continuité entre le passé et le présent.

- **since** s'emploie pour introduire une notion de point de départ/d'origine.
  Exemple : *I have known Geoff since 1972.* (Je connais Geoff depuis 1972.)
  Mettons en pratique l'astuce mentionnée précédemment : « Cela fait 1972 que je connais Geoff ». Ce n'est pas FORmidable, donc c'est SINCE.

La traduction de *jamais* : le cas de *ever* et *never*

- ***never*** a toujours un sens négatif. Vous constaterez que ce mot porte bien sa charge négative avec le ***n/ever*** de **not**.
  Exemple : *I have never seen this film.* (Je n'ai jamais vu ce film.)
- ***ever*** a un sens affirmatif ou interrogatif. On lui a ôté sa charge négative : il n'y a plus de *n*.
  Exemples : *It's the best film that I have ever seen.* (C'est le meilleur film que j'aie jamais vu.) … Vous l'avez vu !
  Have you ever seen this film? (Avez-vous jamais /déjà vu ce film ?)

Le passé immédiat

On traduit l'expression « venir de » par *have + just + PP* (participe passé).

Exemples : *I have just seen him.* (Je viens de le voir.)
She has just texted me. (Elle vient de m'envoyer un texto.)

Il s'agit en fait du *present perfect* auquel on vient insérer la notion d'immédiateté avec le mot *just*. Le caractère immédiat de l'action *flirte avec le présent* ; c'est pourquoi on garde la structure *have + participe passé.*

Pratiquer pour maîtriser

Exercice 1. Dans quelles phrases utiliseriez-vous le *present perfect* ?

1- J'ai acheté un appareil numérique la semaine dernière.
2- Elle vient d'arriver à la maison.
3- Elle est infirmière depuis une dizaine d'années.
4- Je suis allé trois fois au Japon.
5- Elle lisait le journal.
6- Tu n'as pas fermé la porte à clé !
7- J'ai perdu mes clés !
8- Il a lavé la voiture.
9- Oh non ! J'ai oublié mon agenda.
10- Ils ont eu un accident à Londres il y a deux jours.

Exercice 2. Terminez les conjugaisons

1- She		made	a cake.
2-	hasn't		a cake.
3-			a cake?
4- They	have		this film.
5-	haven't		
6-		seen	

Exercice 3. *For* ou *since* ? Mettez les expressions suivantes dans la colonne adéquate.

last month – two years – ten minutes – 1980 – last July – the Second World War – I was born – a week – Saturday – years – a long time – she left him.	
FOR	SINCE

Exercice 4. Complétez ces phrases en mettant le verbe entre parenthèses au *preterit* ou au *present perfect simple*

1) I (never play) ------------------------------ golf.
2) She (never be) ------------------------------ to New York.
3) We (do) -------------------------------- many different jobs.
4) He (find) ------------------------- a job last week.
5) Charles Dickens (write) -------------------- many novels.
6) How many books (you + write) ------------------------------- ?
7) He's on holiday at the moment. He (go) ----------------------- to Calpe, in Spain.
8) They (get married) --------------------------- three months ago.
9) We (be married) --------------------------------- for six months.
10) I (not read) ------------------------------- this book yet.
11) (you + ever + meet) ----------------------------- them? – No, never.
12) It's the most ridiculous story that I (ever + hear) -----------------------------------

LE PRESENT PERFECT PROGRESSIF/CONTINU

Comprendre pour apprendre

Mise au point

Le *present perfect simple/progressif* peut correspondre à notre passé composé mais aussi, et dans la plupart des cas, à notre présent. Il faut donc avant tout bien comprendre à quoi sert ce temps pour pouvoir l'employer et le traduire correctement.

Exemples : *She has always lived in Nantes*. (Elle a toujours habité à Nantes.)
She has lived in Nantes since 1993. (Elle habite à Nantes depuis 1993.)

1. Quand l'employer ?

- Pour exprimer une action commencée dans le passé et qui se poursuit dans le présent. En bref : *passé + présent + activité/en train de*

Exemples : *I have been working for two hours and now I'm tired.* (Je travaille depuis deux heures et maintenant je suis fatigué.)

Il est donc incompatible avec les verbes d'état ou tous ceux qui ne supportent pas une valeur progressive, c'est-à-dire la notion « en train de ».

Impossible donc de dire: *"**I've been having** a car since I was twenty".*

On dira : ***I've had** a car since I was twenty.* (J'ai une voiture depuis l'âge de vingt ans)

Toutes les remarques concernant le *present perfect simple* sont valables pour cette forme verbale. Nous ajoutons simplement une valeur de dynamisme, de « en train de » (*V-ing*).

En effet : HAVE + **PP** = passé + présent
BE + V-ing = action en cours
HAVE + **BEEN** +V-ing = passé + présent + en train de

- Pour évoquer une traçabilité dans le présent (voir remarques ci-dessous).

2. Comment le conjuguer ?

Forme affirmative	Forme négative	Forme interrogative
I have been working	I haven't been working	Have I been working?
You have been working	You haven't been working	Have you been working?
He/she/it has been working	He/she/it hasn't been working	Has he/she/it been working?
We have been working	We haven't been working	Have we been working?
You have been working	You haven't been working	Have you been working?
They have been working	They haven't been working	Have they been working?

3. Formes contractées
Mêmes remarques que pour le *present perfect simple*.

4. Réponses courtes

Yes, I/you/we/you /they have.	No, I/you/we/you /they haven't.
Yes, he/she/it has.	No, he/she/it hasn't.

5. Remarques

- Revoir l'emploi de *for* et *since*.
- Enfin le *present perfect progressif* peut s'employer sans *for* ou *since* pour marquer une traçabilité, des effets visibles d'une action (commencée dans le passé) dans le présent
  Exemples : *You've been smoking.* (Tu as fumé – sous-entendu : je sens l'odeur du tabac)
  Look at him! He's been drinking again! (Regarde-le ! Il a encore bu – ça se voit !)

Pratiquer pour maîtriser

Exercice 1. Retrouvez les bonnes correspondances

1	2	3	4	5	6	7	8	9	10

ANGLAIS	FRANÇAIS
1- She has been working for two hours.	A- Ils étudient depuis treize heures.
2- He has been painting since yesterday.	B- Il peint depuis midi.
3- We've been waiting for ten minutes.	C- Elle travaille depuis quatorze heures.
4- They have been studying for an hour.	D- Cela fait deux heures que nous attendons.
5- We've been waiting since this morning.	E- Ils étudient depuis une heure.
6- We've been waiting for two hours.	F- Nous attendons depuis dix minutes.
7- He has been painting since midday.	G- Cela fait deux heures qu'elle travaille.
8- He has been studying since one o'clock.	H- Il peint depuis hier.
9- She has been working since two o'clock.	I- Nous attendons depuis ce matin.
10- They've been studying for thirteen hours.	J- Il étudie depuis treize heures.

Exercice 2. Parmi ces phrases lesquelles seraient traduites au *present perfect progressif* ?
1) J'aime l'Angleterre.
2) J'ai toujours aimé la langue anglaise.

3) Elle travaille dans une banque depuis cinq ans.
4) J'ai travaillé toute la journée hier.
5) Elle nage tous les jeudis soirs.
6) Cela fait une heure qu'ils discutent.
7) J'ai travaillé toute la journée.
8) Elle pleure depuis ce matin.
9) J'apprends l'anglais depuis le mois d'octobre.
10) Il nage depuis vingt minutes.

Exercice 3. Traduisez en anglais les phrases 2, 3, 6, 7, 8, 9 et 10 de l'exercice précédent.

Exercice 4. Traduisez en anglais.
1- Tu regardes la télé depuis dix heures ce matin.
2- Cela fait des années qu'elle apprend l'espagnol.
3- « Maman, réveille-toi. Regarde. Il a neigé ! »

APRÈS L'EFFORT, LE RÉCONFORT

RIDDLE (Devinette) : Perte de conscience !

Parmi ces énoncés, lequel est incorrect ? Pourquoi ?
1- She had lost consciousness.
2- They lost consciousness.
3- He has lost consciousness.
4- I've lost consciousness.

Réponse : L'énoncé 4 est incorrect. Dans le moment présent (usage du *present perfect*), il ne vous est pas possible de prononcer ces paroles. Vous avez perdu connaissance… !
Il faudra dire : *I lost consciousness* en parlant d'une expérience passée (un accident, par exemple).

He lost consciousness. (Je raconte un épisode passé.)
He has lost consciousness. (Je suis près de lui et je téléphone aux urgences pour expliquer la situation, par exemple.)

JOKES

A teenage boy had just passed his driving test and to celebrate, the whole family climbed into the car for his inaugural drive. Dad sat in the back, directly behind the driver.

The boy said: "I'll bet you're back there to get a change of scenery after all those months sitting in the front passenger seat teaching me how to drive?"

"No," replied Dad. "I'm going to sit back here and kick the back of your seat while you drive, just like you've been doing to me for seventeen years."

Two girlfriends met for the first time in months.
"How's Dave?" asked one.
"He's fine. And how's Kevin?"
"Oh, my feelings towards him changed, so I broke off the engagement."
"Right. Then why are you still wearing his ring?"
"Because my feelings for the ring haven't changed."

A man went to see his doctor, suffering from exhaustion.

"Yes, I see your problem," said the doctor. "You're completely worn out. I think you've been playing too much golf."

"Too much golf? What should I do?"

"You need to take some time off and relax. Try spending some time at the office."

A fisherman turned to a guy and said: "Excuse me, pal. You've been standing there watching me fish for three and a half hours. Why don't you get a rod and reel and do some fishing yourself?"

"No. I don't have the patience for it."

Bill asked Alf about his new job.
"It's the worst job I've had in my life," said Alf.
"How long have you been there?"
"Three months."
"Why don't you quit?"
"No way. This is the first time in twenty years that I've actually looked forward to going home in the evening!"

A BIT OF FUN!

A Void/La Disparition

La Disparition de Georges Pérec est un roman écrit sans la lettre « e ». Il a été traduit en anglais… sans la lettre « e ».
La traduction du titre comporte un jeu de mots : *A void* (un vide) ; *avoid* (éviter), de même que le nom du personnage, *Vowl,* repose sur un « jeu de son », *Vowl* étant prononcé comme le mot voyelle en anglais : *vowel.*

Voici un extrait :
For four days and nights Vowl works hard at his oblong rug, squatting and crouching on it, languishing and lying in ambush, straining his imagination so as to catch sight of its missing strand, so as to construct an occult fiction around it, wilting, cracking up, pursuing an illusion of instant salvation in which it would all unfold in front of him…

Sujet de rédaction

Écrivez quelques lignes en anglais sans la lettre *e*.

NEWS

Workaholic Britain

White-collar workers have seen the biggest rise in their working hours.
Only one in three workers knows that the law protects them against working more than 48 hours a week.
Nearly two out of three people who regularly work more than 48 hours a week asked say they have not been asked to opt out of the working time regulations.
Three out of five who work over 48 hours would like to work shorter hours.
Full-time employees work the longest hours in Europe – an average of 43.5 hours. In France it is 38.2 and in Germany 39.9
Overwork is making people sick. Official figures reveal that one in five men has visited the doctor because of stress, rising to a quarter of over -40s.

We're fatter and drinking more but living longer too.
By Martin Beckford

Britons are drinking more and getting fatter but are living longer, figures show.

Nearly a quarter are overweight and the number of alcohol-related deaths has more than doubled since the early 1990s, the Office for National Statistics revealed.

The latest edition of the Social Trends report also reveals that one in five men (4.97million) and one in seven women (3.73million) over 16 drink more than double the recommended daily allowance of alcohol once a week.

The Government's guidelines say a man should not regularly drink more than 3-4 alcohol units (about two pints of 3.5 per cent beer) a day, and a woman should not regularly exceed 2-3 units (a large glass of eight per cent wine) a day.

The ONS has been capturing statistical data since the 1970s on the way we live.

During that time, life expectancy has increased by almost 10 years for men, who on average live until they are 77.8 years old, and seven years for women, who live on average until they are 82. The number of heavy smokers has fallen from 26 per cent of men (6.4million) and 13 per cent of women (3.3million) to seven (1.73million) and five per cent (1.29million) respectively.

The number of students in higher education has risen by two million since the 1970s and more than three fifths of three and four year-olds are now in early education.

Matthew Hughes, editor of the study, said: "The statistics highlight some of the main social changes over the last four decades.

"We are now living longer, less of us get married, and household sizes are smaller.

"More of us have cars, women are having babies later in life, and more of our household spending goes on housing, water and fuel."

The internet has changed the way we communicate and shop. Mr Hughes said: "In the last 10 years, the number of households with an internet connection has risen from nine per cent to 66 per cent."

More and more people are living alone, with the number of single person households doubling to 12 per cent since 1971.

"It is interesting that more than two thirds of people aged 18 and over believe that they do not need a partner to be happy and fulfilled in life", said Mr Hughes.

This year's edition of Social Trends will be the last available in paper form, showing that even statistical analysis is moving with the times.

The Daily Telegraph, Saturday, July 3, 2010

SÉQUENCE 5 : LE FUTUR

LE FUTUR SIMPLE

Comprendre pour apprendre

1. Quand l'employer ?

- Pour exprimer l'avenir ; faire des prédictions.
- Pour traduire notre futur simple.
- Pour parler du résultat d'une action possible dans le futur.

Quelques emplois du futur en *will* dans des expressions type

Heads will roll. (Des têtes vont tomber.)
He'll do it when hell freezes over. (Il le fera à la saint-glinglin.)
I'll play it safe. (Je ne prendrai aucun risque.)
We hope he will change his tune. (Nous espérons qu'il changera son fusil d'épaule.)

On rencontre également le mot *will,* en tant que nom et dans son sens premier de volonté, dans des expressions comme :
I will. (Oui – lors du consentement des vœux pour une cérémonie de mariage.)
Where there's a will, there's a way. (Vouloir, c'est pouvoir/Quand on veut, on peut.)
She did it of her own free will. (Elle l'a fait de son plein gré.)

2. Comment le conjuguer ?

Forme affirmative	Forme négative	Forme interrogative
I will work	I will not work	Will I work?
You will work	You will not work	Will you work?
He/she/it will work	He/she/it will not work	Will he/she/it work?
We will work	We will not work	Will we work?
You will work	You will not work	Will you work?
They will work	They will not work	Will they work?

3. Formes contractées

will = 'll
will not = won't

4. Réponses courtes

Yes, I/you/he/she/it/we/you /they will	No, I/you/he/she/it/we/you/they won't.

5. Remarques

- On peut rencontrer également l'auxiliaire *shall* avec *I* et *we*. Il permet souvent de faire une suggestion ou de proposer une aide en demandant l'avis de l'interlocuteur pour une action qui va peut-être se réaliser.

Exemples : *Shall I open the window?* (Veux-tu que j'ouvre la fenêtre ?)
Shall we go to the cinema? (Et si on allait au cinéma ?)

- Contrairement au français, l'anglais n'utilise pas la forme future avec *will* dans les subordonnées de temps introduites par *when* (quand), *as soon as* (dès que), *while* (pendant que), *as long as* (tant que).

Exemples : *I'll buy a new laptop when I have enough money.* (J'achèterai un nouvel ordinateur portable quand j'aurai assez d'argent.)
I'll tell them when they come. (Je le leur dirai quand ils viendront.)
She'll apply for a job as soon as she has finished her studies. (Elle postulera pour un emploi dès qu'elle aura terminé ses études.)

- Lorsque *when* introduit une interrogative directe ou indirecte, le futur subsiste.

Exemples : *When will they come?* (Quand viendront-ils?)
I don't know when they will come. (Je ne sais pas quand ils viendront.)

- Quelques marqueurs temporels qui peuvent exprimer le futur : *tomorrow, next week, on Monday/Tuesday, Wednesday* etc.
- Lorsque l'on parle du résultat d'une action possible dans le futur, on peut inverser les deux propositions mais attention à la ponctuation (on doit mettre une virgule après la proposition qui commence par *if*) :

Exemples : *If I get a better job, I'll earn more money.*
I'll earn more money if I get a better job.
(Je gagnerai plus d'argent si je décroche un nouvel emploi.)
If I don't get a better job, I won't have a holiday.
I won't have a holiday if I don't get a better job.
(Je ne prendrai pas de vacances si je ne décroche pas un meilleur emploi.)

- Lorsqu'on exprime une opinion positive ou négative avec le verbe *think* sur un événement futur.
I think they will come. (Je pense qu'ils/elles viendront.)
I don't think they will come. (Je ne pense pas qu'ils/elles viendront.)
I think they won't come. (plus emphatique : *je pense qu'ils/ elles ne viendront pas.)*
- Il faut veiller à bien positionner les adverbes *definitely, probably, certainly* dans la phrase :

Dans les phrases affirmatives, l'adverbe se place après *will* ; dans les phrases négatives, il se place avant *won't.*

Exemples : *We'll probably work longer hours.* (On fera probablement plus d'heures.)
We definitely won't retire at the age of sixty. (On ne partira certainement pas en retraite à soixante ans.)
We'll certainly use more electricity. (C'est sûr, on utilisera plus d'électricité.)

- Le futur avec *will* peut véhiculer une notion progressive ou une notion de bilan ou résultat.
1- notion de « en train de » avec anticipation : on visualise une action en train de se faire dans le futur.
At this time tomorrow, I will be flying to New York! (À cette heure-là demain je serai dans l'avion pour New York!)
2- notion de bilan ou résultat avec anticipation : on imagine quelque chose d'accompli.
At this time tomorrow, we'll have signed the contract. (À cette heure-là demain, nous aurons signé le contrat.)

En bref :

Point de vue général	Point de vue progressif	Point de vue résultatif
I will work.	*I will be working.*	*I will have worked.*
Je travaillerai.	Je serai en train de travailler.	J'aurai travaillé.

Pratiquer pour maîtriser

Exercice 1. ***New Year's resolutions***

Quelles résolutions avez-vous prises pour cette année ?

I will try to do my English exercises more regularly.
I will use public transport to arrive at my English classes on time.
I won't cheat and use an English dictionary online when I have some English homework.
I won't …
I will ...

Exercice 2. *When I'm sixty-four.* (Paul McCartney, juin 1967)

Et si on parlait d'avenir comme le faisait Paul Mc Cartney ? Répondez à ces questions

1) What will you do when you finish your studies?
2) What will you do when you pass your exams?
2) What will you do when you have a job?
3) What will you do when you go on holiday?
4) What will you do when you are sixty-five?

Exercice 3. Je m'imagine déjà… ! Répondez à ces questions

1) What will you be doing at this time tomorrow?/on Saturday/on Sunday?
2) What will you be doing at this time next month?
3) What will you be doing at this time of the week in the summer?

Exercice 4. Traduisez en anglais

1) L'avion arrivera à 17 h 30.
2) Je n'irai pas à Londres en train.
3) Viendrez-vous à notre fête samedi prochain ?
4) Elle ira à Dublin la semaine prochaine.
5) Ils ne vendront pas leur appartement.
6) Ils voyageront à l'étranger quand ils seront en retraite.
7) Que ferez-vous demain matin à cette heure-là ?
8) Je serai probablement en train de faire les courses avec mon amie.
9) Quand auront-ils terminé la peinture dans votre cuisine ?
10) Nous irons leur rendre visite dès qu'ils se seront installés dans leur nouvelle maison.

AUTRES FAÇONS D'EXPRIMER LE FUTUR

Comprendre pour apprendre

L'avenir peut s'exprimer de différentes manières en anglais comme en français. D'ailleurs, réfléchissez à la façon dont vous vous y prenez pour exprimer l'avenir en français. Vous constaterez que vous n'employez pas systématiquement le futur simple (*je ferai de mon mieux ; nous prendrons le train ; elle rencontrera le directeur* etc.) mais que vous avez souvent recours à diverses expressions en fonction de votre prise de position (*je vais faire de mon mieux ; nous prenons le train ; elle doit rencontrer le directeur* etc.). Le tableau ci-dessous vous donne les principales structures pour exprimer l'avenir.

En français, j'exprime le futur en employant :	En anglais, je traduis par :	Exemples :
Un présent simple	Le présent simple **Si l'action est générale et dépasse les compétences des personnes impliquées. Il s'agit d'horaires ou de planning fixes.**	*The plane takes off at midday.* L'avion décolle à midi.
Un présent simple	Le présent progressif **Si l'action est spécifique, particulière. C'est noté dans un agenda.**	*She is going to Paris next weekend.* Elle va à Paris le week-end prochain. *What are you doing on Saturday?* Que fais-tu samedi ?

Aller + infinitif	*be going to + V* **Si l'action est prévue à l'avance.** **Si un événement va avoir lieu.**	*She's going to buy a new car.* Elle va acheter une nouvelle voiture. *I'm not going to work miracles.* Je ne vais pas faire des miracles *It's going to rain.* Il va pleuvoir.
Être sur le point de	*be about to + V*	*They're about to leave.* Ils sont sur le point de partir.
Devoir (Il est convenu, c'est à l'ordre du jour)	*be to + V* **Si un événement est programmé de manière formelle**	*The meeting is to take place in the university library.* La réunion doit avoir lieu dans la bibliothèque universitaire.
Devoir (horaires)	*be due to + V*	*The ferry is due to arrive at six.* Le ferry doit arriver à six heures
risquer ; avoir de grandes chances de	*be likely to + V*	*He is likely to win.* Il a de grandes chances de gagner.
Aller sûrement	*be bound to + V*	*Look at her results! She is bound to fail.* Regarde ses résultats ! Elle va sûrement échouer.

Pratiquer pour maîtriser

Exercice 1. *What's in your diary?*
Dites ce que vous faites/ce que vous allez faire dans les prochaines semaines
I'm going to the hairdresser's at half past five tomorrow.
I'm going to get a new pair of shoes on Saturday.

Exercice 2. *What's the news?*
Quel est l'agenda politique de la semaine ?
The French Prime Minister is to meet David Cameron at 10 Downing Street on Thursday.
The ex-Minister of Defence is to meet some students in Bourges tomorrow.
The Queen is to celebrate her Diamond Jubilee in June.
The Members of Parliament are to talk about ...

Exercice 3. Traduisez en anglais
1) Nous partons en Italie demain.
2) Elle va travailler en Espagne.
3) Il va sûrement pleuvoir.
4) Ça va être difficile.
5) Il y a de grandes chances qu'elle reste à Londres. Son copain est anglais.
6) Le Premier ministre britannique doit rencontrer la reine ce soir.
7) Il est sur le point d'abandonner.
8) Le film commence à 22 h 30. Ne sois pas en retard.

APRÈS L'EFFORT, LE RÉCONFORT

HOW DO YOU FEEL ABOUT IT?

When I become old

When I'm a little old lady, then I'll live with my children and bring them great joy. To repay all I've had from each girl and boy, I shall draw on the walls and scuff up the floor; run in and out without closing the door. I'll hide frogs in the pantry, socks under my bed. And whenever they scold me, I'll hang my head. I'll run and I'll romp, always fritter away… the time to be spent doing chores every day. I'll pester my children when they are on the phone. As long as they're busy I won't leave them alone. Hide candy in closets, rocks in a drawer… and never pick up what I drop on the floor. Dash off to the movies and not wash a dish. I'll plead for allowance whenever I wish. I'll stuff up the plumbing and deluge the floor. As soon as they've mopped it, I'll flood it some more. When they correct me, I'll lie down and cry, kicking and screaming, not a tear in my eye. I'll take all their pencils and flashlights, and then… when they buy new ones, I'll take them again. I'll spill glasses of milk to complete every meal… Eat my banana and just drop the peel. Put toys on the table, spill jam on the floor. I'll break lots of dishes as though I were four. What fun I shall have, what joy it will be, to live with my children … just the way that they lived with me.

JOKES

A hunter was crossing a road one day when a frog called out to him and said: "If you kiss me, I'll turn into a beautiful princess."

He bent over, picked up the frog and put it in his pocket.

The frog spoke again and said: "If you kiss me and turn me back into a beautiful princess, I will stay with you for one week."

The hunter took the frog out of his pocket, smiled at it and put it back in his pocket. The frog then cried out: "If you kiss me and turn me back into a princess, I'll stay with you and do whatever you want."

Again the hunter took the frog out, smiled at it and returned it to his pocket.

Finally the frog demanded: "What is your problem? I've told you that I'm a beautiful princess, I'll stay with you for a week and do anything you want. Why don't you kiss me?

The hunter said: "Look, I'm an avid hunter, and when I'm not hunting, I'm fishing. I don't have any time for girlfriends, but a talking frog is really cool!"

A girl brought home her fiancé, a theology student, to meet her parents for the first time.
Her father was keen to learn what prospects the boy had;
"How do you plan to make a living?" asked the father.
"I don't know," said the student, "but God will provide."
The father raised his eyebrows. "Do you own a car?"
"No," said the student, "but God will provide."
"I see. And where are you thinking of living once you're married?"
"No idea, but I'm sure God will provide."
Later the mother asked the father what he thought of their prospective son-in-law.
"Not a lot, really," sighed the father. He's got no money and seems to have given precious little thought to the future. But on the other hand, he thinks I'm God!"

After a furious row with his wife, a husband tried to make the peace.

"Why don't you meet me halfway on this?" he suggested. "I'll admit you're wrong if you admit I'm right."

The schoolchildren had all been photographed and their teacher was trying to persuade them each to buy a copy of the group picture. "Just think," she said, "how nice it will be to look at when you are all grown up and you can say, “There’s Jenny, she’s a lawyer” or “There’s David, he’s a doctor.”

A small voice piped up at the back of the room: “And there’s teacher, she’s dead.”

ADVERT

It used to be ‘When I retire.’ Now it’s ‘Can I retire?’
Soon, it’ll be ‘If only I could retire.’

Retirement is getting more complicated. How do you plan for yours when the rules of the game seem to constantly change?

At Prudential, we know a thing or two about pensions and retirement income. Including some options you might not have considered or be aware of.

We’re not miracle workers but we do know how to help you make the most of your retirement income.

Just visit www.pru.co.uk or speak to a Financial Adviser who can explain a whole lot more.

Retirement has more potential with
PRUDENTIAL

SONG

When I’m sixty-four
by the Beatles

When I get older losing my hair,
many years from now.
Will you still be sending me a Valentine
birthday greetings bottle of wine.
If I’d been out till quarter to three
would you lock the door.
Will you still need me, will you still feed me,
when I’m sixty-four.
You’ll be older too,
and if you say the word,
I could stay with you.
I could be handy, mending a fuse.
When your lights have gone.
You can knit a sweater by the fireside
Sunday morning go for a ride,
doing the garden, digging the weeds,
who could ask for more.
Will you still need me, will you still feed me,
when I’m sixty-four.
Every summer we can rent a cottage,
in the Isle of Wight, if it’s not too dear
we shall scrimp and save
grandchildren on your knee
Vera Chuck&Dave
send me a postcard, drop me a line,
stating point of view
indicate precisely what you mean to say
yours sincerely, wasting away
give me your answer, fill in a form
mine for evermore.
Will you still need me, will you still feed me.
When I’m sixty-four?

SÉQUENCE 6 : LE CONDITIONNEL

Comprendre pour apprendre

1. Quand l'employer ?

- Pour exprimer une condition, une supposition, voire une hypothèse.
- Dans des formules de politesse.

2. Comment le conjuguer ?

Forme affirmative	Forme négative	Forme interrogative
I would work	I would not work	Would I work?
You would work	You would not work	Would you work?
He/she/it would work	He/she/it would not work	Would he/she/it work?
We would work	We would not work	Would we work?
You would work	You would not work	Would you work?
They would work	They would not work	Would they work?

3. Formes contractées

would = 'd
would not = wouldn't

4. Réponses courtes

Yes, I/you/he/she/it/we/you /they would.	No, I/you/he/she/it/we/you/they wouldn't.

5. Remarques

- On n'emploie pas le conditionnel dans les subordonnées de temps. On emploie le prétérit.

Exemple : *They said they would buy a house when/as soon as they had enough money.*
(Ils ont dit qu'ils achèteraient une maison quand/dès qu'ils auraient assez d'argent.)

- Le conditionnel peut véhiculer une notion progressive ou une notion de bilan.
  1- notion de « en train de » avec anticipation : on visualise quelque chose de progressif dans une situation hypothétique (*would be + V-ing*) :
  He would be working if ... (Il serait en train de travailler si ...)
  2- notion de bilan avec anticipation dans une situation hypothétique (*would have + past participle*) :
  We would have signed the contract if ... (Nous aurions signé le contrat si ...)

En bref :

Point de vue général	Point de vue progressif	Point de vue résultatif
I would work if...	*I would be working if ...*	*I would have worked if ...*
Je travaillerais si...	Je serais en train de travailler si...	J'aurais travaillé si ...

- *Would* s'emploie dans les formules de politesse :
  Exemples : *Would you be kind enough to tell me how to get to the airport ?* (Auriez-vous la gentillesse/l'amabilité de me dire comment se rendre à l'aéroport ?)
  Would you shut the window ? (Voudriez-vous fermer la fenêtre ?)
- En anglais contemporain moderne on emploie *would* à toutes les personnes. L'auxiliaire *should* jadis réservé aux premières personnes *I* et *we* a quasiment disparu au conditionnel. En revanche, **on emploie *should* à toutes les personnes pour traduire « devrait »**. Selon la forme, il exprimera un conseil ou un regret,

voire un reproche ; et parfois une hypothèse dans le sens de « tout porte à croire que… ».

En bref :

Point de vue général (conseil)	Point de vue progressif (valeur hypothétique)	Valeur hypothétique (tout porte à croire)
She should work.	*She should be working.*	*They should be in Paris.*
Elle devrait travailler	Elle devrait être en train de travailler.	Ils devraient être à Paris.

Reproche	Reproche	Regret
You should have phoned.	*You shouldn't have phoned.*	*I should have bought it.*
(Calque à éviter : Tu devrais avoir téléphoné.) Tu aurais dû téléphoner.	*(Calque à éviter : Tu ne devrais pas avoir téléphoné.)* Tu n'aurais pas dû téléphoner.	J'aurais dû l'acheter. Je regrette de ne pas l'avoir acheté.

Quelques expressions idiomatiques avec *should*

You shouldn't play with fire. (Tu ne devrais pas jouer avec le feu.)
You shouldn't wash your dirty linen in public. (On devrait laver son linge sale en famille.)
You should combine business with pleasure. (Tu devrais joindre l'utile à l'agréable.)

- Ne pas confondre ces deux expressions :
  1- *I would rather + V* (J'aimerais mieux/je préférerais.)
  Exemple : *I'd rather wait.* (J'aimerais mieux attendre.)
  2- *I had better + V* (Je ferais mieux/bien de)
  Exemples : *I'd better go to bed.* (Je ferais mieux d'aller me coucher.)
  You'd better handle her with kid gloves. (Tu ferais mieux de prendre des gants avec elle.)

Rappel

If I was a millionaire I would travel all around the world. (*If I was*… s'entend de plus en plus mais le registre de langue n'est pas très soutenu).
***If I were** a millionaire*... (*were* : préférable lorsqu'il s'agit de l'irréel ; il s'emploie à toutes les personnes).

Pratiquer pour maîtriser

Exercice 1. *If ifs and ands were pots and pans there'd be no need for tinkers* (Avec des si, on mettrait Paris en bouteille). **Formulez quelques souhaits, vœux, réalisations hypothétiques.**

If I had more money, I would get a new car.
If I spoke English fluently, I could travel all around the world and make lots of friends.
If ...

Exercice 2. *Be adventurous!*

Dites ce que vous feriez et justifiez votre choix.

Sujet 1 : Si vous décidiez de partir sur une île déserte pendant un an, que prendriez-vous ?

If I decided to go to a remote desert island, I'd take ... because ...

Sujet 2 : Si vous partiez à l'étranger pendant un an (études, programme *Erasmus*, stage etc.), que prendriez-vous ?

If I decided to go abroad/the States/Poland/China etc. I'd take ... because ...

Exercice 3. Nommez dix choses que l'on devrait tous faire dans sa vie !

We should learn a foreign language.
We should ...

Exercice 4. « Non, je ne regrette rien » … un peu quand même !
Nommez cinq choses que vous n'auriez pas dû faire au cours de votre vie/l'année dernière.
I shouldn't have sold my motorbike.
I shouldn't have ...

Exercice 5. Traduisez en anglais
1) Je ne ferais pas cela si j'étais toi.
2) Achèteriez-vous un appartement sur la côte si vous aviez assez d'argent ?
3) Vous auriez dû me dire que vous seriez en retard.
4) Si tu pars maintenant, tu devrais arriver là-bas vers onze heures et demie.
5) J'aimerais aller en Inde l'année prochaine.
6) Que feriez-vous si vous perdiez votre carte d'identité ?

APRÈS L'EFFORT, LE RECONFORT

JOKES

An angry motorist went back to the garage where he had purchased an expensive battery for his car six months earlier. He told the garage owner: "When I bought that battery, you said it would be the last battery my car would ever need. Now six months later, it's dead!" "Sorry," said the garage owner. "I didn't think your car would last longer than that!"

A police officer stopped a drunk wandering through the streets at six o'clock in the morning.

The policeman said: "Can you explain why you're out at this hour?"

The drunk replied: "If I could, I'd be home by now!"

While sunning himself in the Bahamas, a wealthy English businessman received a telegram from his butler, which read simply: "Cat dead." Distraught at the loss of his beloved pet, the businessman cut short his holiday and returned home. After giving the cat a decent burial in the garden, he remonstrated with his butler for the cold-hearted nature of the telegram.

"You should break bad news gently," he said. "If I had been telling you that your cat had died, I would have sent a telegram, saying : 'The cat's on the roof and can't get down.' Then a few hours later I would have sent another telegram, saying: 'The cat's fallen off the roof and is badly hurt.' Finally, a couple of hours after that, I would have sent a third telegram, saying: 'The cat has sadly passed away.' That way, you would have been gradually prepared for the bad news and would have been able to deal with it better."

"I understand, sir," said the butler. "I will bear that in mind in future."

With that, the businessman booked another ticket to the Bahamas and resumed his holiday.

Two days later, he received another telegram from his butler. It read : "----------"
What did it say? Any idea?

Answer : "Your mother's on the roof and can't get down."

SÉQUENCE 7 : L'IMPÉRATIF

Comprendre pour apprendre

1. Quand l'employer ?

- Pour donner un ordre.

Exemples : *Be quiet!* (Tais-toi !)
Stand up! (Lève-toi !)

- Pour donner des instructions, des consignes.

Exemples : *Put the words in the correct order.* (Mettez les mots dans le bon ordre.)
Stir gently. (Remuez lentement.)
Go past the supermarket and turn right after the shoe shop. (Passez devant le supermarché et tournez à droite après le magasin de chaussures.)
Have a break. Tiredness can kill. (Faites une pause. La fatigue peut tuer.)

- Pour demander un service, une permission.

Exemples : *Let us see.* (Voyons.)
Ask them. (Demandez-le leur.)
Please mum, let us stay here another hour. (S'il-te-plaît maman, laisse-nous rester encore une heure.)

- Pour attirer l'attention (avec *listen* et *look*).

Exemples : *Listen, what I don't understand is why they left so early.* (Écoute, ce que je ne comprends pas c'est pourquoi ils sont partis si tôt.)
Look, I don't care! (Écoute, je m'en moque !)

L'impératif dans quelques tournures idiomatiques

Get lost! (Va te faire cuire un œuf !)
Take it or leave it! (C'est à prendre ou à laisser !)
Let's get down to business! (Passons aux choses sérieuses !)
Let's roll up our sleeves! (Retroussons-nous les manches.)
Don't rub it in. (N'en rajoute pas.)
Let's call it a day. (Restons-en là pour aujourd'hui.)
Strike while the iron is hot. (Il faut battre le fer quand il est chaud.)
When in Rome, do as the Romans do. (À Rome, il faut vivre comme les Romains.)
Let sleeping dogs lie. (Il ne faut pas réveiller le chat qui dort.)

2. Comment conjuguer ?

Remarques préliminaires.

Il n'y a que deux personnes :

- la 2e personne du singulier/pluriel
- la 1re personne du pluriel

Soit on s'adresse à toi/vous, soit on s'adresse à nous.

Tableau récapitulatif

Personnes	Formes affirmatives	Formes négatives
2e personne du singulier/pluriel. Quelqu'un s'adresse à toi/vous	*Go.*	*Do not go.* Ou *Don't go.*
1re personne du pluriel. On s'adresse à nous tous. Nous sommes tous concernés.	*Let's go.*	*Let's not go.* Ou *Don't let's go.*

3. Formes contractées
'Don't go' est moins marqué que *'Do not go'* (où le degré d'impératif est plus fort).
Il n'y a pas de différence entre *'Let's not go'* et *'Don't let's go'*.

4. Emphase et *question-tags*
À la 2e personne de l'impératif, il est possible d'ajouter l'auxiliaire *do* pour insister encore plus.
Exemples : *Come in.* (Entrez.)
Do come in. (Entrez donc.)
Ce point sera revu dans la séquence 8 sur les différents emplois de l'auxiliaire.
Pour insister (à la 2e personne), il est également possible d'ajouter *you* devant le verbe à l'impératif.
Exemples : *Be quiet.* (Tais-toi.)
You be quiet. (Toi, tu te tais.)
The lady gave me an ice-cream and said: 'Now you enjoy that and you be a good lad.' (La dame m'a donné une glace et a dit : Allez, tu manges ça et tu te tiens tranquille.)

Il est possible d'employer des *question-tags* après l'impératif :
- *..., will you ?*
Ce *tag* sert à faire appel à la bonne volonté de l'interlocuteur ou à atténuer/adoucir l'ordre.
Exemple : *Open the door, will you?* (Ouvre la porte, veux-tu?)
- *..., shall we ?*
Avec ce *tag* on suggère à l'interlocuteur.
Exemples : *Let's go, shall we?* (Tu veux bien qu'on y aille ?)
Let's not talk about it, shall we? (On n'en parle plus, d'accord ?)

Astuce !
Avec ***w**ill* c'est la ***w**olonté.*
Avec ***sh**all* c'est la ***sh**uggestion.*

Pratiquer pour maîtriser

Exercice 1. *Home safety*
Voici quelques consignes de sécurité pour les parents de jeunes enfants. Retrouvez les mots parmi ceux qui vous sont proposés ci-dessous pour compléter ces consignes
Il est possible d'utiliser le même mot plusieurs fois, et parfois il y a plusieurs réponses possibles.

fit – turn – buy – remove – leave – keep – cook – lock away – bar – make sure – screen – arrange – store

- -------- all medecines in childproof bottles and always -------- them out of reach of your child.
- Don't -------- aerosol cans lying all around.
- --------that the flex of electrical appliances is kept out of the reach of your child.
- -------- safety socket covers to all power points.
- -------- and -------- all upper storey windows and never l-------- anything that your child could climb up on near them.
- -------- pins, needles, matches, lighters, sharp knives and scissors out of the reach of your child, in a locked or childproof drawer.
- Always -------- the handles of pans towards the back of the stove.
- Never -------- a boiling pan or chip pan unattended on the stove.

- Don't -------- with your toddler around you. -------- a play area in a special part of the kitchen.
- -------- your houseplants are not poisonous.
- Never -------- your baby alone on the changing table, even for a second.
- -------- non-flammable night clothes.
- -------- a safety gate to the top and bottom of the stairs.
- Never -------- a paddling pool with water in it. Empty it.
- -------- all poisonous plants from the garden.
- -------- all gardening tools in a locked shed.
- -------- all pesticides, plant sprays and car cleaners.

Exercice 2. Trouvez les bonnes correspondances

1	2	3	4	5	6	7	8	9	10	11	12	13	14	15	16	17	18	19	20

1- Slow down!	A- Dépêchez-vous !
2- Hurry up!	B- Laisse-moi tranquille !
3- Stand up!	C- Au plaisir de te lire.
4- Move along!	D- Tiens ça !
5- Speak up!	E- Faites comme chez vous !
6- Close the door!	F- Levez-vous !
7- Shut up!	G- Soyez prudent !
8- Make yourself at home!	H- Prenez place !
9- Don't worry!	I- Fermez la porte !
10- Take it easy!	J- Ralentissez !
11- Write soon!	K- Du calme !
12- Have a safe journey!	L- Fermez-la !
13- Have fun!	M- Circulez !
14- Give me the key!	N- Amusez-vous bien !
15- Leave me alone!	O- Ne vous en faites pas !
16- Have a seat!	P- Donne-moi la clé !
17- Hold this!	Q- Parlez plus fort !
18- Take care!	R- De rien !
19- Feel free.	S- N'hésite pas.
20- Don't mention it!	T- Fais bien attention à toi !

Exercice 3. Une recette anglaise typique

Complétez cette recette avec les verbes suivants : *turn, rub in, put, sift, roll out, make, leave, serve, knead, mix, bake, stamp out, transfer, pour*

Scones

Warm buttered scones spread with plenty of homemade jam and topped with whipped cream are everyone's idea of an English cream tea.

- ✓ 225 g plain flour
- ✓ 1 x 5 ml spoon bicarbonate of soda
- ✓ 1 x 5 ml spoon cream of tartar
- ✓ 25 g butter
- ✓ 150 ml buttermilk; if buttermilk is not available, use fresh milk with 1 x 2.5 ml spoon of lemon juice

- ❖ … the flour with the bicarbonate of soda and cream of tartar into a mixing bowl.
- ❖ … the butter.
- ❖ … a well in the centre of the flour and … in the buttermilk.
- ❖ … quickly to a soft dough with a palette knife.
- ❖ … the dough onto a floured board and … lightly until smooth.
- ❖ … approximately 1.75 cm thick.

- ... into approximately 12 rounds with a 5 cm pastry cutter.
- ... to stand for 15 minutes before baking.
- ... the rounds on a heated greased baking sheet and ... in a hot oven (220C Gas mark 7) for about 10 minutes or until the scones are well-risen and golden.
- ... to a wire rack to cool slightly.
- ... warm.

Exercice 4. Traduisez en anglais

1) Regarde-moi !
2) Ne refais jamais ça !
3) N'oublions pas.
4) Ne touchez pas à ça !
5) Prenez donc un petit gâteau.
6) Voyons.
7) Toi, laisse-moi tranquille (seul).
8) Ne bougeons pas.
9) Ne pleure pas.
10) Faisons un gâteau.

APRÈS L'EFFORT, LE RÉCONFORT

SIGNS AND NOTICES

In a Pakistani restaurant :
Eat here – Allah carte.

Outside a school :
Drivers, take care – do not kill a child.
Below, a child has written :
Wait for a teacher.

In a laundry:
Don't kill the wife, let us do the dirty work.

In a busy restaurant:
Eat, drink and be merry, for tomorrow you may diet!

In a partner-dating office:
Never let a fool kiss you or a kiss fool you.

Outside a toilet
Toilet out of order. Please use floor below.

ENGLISH SIGNS ABROAD ...
... Lost in translation!

Dans toutes ces annonces, l'anglais est bancal. Dites ce qui ne va pas.

In a hotel in Qatar:
Please do not use the lift when it is not working.

In a hotel in Sri Lanka:
Please do not bathe outside the bathtub.

In a hotel in Denmark:
Take care of burglars.

In a swimming pool:
Do not use the diving board when the swimming pool is empty.

In a zoo:
Please do not feed the animals.
If you have any suitable food,
Give it to the guard on duty.

In a safari park:
Elephants please stay in your car.

SÉQUENCE 8 : L'AUXILIAIRE

LES DIFFÉRENTS EMPLOIS DE L'AUXILIAIRE
L'auxiliaire dans tous ses états

Comprendre pour apprendre

L'auxiliaire est un élément incontournable dans la langue anglaise. *You can't miss it!* (Vous ne pouvez pas le rater !)

1. Les principaux auxiliaires

be	am, is, are, was, were, will be, would be, should be
have	have, has, had, will have, would have, should have

Présent	Passé	Futur	Conditionnel
do **does**	**did**	**will** **(shall)**	**would** **(should)**

auxiliaires modaux	**can, could, may, might, must, would, should, will, shall**

2. Principales fonctions de l'auxiliaire dans la phrase

L'auxiliaire est un *mot outil* qui permet de savoir principalement à quel temps est la phrase (interrogative et négative). Il permet aussi de repérer la voix – voix active ou voix passive – ou le mode (emploi des modaux)

Ce mot outil ou *helping verb* accompagne le verbe principal ou lui sert de substitut ; il endosse alors un rôle de « remplaçant » (dans les réponses courtes, ou les reprises par exemple).

3. Tableau récapitulatif

Fonctions de l'auxiliaire et structures clés	Exemples
Négation Mettre *not* après l'auxiliaire choisi.	*She does not work in London.* *She doesn't work in London.*
Interrogation Mettre l'auxiliaire avant le sujet.	*Does she work in London?* *Where does she work in London?*
Interro-négation **Deux types de structure :** **1- structure usuelle :** mettre l'auxiliaire avec la contraction de *not* avant le sujet. **2- structure moins courante :** mettre l'auxiliaire suivi du sujet, de *not* et du verbe.	*Doesn't she work in London?* *Does she not work in London?*
Réponses courtes Mettre *yes* suivi du sujet et de l'auxiliaire choisi à la forme pleine ou mettre « no » suivi du sujet et de l'auxiliaire négatif à la forme contractée.	*Yes, she does./No, she doesn't.*
Formes emphatiques (d'insistance) Mettre l'auxiliaire *do, does* ou *did* devant la base verbale.	*They do work in London.* *She does work in London.* *She did work in London.*
Contraste (pas lui, lui si, etc.) avec ellipse du verbe principal pour éviter une répétition Mettre le sujet devant l'auxiliaire à la forme contraire. Ne pas utiliser de contraction à la forme affirmative.	*She works in London but he doesn't.* *She doesn't work in London but he does.* *She works in London. He doesn't.* *She doesn't work in London. He does.* *Do you think she works in London? – I don't think so = I don't think she does.*

Question-tag (…, n'est-ce pas ?) Mettre une virgule puis l'auxiliaire à la forme contraire suivi du pronom sujet.	*She works in London, doesn't she ?* *She doesn't work in London, does she ?*
Tags de surprise/d'intérêt. (Ah bon ? Ah oui ? Ah non ? Vraiment ?) Début d'une réplique donc il faut débuter par une majuscule. Auxiliaire à la même forme (la surprise reste sur la même tonalité affirmative ou négative) suivi du pronom sujet.	*She works in London. – Does she ?* *She doesn't work in London. – Doesn't she?*
Tags dans les énoncés à l'impératif Mettre ... *shall we?* pour l'ouverture vers la suggestion. (1re personne du pluriel) Mettre ... *will you?* pour faire appel à la bonne volonté de l'interlocuteur ou pour adoucir, atténuer l'ordre dans un souci de politesse (2e personne du singulier/pluriel).	*Let's go, shall we?* *Open the window, will you?*
Expression de la similitude dans une affirmation (lui aussi, eux aussi, etc.) Mettre *so* suivi de l'auxiliaire correspondant au temps et du sujet.	*She works in London (and) so does he.*
Expression de la similitude dans une négation (lui non plus, eux non plus etc.) **Deux types de structure :** 1- Mettre *neither* suivi de l'auxiliaire à la forme affirmative correspondant au temps de la phrase et du sujet : *neither* + auxiliaire affirmatif + sujet. 2- Mettre le sujet suivi de l'auxiliaire correspondant au temps choisi à la forme négative et du mot *either* : sujet + auxiliaire négatif + *either*.	*She doesn't work in London (and) neither does he.* *= She doesn't work in London (and) he doesn't either.*
Dans la formation des temps (conjugaisons), dans la construction de la voix active/passive, dans les énoncés avec des modalités.	Temps : *She is working.* *She doesn't work.* *She didn't work.* *She will work.* *She would work.* *She has been working* Voix passive : *It is broken.* *I was told* Modalité : *It might rain* *You mustn't do that.* *She should work.* Etc.

4. Le cas particulier de *do* & *have* : Attention aux fausses apparences et donc aux fausses conjugaisons !

Do et *have* sont auxiliaires mais peuvent être aussi des verbes à part entière : *do* signifie alors *faire* et *have* signifie *avoir, prendre, faire (une activité).* Dans ce dernier cas ils se conjuguent normalement.

Do

verbe	auxiliaire
*I **do** the cooking.* *I don't **do** the cooking.* *Do you **do** the cooking?* *What did you **do** last weekend?* *I **did** my homework.*	*I **do** like cooking.* *I **don't** cook.* ***Do** you cook.* ***Did** you go swimming?* *Where **did** you stay?*

Have

verbe	auxiliaire
She**'s having** breakfast. She **doesn't have** a passport. **Does she have** a visa? We **had** a party last Saturday. **Did you have** fun?	**Have** you seen her? She **hasn't** got a passport. **Has** she got a visa? What **has** he been doing? They **had** told you before.

Pratiquer pour maîtriser

Exercice 1. Mettre à la forme négative

1) They sent them an email.
2) We had croissants for breakfast.
3) I'll tell you.
4) It's raining.
5) She forgot her car keys.
6) We would like to live in the city centre.
7) We went to London last week.
8) They were at the pub.
9) He wrote this article.
10) I posted the letter.

Exercice 2. Mettre à la forme interrogative

1) He can speak Chinese.
2) They must go.
3) She phones her mum every day.
4) I've got a cat.
5) I was in Singapore last July.
6) He worked hard.
7) There are many people.
8) She got up early.
9) They had seen her before.
10) She's been waiting for a long time.

Exercice 3. Répondre aux questions suivantes avec des réponses courtes

1) Were you born in France? (Yes)
2) Does she like school? (No)
3) Did he send a birthday card? (Yes)
4) Can they stay with us? (No)
5) Will they finish before tomorrow? (No)

6) Have I told you? (Yes)
7) Are you enjoying yourself? (Yes)
8) Was he at the post office? (No)
9) Do they usually camp? (No)
10) Is it broken? (Yes)

Exercice 4. Insister sur ce que l'on affirme
1) We invited her boyfriend.
2) Come in, Mrs Jones!
3) I believe it's the right thing to do.
4) Sit down.
5) She said she had forgotten to sign in.

Exercice 5. N'est-ce pas ?
1) Claire broke the vase, …?
2) They will arrive soon, …?
3) You shouldn't wear jeans here, …?
4) They can't keep quiet, …?
5) They've got a lovely house, …?

Exercice 6. Vraiment ? Ah bon ? Ah oui ?
1) He'd love to settle in Britain. – …?
2) She thinks it's a stupid idea. – …?
3) They didn't go on holiday last summer. – …?
4) I was ill. – …?
5) We couldn't move. – …?

Exercice 7. Le contraste
1) She likes tea but he ….
2) He wouldn't like to work part-time but she ….
3) We gave up smoking but they ….
4) I'll spend another year at university but they ….
5) They've got an English phone box in their garden but we ….

Exercice 8. La similitude
1) She can't write (she) ….
2) She's read his book (I) ….
3) She likes classical music (her husband) ….
4) They don't know his name (I) ….
5) We didn't like that film (he) ….

Exercice 9. En guise de conclusion
À partir de l'énoncé suivant : *He went skiing last February,* complétez le tableau :

Forme négative	
Forme interrogative	
…, n'est-ce pas ?	
Ah oui ?/Ah non ?/Ah bon ?/Vraiment ?	
… eux aussi.	
… mais pas elle.	

APRÈS L'EFFORT, LE RÉCONFORT

JOKES

A woman in labour with her first child began to shout over and over again: "Shouldn't, wouldn't, couldn't, can't."
The worried husband said: "Doctor, what's wrong with my wife?"
"It's nothing to worry about," said the doctor. "She's just having her contractions."

A protective father took his daughter's first boyfriend to one side for a little chat. "I hope you're going to treat my daughter properly," he said. "I want her to know the difference between right and wrong."

The boy said: "I imagine you've brought her up to know what's right, haven't you?"

"Yes, I have."

"That's good. Well, now I'm taking care of the other side."

Teacher: I think you copied off Tommy in that test.
Johnny: What makes you think that?
Teacher: Because when Tommy wrote "I don't know" next to question five, you put "Neither do I."

An elderly priest invited a young priest over for dinner. The younger man couldn't help noticing that his colleague employed an extremely attractive housekeeper and was highly suspicious as to whether the relationship was purely platonic. When the subject was raised, the elderly priest insisted that it was all quite innocent.

A week later, the housekeeper said that she couldn't find a silver gravy ladle and hadn't seen it since the young priest had come to the house.

"You don't think he could have taken it, do you?" she said. The elderly priest said he would write to him.

His letter began: *"Dear Father, I am not saying you 'did' take my silver gravy ladle and I am not saying you 'did not' take my silver gravy ladle, but it has been missing since you came to my house."*

Two days later, the younger priest wrote back: *"Dear Father, I am not saying you 'do' sleep with your housekeeper and I am not saying you 'do not' sleep with your housekeeper, but if you were sleeping in your own bed, you would have found your silver gravy ladle by now."*

SÉQUENCE 9 : LES AUXILIAIRES MODAUX

Comprendre pour apprendre

1. Quels sont les modaux ?

- *can, could, may, might, must, shall, will, would, should (ought to).*

2. Quels sont leurs signes particuliers ?

- Ce sont des auxiliaires à part entière.
- Ils ne se conjuguent pas à tous les temps. Dans certains cas il faudra donc avoir recours à des verbes de secours, d'équivalence (pour le passé, le futur, le conditionnel et les formes verbales composées).
- Ils ne prennent pas de *s* à la 3e personne du singulier.
- Ils ne sont jamais précédés ni suivis de *to*.
- Ils n'ont pas de participe passé ni de participe présent/forme en *–ing*.
- Ils ne sont jamais suivis d'un autre modal.

3. À quoi servent-ils ?

Un modal a deux fonctions principales :

1) il permet d'établir des rapports humains sur des notions d'aptitude, de permission, d'interdiction, de conseil.

2) il sert à spéculer : émettre des hypothèses, des probabilités.

Ainsi, en ayant recours à un modal, l'énonciateur intervient et met *son grain de sel* dans l'énoncé.

Prenons comme phrase de départ : *Marie speaks English.* Cet énoncé est neutre ; une information nous est donnée sur Marie : on apprend qu'elle parle anglais.

Dans l'énoncé suivant : *Marie* ***must*** *speak English*, on apprend que Marie doit parler anglais ; l'énonciateur a mis son grain de sel… un peu fort, puisqu'il s'agit d'une obligation imposée à Marie.

Poursuivons avec ce nouvel énoncé : *Marie* ***might*** *speak English tonight.* Voilà un nouveau grain de sel de la part de l'énonciateur avec une saveur d'hypothétique (il se pourrait que) : il se pourrait que Marie parle anglais ce soir.

4. Comment agencer les mots dans la phrase avec un auxiliaire modal ?

Sujet réel du verbe	**modal** *Intrusion de l'énonciateur*	Verbe non conjugué et complément.

5. Les verbes de secours ou d'équivalence

Modaux	*can* (pouvoir/aptitude)	*may* (pouvoir/permission)	*must* (devoir/obligation)
Verbes d'équivalence	*To be able to* (être capable de)	*To be allowed to* (être autorisé à/avoir le droit de)	*To have to* (devoir/falloir)

Exemples :

Présent	Passé	Futur
She ***can*** *do it.* (Elle peut le faire.)	*She* ***was able to*** *do it.* (Elle a pu/a été capable de le faire.)	*She* ***will be able to*** *do it.* (Elle pourra/sera capable de le faire.)

*They **may** stay one more week.* (Elles peuvent/sont autorisées à rester une semaine de plus.)	*They **were allowed to** spend one more week.* (Elles ont pu/ont été autorisées à rester une semaine de plus.)	*They **will be allowed to** spend one more week.* (Elles pourront rester/seront autorisées à rester une semaine de plus.)
*He **must** send a copy.* (Il doit envoyer un exemplaire.)	*He **had to** send a copy.* (Il a dû/a été obligé d'envoyer un exemplaire)	*He **will have to** send a copy.* (Il devra/sera obligé d'envoyer un exemplaire)

6. Quand employer les modaux ?

- **Pour établir des relations avec autrui (aptitude, permission, obligation, volonté future, suggestion, conseil, regret)**

Structures :

Sujet réel du verbe	MODAL (+ ou -) *Grain de sel de l'énonciateur*	verbe **non conjugué** : *V* (point de vue simple, général). *be + V-ing* (point de vue progressif), *have + PP* (point de vue bilan, résultatif) et *have been + V-ing* sont parfois possibles.

Notions véhiculées :

On veut exprimer :	On a recours au modal :	Le verbe d'équivalence est :	Exemples
L'aptitude physique ou intellectuelle La permission (niveau de langue normal) Une perception (avec les verbes *see, hear, smell, taste, feel*)	*can/could* (pouvoir, savoir)	*be able to* (être capable de)	*She can swim.* *He can speak good English.* *Can I use your phone?* *Will she be able to stay?* *I can hear him.* *I can't see anything.* *Can't you smell something burning ?*
La permission (niveau de langue assez formel)	*may* (pouvoir)	*be allowed to* (être autorisé à ; avoir le droit de)	*May I watch television?* *She won't be allowed to go out tonight.* *We weren't allowed to speak.*
L'obligation	*must* (devoir)	have to (devoir/falloir)	*You must resist.* *She'll have to resist.* *They had to get up early.*
La futurité avec une volonté affirmée	*will*		*Don't worry. I will help you.*

La futurité avec une notion de devoir (registre de langue soutenu) ou une notion de suggestion avec *I* et *we*.	*shall*		*You shall obey your parents.* *You shall not drive without a licence.* *Shall I open the window?* *Shall we go to a pub?*
La volonté, le comportement typique ou prévisible dans le passé	*would* (cousin germain de *"will"*) Dans ce cas *would* suivi d'un verbe se traduit par un imparfait en français.		*She would sit for hours without saying a word.*
L'obligation morale, le conseil	*should/ought to* (devrait, faudrait))		*I should stop smoking.* *"You ought to stop smoking" the doctor said.*

Remarque
"We shouldn't have eaten so many chocolates" et *"We oughtn't (to) have eaten so many chocolates"* veulent dire la même chose mais la structure avec *should* est beaucoup plus courante (voir section 8 ci-dessous).

➢ **Pour spéculer, faire des hypothèses (il est possible que, il se peut que, il se pourrait que, il doit, il devrait etc.)**

Structures :

Sujet réel du verbe	MODAL *Grain de sel de l'énonciateur*	verbe **non conjugué** : V (point de vue simple, général) *be + V-ing* (point de vue progressif) *have + PP* / have been + V-ing (point de vue bilan)

Notions véhiculées :

On veut exprimer :	**On a recours au modal :**	**On choisit le point de vue (la façon de voir l'événement)**	**Exemples**
Le possible	*can/could* (pouvoir)	V be + V-ing have + PP have been + V-ing	*It can't be very difficult!* *She could be working.* *He can't have said that!*
Le probable	*may* (il se peut que) *might* (il se pourrait que)	V be + V-ing have + PP have been +V-ing	*It may snow.* *She may come.* *It may be snowing.* *He may have told her.* *He might have killed her.* *She may have been waiting for us.*

La quasi-certitude	*must* (devoir)	V be + V-ing have + PP have been + V-ing	*He must be somewhere in London.* *He must be hiding somewhere in London.* *He must have forgotten.*
L'hypothèse du genre « devrait », « tout porte à croire »	*should* (devrait)	V be + V-ing	*She should be at the station by now.* *She should be waiting for her train now.*

7. Ne pas confondre

Enoncés français	Notions véhiculées	Traduction anglaise
Vous pourrez rester.	Le possible	*You'll be able to stay.*
Vous pourrez rester.	L'autorisation	*You'll be allowed to stay.*

Enoncés français	Notions véhiculées	Traduction anglaise
Elle a dû déménager.	Obligation/contrainte	*She had to move house.*
Elle a dû déménager.	Quasi-certitude	*She must have moved house.*

Exprimer l'obligation		
must	Obligation émanant de l'énonciateur. Ordre donné à quelqu'un.	*I must read this book.* *You must read this book.*
have to/has to	Obligation/contrainte avec des pressions extérieures.	*She has to read this book.* (pour un examen par exemple)

Exprimer l'interdiction et l'absence d'obligation		
mustn't	Interdiction formelle	*You mustn't go.*
don't have to/doesn't have to	absence d'obligation (ne pas être obligé de ; ne pas avoir à)	*You don't have to go.*

8. *Should* et *ought to*

Exprimer le conseil (devrait)		
should	Dans la langue de tous les jours il n'y a pas de différence entre *should* et *ought to*. *Should* est de loin le plus utilisé dans la langue de tous les jours.	*You should tell her.*
ought to		*You ought to tell her.*

9. Quelques structures modales ancrées dans des expressions idiomatiques

You could have heard a pin drop. (On aurait entendu une mouche voler.)
You must suffer to be beautiful. (Il faut souffrir pour être belle.)
His ears must be burning. (Ça doit lui siffler dans les oreilles.)
There must be something in the wind. (Il doit y avoir anguille sous roche.)
Youth must have its fling. (Il faut que jeunesse se passe.)
Pigs might fly! (Quand les poules auront des dents !)
You can kiss the money goodbye! (Tu peux faire une croix sur cet argent !)

He couldn't/wouldn't say boo to a goose. (Il n'ose jamais ouvrir le bec ; il est d'une timidité maladive.)
He wouldn't budge an inch. (Il n'a pas voulu céder d'un pouce.)
You should combine business with pleasure. (Tu devrais joindre l'utile à l'agréable.)
I can't be in two places at once. (Je ne peux pas être dans deux endroits à la fois/Je ne peux être au four et au moulin.)

Pratiquer pour maîtriser

Exercice 1. Des touristes britanniques/américains visitent votre région/ville. Que peuvent-ils faire ? Que leur conseillez-vous ? (Utilisez *can/could/may/must/should*)

Exercice 2. Présentez à votre partenaire/au groupe une image ou une photo. Commentez-la en spéculant/émettant des hypothèses sur la situation, les personnages etc. (Utilisez *can/could/may/might etc.* suivis de *V/be + V-ing/have + PP*)

Exercice 3. De quelles modalités s'agit-il ? Relation avec autrui ? Spéculation ? Précisez pour chacune de vos réponses puis traduisez chacun des énoncés en français

Exemple : *Will you marry me?*	Relation avec autrui Traduction : Veux-tu m'épouser ?
1- Shall we go to the restaurant?	
2- I think you should rest a little.	
3- May I ask you something?	
4- I can't speak German very well.	
5- I can't understand a word.	
6- They may arrive late.	
7- She can't have written that.	
8- He might be right.	
9- You should tell him.	
10- He must be very tired.	

Exercice 4. Quel auxiliaire modal choisiriez-vous pour traduire ces phrases?

1- Ils doivent s'impatienter.	
2- Il ne sent rien.	
3- Elle est obligée de se lever tôt.	
4- Tu ne dois pas crier dans les couloirs.	
5- Il aurait pu la tuer. Il est très violent.	
6- Tu devrais manger plus.	
7- Il a dû rater son train.	
8- Et si nous ouvrions une bouteille ?	
9- Je n'arrive pas à trouver mes clés.	
10- Il sait compter jusqu'à cent.	

Exercice 5. Mettre les énoncés suivants au futur

1) She may not use her mum's car.
2) They must register before September 1st.
3) Look at the sign. It says *'No through road for motor vehicles'*. We can't drive to the village along this road.

Exercice 6. Mettre les énoncés suivants au passé

1) He must call the police.
2) *'No ball games'*. The children can't play football in the park.
3) Can you drive back home with all this snow?

Exercice 7. Traduire les énoncés suivants en anglais

1) Je ne peux pas soulever ces bagages. Ils sont trop lourds.
2) Puis-je voir votre formulaire ? Vous auriez dû le signer.
3) Tu ne devrais pas fumer.
4) Elle devra attendre jusqu'à la semaine prochaine.
5) Pourrez-vous m'aider ?
6) Je n'avais pas le droit de me servir de l'ordinateur de mon père.
7) Il se peut que nos amis anglais viennent cet été.
8) Il se pourrait que l'avion soit en retard.
9) Ils doivent sûrement être en train de nous attendre.
10) Il se peut qu'elle ait oublié le rendez-vous.
11) Le frère de Tom n'entendait rien.
12) Je pouvais danser toute la nuit quand j'étais jeune.

APRÈS L'EFFORT, LE RÉCONFORT

TRADITIONAL NURSERY RHYMES

Mirror, Mirror, tell me,
Am I pretty or plain?
Or am I downright ugly
And ugly to remain?

Shall I marry a gentleman?
Shall I marry a clown?
Or shall I marry old Knives-and-Scissors
Shouting through the town?

I won't be my father's Jack,
I won't be my mother's Jill,
I will be the fiddler's wife
And have music when I will.
T'other little tune, t'other little tune,
Prithee love, play me t'other little tune.

One evening, a mother said to her young son: "Will you pop outside and fetch the broom?"
"Do I have to, Mom? It's dark outside."
"There's nothing to be frightened of," said the mother reassuringly. "Jesus will look after you."
"Can't it wait until morning?"
"No, I need it now. Don't be afraid. Jesus will keep an eye on you."
But the boy remained unconvinced. Nervously, he made his way to the door and peered outside into the gloom. Putting a tentative foot aver the step, he called: "Jesus, if you're there, can you hand me the broom?"

A man went to the dentist to have a tooth extracted.
"Don't worry," said the dentist. "This won't hurt much. What do you do for a living?"
"I'm a tax inspector."
"Actually," said the dentist, "this might hurt a little more than I thought…"

Boss: Are you able to do anything that other people can't?
Applicant: Yes. I'm the only person that can read my handwriting.

SCHOOL RULES

Students should arrive no later than 8.35 a.m.
Bags must not be carried over the shoulder.
No students, up to and including year 10, are allowed off the school premises at any time without an exeat.
All students leaving the premises must sign out in the book provided in reception.
Uniform will be strictly adhered to. Jewellery other than discreet "studs" will not be worn, nor make-up below the sixth form. Boys are not allowed to wear earrings of any sort.
During term-time, no part-time employment should be undertaken without first consulting the Headmaster.
All members of the school must read and comply with the fire regulations.
No student should carry large sums of money around the school.
Motor vehicles may not be brought to school or parked on school premises.
Cycles may not be ridden in the school yard.

LAST BUT NOT LEAST

I am nobody. Nobody is perfect. Therefore, I must be perfect. (Oscar Wilde)

MODULE 2

MAÎTRISER LE GROUPE NOMINAL

SÉQUENCE 1 : LES DÉTERMINANTS

L'ARTICLE DÉFINI : *the*

Comprendre pour apprendre

Le déterminant *the* (ou article défini) correspond à « le, la, les » et s'emploie :

- pour spécifier, préciser la personne ou l'objet dont vous parlez.

Exemples : *The people who are living next door are English.* (Les gens qui habitent à côté sont Anglais).
I can't find the CD you lent me the other day. (Je n'arrive pas à trouver le CD que tu m'as prêté l'autre jour).
I must go to the bank and the post office. (Je dois aller à la banque et au bureau de poste).

Astuce : La valeur déterminative est très forte avec *the*. Lorsqu'un Anglais met sa langue entre les dents pour prononcer le mot *the*, pensez au Français qui montre du doigt. En bref : *la langue coincée entre les dents pour prononcer 'the' est à l'Anglais ce que l'index pointé pour montrer quelqu'un ou quelque chose est au Français.*

- après le verbe *play* suivi d'un instrument de musique.

Exemples : *to play the guitar; to play the violin; to play the piano.*

- devant les noms de pays composés d'un nom commun.

Exemples : *The United States* (*states*: états).
The Netherlands (*lands*: terres).
The Channel Islands (*islands*: îles).
The United Kingdom (*kingdom*: royaume).
Mais *Great Britain.*

- avec les adjectifs transformés en noms et qui désignent des groupes de personnes.

Exemples : *The rich; the poor; the unemployed; the British.*

- avec des superlatifs.

Exemples : '*The King's Speech' is the best film that I have ever seen.* (*Le discours d'un roi* est le meilleur film que j'aie jamais vu).

- avec des expressions particulières qu'il faut apprendre par cœur.

Exemples : *to be on the phone; to be on the train/on the bus; to be on television/on TV/to be on the radio/on the Internet.*

LE DÉTERMINANT ZÉRO

Le déterminant zéro est symbolisé par le signe Ø en grammaire. Il s'agit en fait d'une absence devant le nom. Il correspond, lui aussi, à « le, la, les ». Ce déterminant s'emploie :

- lorsqu'on parle de quelque chose ou de quelqu'un en général.

Exemples : *I don't think money is the most important thing in life. Health is.* (Je ne pense pas que l'argent est la chose qui importe le plus dans la vie mais plutôt la santé).
Teenage girls are usually more mature than teenage boys. (Les adolescentes sont en général plus matures que les adolescents.)
Do you like tea? (Aimez-vous le thé ?)
Sugar is bad for you. (Le sucre n'est pas bon pour vous.)
Water boils at 100°C. (L'eau bouille à 100 °C.)

➢ avec des noms de pays au singulier.
Exemples : *England, France, Germany, Spain, Algeria, Morocco.*

➢ avec des noms de lieu lorsque la fonction sociale de ce lieu est dominante dans le contexte.
Exemples : *to go to school ; to go to church ; to go to synagogue ; to go to hospital ; to go to jail/prison.*

En revanche on dira : *The school is closed today* (parce qu'on privilégie le lieu, le bâtiment et non la fonction sociale de ce lieu).

➢ avec des noms de repas ou de collation.
Exemples : *What do you have for breakfast*? (Que prenez-vous au petit déjeuner ?).
What time do you have lunch? (A quelle heure déjeunez-vous ?).
What shall we have for tea? Scones? (Qu'allons-nous prendre pour le thé ? Des scones ?).

Mais on dira : *The breakfast we had this morning at the hotel was first class.* (Il n'y a rien à dire sur le petit déjeuner que nous avons pris ce matin à l'hôtel).

➢ avec le verbe *play* suivi d'un nom de sports ou de jeux.
Exemples : *to play football ; to play cards.*

➢ avec des expressions particulières qu'il faut apprendre par cœur.
Exemples : *to go by train ; to make friends.*

Remarque pour l'expression orale
Le « e » du déterminant *the* se prononce /i/ devant un nom commençant par un son vocalique.
Exemples : *the Americans ; the airport ; the English ; the exercise ; the afternoon.*

LES ARTICLES INDÉFINIS : *a, an*

Ces déterminants (ou articles indéfinis) correspondent à « un, une » et s'emploient pour désigner une personne ou un objet non spécifique.
Exemples : *A man and a woman were talking at a bus stop.* (Un homme et une femme discutaient à l'arrêt de bus).
Could I have an apple, please? (Pourrais-je avoir une pomme, s'il-vous-plaît ?)
I had to buy an overcoat. (J'ai dû acheter un manteau).

Ces déterminants s'emploient :

➢ en position d'attribut :
Exemple : *She's a teacher and her husband is an engineer.* (Elle est enseignante et son mari est ingénieur).

➢ en apposition, c'est-à-dire pour une information bonus/pas essentielle, et placée entre deux virgules :
Exemple : *My brother-in-law's next-door neighbour, a famous English novelist, doesn't talk much.* (La voisine de mon beau-frère, célèbre romancière anglaise, n'est pas très bavarde).

➢ après *with* ou *without* :
Exemples : *The man with a beard went out without saying a single word.* (L'homme barbu est sorti sans piper mot).

It's pouring with rain but he went out without an umbrella. (Il pleut à verses mais il est sorti sans parapluie).

- avec les tournures exclamatives en *such* et en *what* :
  Exemples : *What a lovely girl!* (Quelle jolie fille !)
  She's such a nice girl. (C'est une fille si gentille).

- après le mot *as* lorsqu'il signifie *comme/en tant que* :
  Exemples : *I used to work as a French assistant in Cardiff.*
  (Autrefois, je travaillais comme assistant de français à Cardiff).
  He moonlights as a plumber.
  (Il travaille au noir comme plombier).

- avec des expressions de mesure ou de temps/fréquence :
  Exemples : *It costs £3 a kilo.* (C'est trois livres le kilo).
  Pat and Ron come to see us twice a year. (Pat et Ron viennent nous voir deux fois par an).

***A* or *an*, that is the question!**

A	**Exemples**
Devant une consonne Devant un « h » aspiré Devant un « u » prononcé « you » Devant « eu » prononcé « you »	*A cat, a dog, a street, a book, a ticket* *A horse, a hotel, a house , a hotline* *A university, a useful book, a unisex hairdressing salon, a utopia, a uniform* *A euro, a euphemism, a eunuch, a Euro MP*

AN	**Exemples**
Devant une voyelle Devant un « h » muet	*An orange, an umbrella, an exercise, an article* *An hour, an heir, an honest man*

Remarques

On emploie « *one* » lorsque l'on veut insister sur le caractère unique de ce qui est nommé ou sur la valeur quantitative. Relisez par exemple l'introduction des aventures d'Astérix en anglais :
One small village of indomitable Gauls still holds out against the invaders. And life is not easy for the Roman legionaries... (Un petit village d'irréductibles gaulois résiste encore et toujours...). Il s'agit bien d'un seul et unique petit village qui fait de la résistance. Traduire par « *A small village...* » serait grammaticalement correct mais pas adapté au contexte que l'on connaît.

À l'oral, pour insister sur l'article *a*, on peut prononcer /ei/.
Exemple : « *There is a* (prononcez /ei/) *masculinity in every woman* » (BBC Radio 4, 6 décembre 2007)

Pratiquer pour maîtriser

Exercice 1. À partir des éléments suivants, composez un groupe nominal

Exemple : *restaurant/Italian*	*An Italian restaurant*
1) car/expensive	
2) address/new	
3) friend/old	
4) apple/big	
5) child/unhappy	
6) uncle/rich	

7) job/easy	
8) exercise/hard	
9) language/European	
10) book/small	

Exercice 2. Complétez avec le déterminant correct
1) Ken Loach makes ------- films.
2) I need ------- new computer. The one I've got is too old.
3) She never drinks ------- milk.
4) Ron is ------- old friend.
5) My brother's house is made of ------- wood.
6) My son often listens to ------- radio.
7) She's wearing ------- orange skirt.
8) Do you ever listen to ------- classical music?
9) *"------- apple ------- day keeps ------- doctor away"* as the old saying goes.
10) I don't like ------- cheese.

Exercice 3. Complétez avec *a* , *an* ou *one*
1) She's got ------- nice jacket.
2) Mum, can I have ------- sweet?
3) No, I said ------- sweet, not two.
4) I've got ------- problem.
5) They've only got ------- child.

Exercice 4. Que font-ils ? Faites une phrase en disant ce que font vos parents, frères et sœurs, amis etc.
Exemples : *My father is a cook. My mother is a nurse. My sister is a teacher. My elder brother is an engineer. My best friend is a carpenter.*

Exercice 5. Vous partez en camping en Espagne avec des amis. Vous dressez une liste de choses à emporter et les courses à faire avant le départ
We need :
- ✓ *a map of Spain.*
- ✓ *an airbed*
- ✓ *a pump*
- ✓ ...

We should take :
- ✓ *a torch*
- ✓ *folding chairs*
- ✓ *a plastic camping dining set*
- ✓ *a Campingaz portable stove*
- ✓ …

We must buy/get :
- ✓ *a rucksack*
- ✓ *a Thermos flask*
- ✓ *sunglasses*
- ✓ *a cap*
- ✓ *swimming trunks*
- ✓ …

Exercice 6. Noms propres : déterminants ou non ? Cochez selon votre réponse

Énoncés	Je mets *the*	Je ne mets pas *the*
1) Mary		
2) Dr Smith		

3) Russians		
4) Germany		
5) Piccadilly Circus		
6) Uncle Dave		
7) Atlantic		
8) Russian		
9) United States		
10) Middle East		
11) British Museum		
12) Cambridge University		
13) Nantes Cathedral		
14) Loire		
15) Great Pyramid		
16) Thames		
17) Hyde Park		
18) Far West		
19) America		
20) Queen Elizabeth II		

Exercice 7. Où sont les déterminants ?

Ce paragraphe tiré du livre de Mark Haddon, *The Curious Incident of the Dog in the Night-Time,* a été amputé de ses déterminants. Retrouvez le texte original en insérant les déterminants adéquats aux bons endroits. (N.B. Le récit est raconté par un jeune autiste).

Then police arrived. I like police. They have uniforms and numbers and you know what they are meant to be doing. There was policewoman and policeman. Policewoman had little hole in her tights on her left ankle and a red scratch in middle of hole. Policeman had big orange leaf stuck to bottom of his shoe which was poking out from side. Policewoman put her arms round Mrs Shears and led her back towards house.

Exercice 8. Traduire en anglais

1) L'amour est la chose la plus importante dans la vie.
2) J'adore voyager. J'aimerais aller en Grèce, en Chine, aux États-Unis et en Afrique du Sud.
3) Nos amis anglais prennent toujours du bacon et des œufs au petit déjeuner.
4) J'ai lu ce matin un article intéressant sur l'écart qui se creuse entre les riches et les pauvres
5) Sais-tu que les Suisses parlent allemand, français et italien ?
6) Est-ce que tu joues de la guitare électrique ?
7) Il pleut et elle est sortie sans imperméable.
8) Les roses que tu as offertes à Julie sont jolies.
9) Que fait ta mère ? – Elle est infirmière dans un grand hôpital.
10) Je n'aime pas le beurre, le lait, les épinards, le fromage, la bière, les tomates mais je ne suis pas difficile !

APRÈS L'EFFORT, LE RÉCONFORT

JOKE

A tourist asked a man in uniform: "Are you a policeman ?"
"No, I'm an undercover detective."
"So why are you in uniform?"
"Today is my day off."

QUOTATIONS BY OSCAR WILDE

- Never trust a woman who tells you her real age; a woman who tells you that would tell you anything.
- Women can discover everything except the obvious.
- I like men who have a future, and women who have a past.
- Men become old, they never become good.
- The world was made for men and not for women.
- The happiness of a married man depends on the people he has not married.
- Men marry because they are tired, women because they are curious; both are disappointed.
- Education is a wonderful thing, provided you remember that nothing worth knowing can ever be taught.
- Ignorance is a rare, exotic fruit: touch it, and the bloom has gone.
- Work is the curse of drinking classes.
- Fashion is what one wears oneself ; what is unfashionable is what other people wear.
- Punctuality is the thief of time.
- The book of life begins with a man and a woman in a garden; it ends with revelations.
- I can resist everything except temptation.

NEWS

Busy parents missing time with their children

Most parents in the UK miss out on spending quality time with their children because they work long hours and have a busy lifestyle according to researchers.

A study of 600 working parents found that almost all of them felt guilty because work took priority over being with their children. Almost one in five children are in bed by the time their parents get home from work, the survey by Windows Live Messenger found.

Parents most regretted not being able to pick their children up from school. More than one in four parents said they got home from work after 7pm with fathers more likely than mothers to miss bedtime.

The Daily Telegraph, 13 August 2007

SÉQUENCE 2 : LES NOMS

Comprendre pour apprendre

Ce qu'il faut retenir :

1. Le genre avec quelques exemples

Masculin	Féminin	Indifférencié	Neutre
man *boy* *son* *uncle* *king* *etc.*	*woman* *girl* *daughter* *aunt* *queen* *etc.*	*child* *teacher* *doctor* *neighbour* *friend* *etc.*	*box* *car* *house* *table* *garden* *etc.*

2. Le nombre

- **Les noms dénombrables (que l'on peut compter)**

Formation	Exemples
En général, on ajoute *-s*	*friends, houses, chairs, bags, shoes*
Pour les noms terminés par *s, x, z, sh, ch* on ajoute ***-es***	*buses, boxes, quizzes, wishes, matches*
Pour les noms terminés par *y* précédé d'une consonne on ajoute ***-ies*** **Remarque** : pour les noms terminés par un *y* précédé d'une voyelle on ajoute *-s*	*countries, cities, babies, ladies, cries* *boys, toys, days, keys*
Pour les noms terminés par *f* ce dernier se transforme en ***-ves*** **Remarque** : il y a des exceptions (à apprendre au fur et à mesure qu'on les rencontre).	*wives, knives, shelves, leaves* *chiefs, handkerchiefs, proofs, cliffs, roofs*
Pour les noms terminés par ***o*** on ajoute ***-es*** **Remarque** : il y a des exceptions (à apprendre au fur et à mesure qu'on les rencontre).	*potatoes, tomatoes, heroes, dominoes* *pianos, discos, photos, ghettos*

- **Les noms dénombrables irréguliers**

Pluriel en ***-en***	*man/men ; woman/women ; ox/oxen ; child/children*
Pluriel en ***-ee***	*goose/geese : tooth/teeth : foot/feet*
Pluriel en ***-ice***	*mouse/mice ; louse/lice ; die/dice*
Pluriel en ***-ses***	*thesis/theses ; basis/bases ; crisis/crises*
Pluriel en ***-a***	*phenomenon/phenomena ; criterion/criteria ; datum/data ; medium/media*

Remarques

1) Pour ces deux dernières catégories, dans la plupart des cas il s'agit d'une origine grecque. La grande majorité des Anglais ne font pas la différence entre les deux formes.
2) Les mots *sheep* (mouton/s), *means* (moyen/s), *series* (série/s) sont singulier ou pluriel.

3. Les noms indénombrables (que l'on ne peut pas compter)

- Ils ne s'emploient pas avec *a/an.*
- Ils s'emploient avec un verbe au singulier.
- Ils n'ont pas de pluriel.
- Quelques noms indénombrables courants en anglais:

news – advice – furniture – work – homework – progress – luggage – weather – traffic – spaghetti – equipment – toast – accommodation – knowledge – information – research – hair – mathematics – politics – linguistics – physics – gymnastics

Exemples : *No news is good news*. (Pas de nouvelles, bonnes nouvelles).
This initiative hasn't borne fruit. (Cette initiative n'a pas porté ses fruits).
Advice is cheap. (Les conseilleurs ne sont pas les payeurs).

4. Singulier ou pluriel ? Ça dépend du contexte !

Les mots qui suivent ne changent pas de forme mais sont considérés comme noms singuliers si c'est le groupe/l'institution/la collectivité qui est ciblée, ou comme noms pluriels si ce sont les individus qui sont ciblés.

Government – family – people – police

5. Des mots qui se singularisent par *A pair of …*

Pluriel	Singulier
trousers	*a pair of trousers*
jeans	*a pair of jeans*
shorts	*a pair of shorts*
pyjamas	*a pair of pyjamas*
tweezers	*a pair of tweezers*
(sun)glasses	*a pair of (sun)glasses*
scissors	*a pair of scissors*

6. Les noms composés

Remarque préliminaire

Un nom composé comporte au minimum deux mots. Le 1er élément décrit et qualifie le second. Il a donc un rôle adjectival. Or l'adjectif en anglais est invariable. Donc le 1er élément sera toujours singulier.

Exemples : *a toothbrush* (une brosse à dents).
A shoe shop (un magasin de chaussures).

La composition des noms composés

- Il y a trois façons différentes de les écrire. Sachez qu'il n'y a pas de règle bien précise à ce sujet. L'usage du dictionnaire s'impose lorsqu'on hésite et parfois l'orthographe (présence ou nom d'un trait d'union ; nom composé en un seul mot ou deux) variera en fonction du dictionnaire.

L'écriture	Exemples
En un seul mot	*bedroom ; sunglasses ; postman ; toothbrush*
En deux mots sans trait d'union	*traffic lights ; bus stop ; credit card ; writing paper*
En deux mots ou plus avec trait d'union	*Jack-knife* (couteau de poche)*; mother-in-law ; T-shirt ; make-up* (maquillage)*; jack-in-office* (petit chef) *; jack-in-the-box* (diable à ressort)

- Les principales structures sont les suivantes :

Nom + nom	*bedroom ; bus stop ; apple-tree ; weekend*
Adjectif + nom	*grandmother ; blackbird*

Gérondif + nom	*sitting-room ; drinking water ; washing machine ; writing paper*
Adverbe + nom	*supertanker ; superman ; superstar ; superstore ; hypermarket ; megawatt ; multiplex ; multiculturalism*
Pronom + nom	*A he-man* (un macho) ; *a she-cat* (une mégère) ; *a she-devil* (une furie) ; *a she-goat* (chèvre).
Lettre + nom	*A-road* (route nationale) ; *B-road* (route secondaire) ; *U-turn* (demi-tour) ; *V-sign* (le V de la victoire) ; *V-neck* (décolleté en pointe) ; *X-ray* (rayons X).

Remarques
Ne pas confondre
A horse race (une course de chevaux) et *a racehorse* (un cheval de course).
A wineglass et *a glass of wine*. Dans le premier contenant, il n'y a pas obligatoirement de contenu !
Dans le deuxième, il y a obligatoirement un contenu. Personnellement, je n'hésite pas ; je prends *a glass of wine*… et je bois avec modération!

7. Et si on proposait encore davantage de noms ?... ***Ça suffixe !***

Quelques façons courantes de former des noms à l'aide de suffixes

➢ De l'adjectif au nom

Adjectif	*happy*	*tolerant*	*patient*	*equal*	*honest*
Suffixe	***-ness***	***-ance***	***-ence***	***-ity***	***-y***
Nom	*happiness*	*tolerance*	*patience*	*equality*	*honesty*

➢ Du verbe au nom

Verbe	*manage*	*inform*	*react*	*teach*	*act*
Suffixe	***-ment***	***-ation***	***-ion***	***-er***	***-or***
Nom	*management*	*information*	*reaction*	*teacher*	*actor*

Pratiquer pour maîtriser

Exercice 1. Dénombrable ou indénombrable ?
Mettre *dén* (dénombrable) ou *indén* (indénombrable) devant le nom

	banana		*fruit*
	milk		*friendship*
	meat		*pen*
	table		*book*
	bread		*honesty*
	vegetable		*advice*
	carrot		*spaghetti*
	wine		*cup*
	happiness		*water*
	cake		*plastic*

Exercice 2. Compléter la grille

singulier	pluriel
1	*women*
2- tooth	
3	*heroes*

4	*cities*
5- holiday	
6- taxi	
7	*feet*
8- book	
9	*taxes*
10- tree	
11- wife	
12- villa	
13- child	
14- sandwich	
15	*glasses*
16	*shoes*
17	*crises*
18- man	
19- crocodile	
20-street	

Exercice 3. Choisir la forme correcte

1) Don't you think people … always ready to help?
A- is B- are
2) Antique furniture … more and more.
A- costs B- cost
3) No news … good news.
A- is B- are
4) Your hair … really nice!
A- looks B- look
5) My jeans … dirty.
A- is B- are
6) My English homework … dead easy!
A- is B- are
7) What's happening? – There is an accident. The police … just arrived.
A- has B- have
8) Why … all those people looking at me? Have I said anything stupid?
A- is B- are
9) What is the Prime Minister going to do? – I wonder. The government … divided.
A- is B- are
10) The news from Iran … alarming.
A- is B- are

Exercise 4. À partir des deux listes de mots, retrouver les noms composés

1- tooth	*spoon*	
2- bus	*race*	
3- grand	*ring*	
4- coffee	*box*	
5- tea	*lamp*	
6- bath	*chair*	
7- horse	*son*	
8- letter	*paste*	
9- key	*machine*	
10- post	*room*	
11- reading	*stop*	
12- police	*opener*	
13- bottle	*book*	

14- phone	*car*	
15- arm	*man*	

Exercice 5. Traduire en anglais
1) Les nouvelles sont mauvaises.
2) Tu dois te laver les cheveux.
3) Où sont tes bagages ? – Là-bas.
4) Ils ont trois garçons et une fille.
5) Les enfants jouent dans le parc.
6) Mon pantalon blanc est sale.
7) Les enfants sont tous les mêmes !
8) Peux-tu me donner des conseils ?
9) Les mathématiques ne sont pas ma tasse de thé.
10) Nous avons acheté de nouveaux meubles pour mettre dans notre salon.

Exercice 6. Traduire en français

A storm in a teacup

After wining and dining, and spending the rest of the evening in a wine-bar, a wine grower and a wine merchant had an argument about the wine list and if one should drink red wine or white wine with fish. Needless to say both were tipsy. The following day they had all forgotten about it and were quite happy talking about wine-bottling.

APRÈS L'EFFORT, LE RÉCONFORT

JOKES

A little girl came home from school and said: "Mummy, today in school I was punished for something I didn't do."
"That's terrible! I'm going to speak to your teacher about it. Now what was it that you didn't do?"
"My homework."

A man woke up in hospital after having a gangrenous leg amputated. The doctor told him: "There's good news and bad news."
"Okay, doc, give me the bad news first."
"The bad news," said the doctor, "is that I'm afraid we've amputated the wrong leg."
"The wrong leg! My God! How could you do that to me? What's the good news?"
The doctor said: "I think we're going to be able to save the other leg."

"Do you believe in life after death? The boss asked one of his employees.
"Yes, sir."
"That's good, because after you left work early yesterday to attend your grandmother's funeral, she dropped by to see you!"

WORDS, WORDS, WORDS !

À partir des lettres contenues dans le mot *computer*, trouvez le maximum de mots anglais. Nous avons commencé pour vous : *come – put – mute – per ...*

NEWS

Friday night family meal ousts traditional Sunday lunch roast
By Sophie Borland

Friday evening is the new Sunday lunch time according to a survey of households in Britain.

The traditional roast dinner on a Sunday is gradually being phased out and replaced by a slap-up family meal on a Friday night.

The latest research found that half as many households sit down to Sunday lunch compared to the 1960s.

Less than six million people regularly eat the traditional roast dinner compared to 1961 when 12.7 million enjoyed the ritual.

The survey, compiled by the Future Foundation and the Institute for Social and Economic Research, also found that twice as many households eat a big meal together on a Friday night compared to 1961.

More families in the south eat together on a Sunday than those in the North.

About 22 per cent of households in south-east and south-west England, east Anglia and London enjoy a roast on a Sunday compared to 8.7 per cent of those living in Northern England, Scotland, Northern Ireland and the West Midlands.

Nicola Austin, a director at the Future Foundation, who helped compile the research, said: “Sunday lunch is gradually being phased out as people have changed the way they spend their weekends.”

“Many now go out with friends and family on Sunday afternoons and often people are at work at the weekends.”

“Fridays seem to be the most common night of the week when people have time off all together.”

The tradition of a roast meal on a Sunday is believed to have started in Yorkshire during the Industrial Revolution when families would prepare the joint and make the leftovers last the whole week.

The Daily Telegraph 20th August 2007

SÉQUENCE 3 : LES QUANTIFIEURS

Comprendre pour apprendre

Compter est la première opération de quantification. Ce qui se compte est dénombrable. Connaissez-vous bien les nombres ordinaux et cardinaux en anglais ? La séquence 5 de ce module est consacrée aux nombres. Ces derniers ne s'emploient qu'avec des noms dénombrables qui peuvent porter la marque du singulier ou du pluriel.

Il existe des matières/substances (l'eau, le vin, le café, l'herbe, le bois) et des abstractions (la paresse, la tristesse) qui ne se comptent pas. On dit que ces noms sont indénombrables. Ils ne prennent donc pas la marque du pluriel. Les langues n'ont pas toujours la même vision des choses. Ce qui est dénombrable dans une langue peut être indénombrable dans une autre. Par exemple, en français le mot « meuble » est dénombrable (un, deux, trois meubles) alors qu'en anglais le mot *furniture* est indénombrable. Vous en connaissez certainement d'autres. Par exemple : *hair, luggage, information, toast...* On aura donc recours à certaines expressions lorsqu'on voudra exprimer une quantité précise, par exemple, *a glass of beer ; two cups of tea ; three slices of ham ; two loaves of bread...*

Dans certains contextes cependant, des mots indénombrables pourront prendre le pluriel. Par exemple dans un rayon de supermarché on lira *Wines and Spirits*, ce rayon proposant différents types de vins et de spiritueux. Dans ce cas précis, ce qui est ciblé par le vendeur c'est avant tout le nombre et la variété de ses produits proposés aux clients.

Enfin, attention aux mots qui changent de sens selon leur catégorie. Il ne faut pas confondre *paper* (papier/journal)/*papers* (papiers/journaux) ; *hair* (cheveux)/*hairs* (poils) ; *care* (soin/soins)/*cares* (soucis/responsabilités) ; *custom* (coutume/usage/tradition)/*customs* (douane) ; *people* (peuple)/*people* (gens).

1. Exprimer et décrire la quantité : les mots clés

Devant un nom singulier	Devant un nom pluriel	Traduction française
How much	*How many*	Combien de
Far too much	*Far too many*	Beaucoup trop de
Too much	*Too many*	Trop de
So much	*So many*	Tant de
Not much	*Not many*	Pas beaucoup de
Much (1)	*Many (1)*	Beaucoup de
A lot of	*A lot of*	Beaucoup de
Plenty of	*Plenty of*	Beaucoup de
A great deal of	*A great deal of*	Beaucoup de
Lots of	*Lots of*	Beaucoup de
(The) whole	*(The) whole*	Tout (entier)
All the	*All (the)*	Tout/tous/toutes
Most of the	*Most (of the)*	La plupart de/du/de la/des
A little	*A few*	Un peu de/quelques
Little	*Few*	Peu de
Very little	*Very few*	Très peu de
So little	*So few*	Si peu de
Too little	*Too few*	Trop peu de
Far too little	*Far too few*	Trop peu de
Hardly any	*Hardly any*	Presque pas de
Some (2)	*Any*	Du/de la/des/quelque
Not any (avec verbe négatif) (2)	*Not any (avec verbe négatif)*	Pas de
No (avec verbe affirmatif) (2)	*No (avec verbe affirmatif)*	Pas de

No/not any ... at all	*No/not any ... at all*	Pas de ... du tout
No/not any ... left	*No/not any ... left (3)*	Il ne reste pas de ...
... else	*... else (4)*	Autre/ailleurs
Enough (5)	*Enough*	Assez
	Both ...	Les deux
Half a/an ...		Un demi/une demie
A/an + nom singulier and a half	*One and a half + nom pluriel*	Un/une... et demi(e)
Every (6)		Tous les/toutes les
Each		Chaque
	Several	Plusieurs
Less (7)	*Fewer*	Moins de
More	*More*	Plus de
Either ... or ...	*Either ... or ...*	Soit … soit … (8)
Neither ... nor ...	*Neither ... nor ...*	Ni … ni … (8)

Notes

(1) *much* et *many* s'emploient surtout dans les phrases interrogatives et négatives.

Exemples : *Were there many people at the meeting?* (Y avait-il beaucoup de gens à la réunion ?).
She hasn't got much money left. (Il ne lui reste pas beaucoup d'argent).

(2) ***some, any and no*** en bref

- On emploie *some* dans un énoncé affirmatif ou dans une question lorsque l'on demande/propose quelque chose qui existe.
  Exemples : *I've bought some coffee.* (J'ai acheté du café).
  Would you like some biscuits?
  (Voudriez-vous des petits gâteaux ?)
- On emploie *any* dans un énoncé négatif (avec un verbe à la forme négative) ou dans une question pour laquelle on ne connaît vraiment pas la réponse.
  Exemples : *I'm sorry I haven't got any sugar.* (Je suis désolé, je n'ai pas de sucre).
  Have you got any tea bags? (Avez-vous des sachets de thé ?) sous-entendu : oui ou non ?

  Le verbe est à la forme négative avec *any*.
- Attention au contresens : *any* dans une phrase affirmative ou impérative signifie « n'importe lequelle/laquelle/lesquels/lesquelles ».

He didn't take anything.	Il n'a rien pris.
Take anything you like.	Prenez ce que vous voulez/n'importe quoi.

- On emploie *no* dans un énoncé négatif mais le verbe est à la forme affirmative.
  Exemple : *There are no buses this morning.* (Il n'y a pas de bus ce matin).
  Rappel : *There aren't any buses this morning.* (Il n'y a pas de bus ce matin) signifie la même chose que la phrase précédente mais le premier énoncé avec *no* est un peu plus fort. La forme du verbe change.

- *No* suivi d'un nom (singulier ou pluriel) peut être remplacé par *none.*

Exemples : *There is no chocolate.* (Il n'y a pas de chocolat). *There is none.* (Il n'y en a pas).
There are no biscuits. (Il n'y a pas de biscuits). *There are none.* (Il n'y en a pas).
I looked for some chocolate biscuits but there were none. (J'ai cherché des biscuits au chocolat mais il n'y en avait pas).

Les formes composées de *some, any* et *no*

Les mêmes règles que celles énoncées ci-dessus s'appliquent pour les formes composées.

somebody *anybody* *nobody*	*someone* *anyone* *no one* (en deux mots)	*something,* *anything* *nothing*	*somewhere* *anywhere* *nowhere*

(3) L'emploi de *left* en fin de phrase

Exemples : *There isn't anything left./There's nothing left.* (Il ne reste rien).
There's some wine left. Would you like some? (Il reste du vin. Tu en veux ?)

(4) L'emploi de *else*

Exemples : *I'd like something else.* (J'aimerais autre chose).
Let's go somewhere else. (Allons ailleurs).
You won't see anyone else./You will see no one else. (Vous ne verrez personne d'autre).

(5) *enough*

Exemples	Structures
I've got ***enough bread****, thanks.* (J'ai assez de pain, merci)	*enough* + nom
He ***isn't strong enough*** *to lift this suitcase.* (Il n'est pas assez fort pour soulever cette valise)	adjectif + *enough*
*He****'s had enough****.* (Il en a assez)	verbe + *enough*

(6) Les formes en *every*

Elles sont toujours suivies d'un verbe au singulier.

Everybody/Everyone (Tout le monde).
Everything (Tout).
Everywhere (Partout).

Every day – en deux mots (Tous les jours).
The everyday routine – everyday en un seul mot est un adjectif (La routine quotidienne).
Every other day (Tous les deux jours).
Every three days (Tous les trois jours).

(7) L'emploi de *less/fewer* pour traduire « moins »

En anglais standard, l'usage est d'employer *less* devant un nom singulier (*less sugar*) et *fewer* devant un nom pluriel (*fewer mistakes*). Force est de constater que le mot *less* est de plus en plus employé dans les deux cas (*less mistakes/fewer mistakes*).

(8) *either ... or ; neither ... nor*

Exemples	Structures
Either road *goes to Littlehampton.* ***Either*** *goes to Littlehampton.*	*Either/neither* peuvent être employés comme nom ou pronom. Ils sont suivis du verbe à la 3e personne du singulier.
Neither road *goes to Littlehampton.* ***Neither*** *goes to Littlehampton.*	
Neither Ann nor Claire ***wants/want*** *to come*	Le verbe peut être singulier ou pluriel.

Quelques tournures idiomatiques avec des quantifieurs

He burns the candle at both ends. (Il brûle la chandelle par les deux bouts.)
She has both feet on the ground. (Elle a les pieds sur terre.)

It works/cuts both ways. (C'est à double tranchant.)
He's too big for his boots. (Il se prend pour le nombril du monde.)
Enough is enough! (Trop, c'est trop !)
The wind is strong enough to blow you away. (Il y a un vent à décorner les bœufs.)
I've got a lot on my plate. (J'ai du pain sur la planche.)
Let's meet halfway. (Coupons la poire en deux.)
The whole blessed day. (Toute la sainte journée.)

Pratiquer pour maîtriser

Exercice 1. Complétez la grille suivante

	Combien de sucre		La plupart des filles
	Trop de café		Toute la journée
	Tant d'étudiants		Beaucoup de gens
	Un peu de lait		Quelques jours
	Presque pas de clients		Assez de crème
	Très peu de vent		Beaucoup de pluie
	Chaque élève		Le mois entier
	Pas de timbres		Il ne reste pas de thé
	Moins de bonbons		Autre chose
	Très peu d'amis		Nulle part ailleurs

Exercice 2. Complétez avec *some, any, no*

1) We have coffee but -------- milk, so, you'll have to drink it black.
2) Would you like ------------- tea? – Yes, please.
3) I can't pay. I haven't got ---------- money.
4) Are there ---------- letters for us?
5) There's --------- point in telling him. He can't do -------thing about it.
6) ----------body's been smoking here. I can smell it!
7) I know --------thing about politics.
8) There were ----------- people waiting for you.
9) I don't want ----------- wine, thank you.
10) Yes, that's fine. ------------ hat will do.
11) It's too dark. I can't see ---------thing.
12) I think they live -----------where near Cambridge.
13) What's in that drawer? - ------------thing. It's empty.
14) I'm looking for my car keys. I can't find them ------------where.
15) I'm starving. I haven't eaten ----------thing since this morning.
16) There are -------- good restaurants on the sea front. You should try the old town.
17) There are --------- buses today. We'll take a taxi.
18) Do you know -----------one in England? – Yes, I've got lots of friends.
19) I'm afraid there's ---------- beer left.
20) He just says -----------thing that flashes across his mind.

Exercice 3. Dites-le d'une autre façon

1) They've got no money.
2) There aren't any stamps left.

Exercice 4. Complétez la traduction

1) Il y a trop de monde. Allons ailleurs.
There are ------------------------ people. Let's go -------------------------------
2) Apportez quelques CD si vous pouvez.
Bring ---------------------------- if you ------------------

3) Tu ne devrais pas fumer autant.
You shouldn't smoke ----------------------------

4) Elle ne nous a pas donné beaucoup de conseils utiles.
She didn't give us -------------------- useful --------------------

5) Il me reste un peu d'argent.
I've got ---------------------------------- left.

6) Combien de lait voulez-vous dans votre thé ?
---------------------------- milk do you want --------------------------- ?

7) Trop de gens connaissent la vérité.
------------------------- people know ------------------------

8) Veux-tu autre chose ?
Do you want ------------------------------------ ?

9) Elle ne dit jamais rien à personne.
She never says ---------------------------- to ---------------------------

10) N'importe qui sait que la plupart des Anglais aiment la reine.
---------------------- knows that ------------------------- like ------------------------

11) Si j'étais à ta place, je prendrais et plusieurs sandwichs et quelques pommes.
If I were you, I would take ----------------------------- and ------------------------

12) C'est bien, Jonathan. Il y a très peu d'erreurs dans ton exercice. Poursuis les efforts.
Well done, Jonathan. There are -------------------- in your exercise. Keep working.

13) Ce n'est pas étonnant que ton gâteau ait un drôle de goût. Tu as mis trop de farine et pas assez de lait.
No wonder your cake tastes funny. You put --------------- flour and -----------------.

14) Nous ne pourrons aller nulle part.
We won't be able to go ------------------------

15) Elles n'ont rien pu voir. Il y a avait beaucoup trop de gens.
They couldn't see -------------------------. There were ------------------------- people.

16) Il n'y a plus de sucre. Il va falloir que j'aille en acheter.
There isn't --------------- sugar ----------. I'll have to go and get ----------.

17) Ils ne peuvent pas encore s'installer dans leur nouvelle maison. Elle n'a ni eau ni électricité.
They can't move into their new house yet. It has -------- water -------- electricity.

18) A cause du movement de grève, il n'y avait presque pas de trains ce matin.
Because of (the) industrial action, there were --------------------------- this morning.

19) Elle ne travaille pas tous les jours.
She doesn't work --------------------------.

20) Hier, elle a travaillé toute la journée.
She worked ---------------------, yesterday.

Exercice 5. Traduisez en anglais

1) Hier il a plu toute la journée.
2) Nous regardons la télé tous les soirs.
3) Je ne connais rien au sujet des appareils photo numériques.
4) Ils ont tous les deux vingt ans.
5) Ni l'un ni l'autre ne sont mariés.
7) Il me reste un peu d'argent.
8) Ils ont quelques amis espagnols.
9) Il y avait très peu de brouillard mais beaucoup de vent.
10) La mer était plate. Il n'y avait pas de vagues.

Exercice 6. *Shopping list*

Préparez votre prochaine liste de courses en anglais. Employez les modaux *must* (devoir), *should* (devrait/faudrait), le verbe *need* (avoir besoin de) et des quantifieurs devant le nom des denrées à acheter.

Exemples : *I must get some fruit and some vegetables. I need to buy a packet of cornflakes, a few tins of tomato sauce, some yogurts, not too much milk because I'll be on my own next week*, etc.
Vous pourrez au cours suivant dire ce que vous avez acheté et éventuellement justifier vos achats.
Exemple : *I bought some flour, some sugar, quite a few eggs, three pints of milk because I made some pancakes. Last Tuesday was Shrove Tuesday.*

APRÈS L'EFFORT, LE RÉCONFORT

A MESSAGE BY GEORGE CARLIN
(An actor in the 70s and 80s who died in July 2008)

The paradox of our time in history is that we have taller buildings but shorter tempers, wider Freeways, but narrower viewpoints. We spend more, but have less, we buy more, but enjoy less. We have bigger houses and smaller families, more conveniences, but less time. We have more degrees but less sense, more knowledge, but less judgement, more experts, yet more problems, more medicine, but less wellness.

We drink too much, smoke too much, spend too recklessly, laugh too little, drive too fast, get too angry, stay up too late, get up too tired, read too little, watch TV too much, and pray too seldom.

We have multiplied our possessions, but reduced our values. We talk too much, love too seldom, and hate too often.

We've learned how to make a living, but not a life. We've added years to life, not life to years. We've been all the way to the moon and back, but have trouble crossing the street to meet a new neighbour. We conquered outer space but not inner space. We've done larger things, but not better things.

We've cleaned up the air, but polluted the soul. We've conquered the atom, but not our prejudice. We write more, but learn less. We plan more, but accomplish less. We've learned to rush, but not to wait. We build more computers to hold more information, to produce more copies than ever, but we communicate less and less.

These are the times of fast foods and slow digestion, big men and small character, steep profits and shallow relationships.

These are the days of two incomes but more divorce, fancier houses, but broken homes. These are days of quick trips, disposable diapers, throwaway morality, one night stands, overweight bodies, and pills that do everything from cheer, to quiet, to kill. It is a time when there is much in the stockroom. A time when technology can bring this letter to you, and a time when you can choose either to share this insight, or to just hit delete…

Remember, spend some time with your loved ones, because they are not going to be around forever.

Remember, say a kind word to someone who looks up to you in awe, because that little person will soon grow up and leave your side.

Remember to give a warm hug to the one next to you, because that is the only treasure you can give with your heart and it doesn't cost a cent.

Remember to say 'I love you' to your partner and your loved ones, but most of all mean it. A kiss and an embrace will mend hurt when it comes from deep inside of you.

Remember to hold hands and cherish the moment for some day that person will not be there again.

Give time to love, give time to speak! And give time to share the precious thoughts in your mind.

AND ALWAYS REMEMBER:

Life is not measured by the number of breaths we take, but by the moments that take our breath away.

QUOTATIONS BY OSCAR WILDE

A little sincerity is a dangerous thing, and a great deal of it is absolutely fatal.

It is a very sad thing that nowadays there is so little useless information around.

One half of the world does not believe in God, and the other half does not believe in me.

SPOONERISMS

Let us drink to our queer old dean.	Let us drink to our dear old queen
Brush my hat.	Hush my brat.
A well-oiled bicycle.	A well-boiled icycle.

NEWS

More than a third of workers are suffering from "email stress" as they are swamped with messages, a study shows.

Struggling to cope with a deluge of emails is leaving staff tired, frustrated and unproductive, researchers from Glasgow and Paisley universities found.

More than a third – 34 per cent – said they checked their inbox every 15 minutes and 64 per cent said they looked more than once an hour.

But monitoring software revealed that they looked more often, with some workers viewing their emails up to 40 times an hour.

More than a third – 34 per cent – said they felt stressed by the volume of emails and the need to reply quickly.

A further 28 per cent said they felt "driven" when they checked their messages because of the pressure to respond.

Just 38 per cent of workers were relaxed enough to wait a day or longer before replying.

Women workers feel under greater pressure to respond than men, they found.

Lead researchers Karen Renaud, a computer scientist from Glasgow University, and psychologist Judith Ramsay, of Paisley University, surveyed almost 200 workers.

"Our survey indicates the astonishing extent to which email is embedded in our day-to-day lives," they found.

"Females, in particular, tended to feel more pressure to respond than males."

Miss Renaud said: "Email is the thing that now causes us the most problems in our working lives." She advised workers to set aside a few dedicated times a day for reading emails to cut stress.

The Daily Telegraph, 13 August 2007

SÉQUENCE 4 : LES PRONOMS

Comprendre pour apprendre

Remarques préliminaires
Les pronoms relatifs ne sont pas abordés ici. Ils seront traités dans le module 3 avec la séquence sur les subordonnées relatives.
Un pronom est un mot qui remplace un nom.

1. Les pronoms démonstratifs
Notez que *this, that, these, those* sont à la fois pronoms et adjectifs. Ils sont adjectifs lorsqu'ils sont placés devant un nom et pronoms lorsqu'ils remplacent un nom.

Emploi	Singulier	Pluriel
Proximité dans le champ spatial, temporel ou affectif (on aime, on approuve)	*this*	*these*
Eloignement dans le champ spatial, temporel ou affectif (rejet, aversion)	*that*	*those*

Exemples : *Is this your car?* (pronom démonstratif)
What's that? (pronom démonstratif)
Whose are these? (pronom démonstratif)
This book here. (adjectif démonstratif)
That book there. (adjectif démonstratif)

Comparez :
These days. (De nos jours).
In those days. (En ce temps-là).
Those were the days! (C'était le bon temps !)

Lisez cet extrait de roman et observez les emplois parallèles de *this* et *that*
The world had changed as swiftly as it had in the weeks when the Berlin Wall came down. Everything before suddenly seemed like the distant past, and Marley was part of *that*, not part of *this*. He had been left behind, that was all. His habitat had been lost …
James Hawes, *Speak for England*, Vintage Books, London, 2006, p. 296

Remarque
This et *that* peuvent avoir une valeur adverbiale lorsqu'ils qualifient un adjectif.
Exemples : *He isn't that stupid!* (Il n'est pas si bête que ça !)
The portrait was this big. (Le portrait était à peu près grand comme ça.)

2. Les pronoms personnels sujets et compléments

- Tableau récapitulatif

Sujet	*I*	*you*	*he*	*she*	*it*	*we*	*you*	*they*
Complément	*me*	*you*	*him*	*her*	*it*	*us*	*you*	*them*

- Remarques sur les pronoms sujets

La première personne du singulier *I* est toujours en majuscule. On peut retrouver l'origine de cette pratique dans les textes manuscrits anciens calligraphiés. Cette pratique permettait d'éviter la confusion entre la lettre « i » et le pronom « je ». Donc ne jamais l'écrire en minuscule !

Il n'y a pas de véritable distinction entre le tutoiement et le vouvoiement. Seul le contexte, et à l'oral le ton permettront de faire la différence.

Pour les constructions du type « Moi, je … ; Toi, tu … » ; « Lui, il… » etc. (forme d'insistance), le pronom sujet se met en italique à l'écrit. À l'oral, on insiste sur le pronom (intonation).

Exemples : I went. (*J'y suis allé*).
I went. (*Moi, j'y suis allé*).

➢ Remarques sur les pronoms compléments.

Ils se placent toujours après le verbe.

Exemples : *She loves him.*
I don't like them.
He saw you in town this morning.

Ne pas calquer avec la langue française qui peut employer le pronom complément « moi » en fonction de sujet. Il faut respecter les catégories grammaticales en anglais.

Exemples : *David and I play chess every Sunday.* (David et moi (nous) jouons aux échecs tous les dimanches).

Donc attention aux confusions !

Exemples : *Dad likes Joe better than I (= better than I do).* Cette structure est peu employée.
Dad likes Joe better than me (my father prefers Joe).

On peut entendre et voir à l'écrit : *Me and my family* ... mais cette structure appartient à un registre moins soutenu.

3. Les pronoms possessifs

➢ Tableau récapitulatif

mine	*yours*	*his*	*hers*	*its (own)*	*ours*	*yours*	*theirs*

➢ Emplois

Contrairement au français où la priorité est accordée à « l'objet possédé » pour l'accord, l'anglais cible le possesseur.

Ne jamais oublier qu'en anglais c'est le possesseur qui tire les ficelles !

Exemples : *It's mine.* (C'est le mien/la mienne.)
They're mine. (Ce sont les miens/les miennes.)

Ainsi, pour traduire « C'est sa voiture. C'est la sienne. », tout dépendra du propriétaire de la voiture : si c'est celle de mon père, on dira : *It's his.* Si c'est celle de ma mère, on dira alors : *It's hers.*

➢ L'ajout de *own*.

On peut ajouter le mot *own* après un adjectif possessif pour renforcer l'idée de propriété.

Exemples : *It's her own flat.* (C'est son appartement – et il est bien à elle)
It's her own. (C'est le sien/Il est à elle.)

➢ Constructions idiomatiques et qui veulent dire la même chose

He is a friend of mine	*He is one of my friends.*	C'est un de mes amis.
He is a friend of yours	*He is one of your friends.*	C'est un de tes amis.
He is a friend of his	*He is one of his friends.*	C'est un de ses amis (à lui).
He is a friend of hers	*He is one of her friends.*	C'est un de ses amis (à elle).
He is a friend of ours	*He is one of our friends.*	C'est un de nos amis.
He is a friend of yours	*He is one of your friends.*	C'est un de vos amis.
He is a friend of theirs	*He is one of their friends.*	C'est un de leurs amis.

4. Les pronoms réfléchis

➢ Tableau récapitulatif

myself	*yourself*	*himself*	*herself*	*itself*	*ourselves*	*yourselves*	*themselves*

➢ Emplois

1) Pour insister

Exemples : *No one helped me. I did it myself.* (Personne ne m'a aidé. Je l'ai fait moi-même).
The house itself is small but the garden is quite big. (La maison en elle-même est petite mais le jardin est grand).

2) Pour un retour sur le sujet grammatical.

Exemples : *She was looking at herself in the mirror.* (Elle se regardait dans le miroir.)
She often talks to herself. (Elle parle souvent toute seule).
Make yourself at home! (Faites comme chez vous !)
Get a grip on yourself! (Ressaisis-toi !)
She's happy with herself. (Elle est contente d'elle-même).
He had difficulty pulling himself together. (Il a eu du mal à se ressaisir).
God helps those who help themselves. (Aide-toi, le ciel t'aidera).

3) Pour exprimer une sorte de solitude physique, d'individualisme. Le pronom réfléchi correspond alors à *alone, without help.*

Exemples : *I went there by myself.* (J'y suis allé tout seul).
He keeps himself to himself. (Il fait bande à part).

➢ Attention aux verbes pronominaux français comme « se réveiller, se lever, se raser, se coucher, se laver, se rencontrer etc. » qui se traduisent par des verbes simples en anglais *: to wake up, to get up ; to shave ; to go to bed ; to wash/have a wash, to meet ...*

➢ Ne pas confondre :
Did you enjoy yourself? (Tu t'es bien amusé ? Vous vous êtes bien amusé ?). On s'adresse à une seule personne.
Did you enjoy yourselves? (Vous vous êtes bien amusés ?). On s'adresse à plusieurs personnes, au moins deux.

5. Les pronoms réciproques

➢ Tableau récapitulatif

each other	*one another*

➢ Emploi

1) Ils s'emploient indifféremment pour exprimer la réciprocité mais force est de constater que *one another* est de moins en moins employé.

Exemples : *They looked at each other without saying anything.* (Ils se sont regardés sans dire un mot).
They love each other. (Ils s'aiment).
They phone each other every other day. (Ils se téléphonent tous les deux jours).

➢ Ne pas confondre !

They are talking. (Elles discutent).
They are talking to them. (Elles leur parlent).
They are talking to themselves. (Elles parlent toutes seules/Elles radotent).
They are talking to each other. (Elles parlent entre elles).

6. La traduction du pronom indéfini français « on »

Il y a différentes façons de traduire ce pronom en anglais ; tout dépend du point de vue. Il peut se traduire par :

- *We* (nous) si l'énonciateur est inclus dans un ensemble.
  Exemple : *In Spain we drive on the right.* (En Espagne on conduit à droite). La personne qui prononce ces paroles est Espagnole ou vit en Espagne.
- *You* (vous) si l'énonciateur n'est pas inclus dans un ensemble et qu'il s'adresse directement à quelqu'un inclus dans cet ensemble.
  Exemple : *Do you still eat haggis in Scotland?* (On mange toujours de la panse de brebis farcie en Écosse ?). La personne s'adresse à quelqu'un de nationalité écossaise ou quelqu'un qui vit en Écosse.
- *They* (ils/elles) si l'énonciateur n'est pas inclus dans un ensemble et qu'il fait allusion à cet ensemble.
  Exemple : *They still drive on the left in India.* (On conduit toujours à gauche en Inde.)
- *Someone/somebody* si l'énonciateur n'est pas inclus dans un ensemble et que la/les personnes ciblée(s) est/sont inconnue(s).
  Exemple : *Somebody broke into their holiday home last weekend.* (On a cambriolé leur résidence secondaire le week-end dernier).
- *One* si l'énonciateur formule des généralités, des conseils, des proverbes, dictons et lorsque le registre de langue est formel
  Exemples : *One likes to see one's children happy.* (On aime voir ses enfants heureux).
  One doesn't drink white wine with meat. (On ne boit pas de vin blanc avec de la viande).
  One never knows. (On ne sait jamais).
- La voix passive (*be + participe passé*) si l'énonciateur désire ne pas mentionner la source de l'information, pour faire part d'une rumeur par exemple. On emploie également la voix passive si on relègue au second plan les acteurs (ceux qui font l'action).
  Exemples : *I've been told that their sixteen-year-old daughter was expecting a baby.* (On m'a dit que leur fille de seize ans attendait un bébé).
  Coffee is produced in Brazil. (On produit du café au Brésil).

7. Eviter une répétition avec le pronom *one*

Exemples : *You can take the red box and the blue one too.* (Vous pouvez prendre la boîte rouge et la bleue aussi).
I like the black shoes but I prefer the brown ones. (J'aime les chaussures noires mais je préfère les marrons).

Pratiquer pour maîtriser

Exercice 1. Complétez le tableau après avoir bien étudié le cours

Pronoms sujets	Pronoms compléments	Pronoms possessifs	Pronoms réfléchis
I			
		yours	
	him		
			herself

Exercice 2. Dites-le avec un pronom possessif

Exemple : *It's our house. It's ours.*

1) It's your mobile.
2) It's my collection.
3) It's their tent.
4) They're her books.
5) It's his flat.

Exercice 3. Dites-le d'une autre façon en remplaçant le mot *alone*

1) He went to Spain alone.
2) My mother lives alone.
3) Did you stay alone?
4) I went camping alone.

Exercice 4. Complétez la traduction

1) Ils s'aimaient. Moi, je ne les aimais pas.

--------- loved -----------------. ------ didn't like --------

2) Nous allons au concert, mon neveu et moi.

My -------------------- and ---------- are going --------- the concert.

3) Ils se réuniront à nouveau l'an prochain.

----------- will ------------------ again ---------------- year.

4) Tous les matins je me lève à sept heures. Je me lave, je me rase et je me brosse les dents.

--------------------------------, I ------------------ at seven. I --------------, I ------------ and I --------.

5) Je ne prends jamais mon petit déjeuner à la maison. Je le prends au bureau ; une tasse de café tout simplement.

I never -------- breakfast at ---------. I ----------- at the ---------; I just ----------a ----- --------------.

6) Est-ce que vous vous êtes bien amusés hier soir ?

Did you enjoy ---------------------------- last night?

7) Je me souviens très bien d'eux.

------------ remember ----------------- very --------------

8) Nos parents ne nous ont jamais encouragés quand nous étions plus jeunes.

Our parents never encouraged ------- when ------ were younger.

9) Il faudra que tu fasses une lettre de motivation toi-même.

----------- will have to write a covering letter -----------.

10) Bien sûr que nous les aiderions s'ils n'avaient pas assez d'argent.

------------- would help ------ if they didn't have -----------------.

11) Est-ce que tu l'as vue mercredi ?

Did ----- see ------ on Wednesday ?

12) On ne parle pas la bouche pleine.

-------- shouldn't talk with your mouth full.

Exercice 5. Retrouvez le texte original de *The Curious Incident of the Dog in the Night-Time* de Mark Haddon. Les pronoms et déterminants manquants sont mentionnés ci-dessous

you – a – they – her – my – it – the – she – its – Ø – I – this – me – our

---- was 7 minutes after midnight. The dog was lying on ---- grass in ---- middle of the lawn in front of Mrs Shears' house. ---- eyes were closed. --- looked as if it was running on its side, --- way ---- dogs run when ---- think they are chasing --- cat in --- dream. But ---- dog was not running or asleep. ---- dog was dead. There was ---- garden fork, sticking out of the dog. ---- points of the fork must have gone all the way through --- dog and into the ground because ---- fork had not fallen over. --- decided that the dog was probably killed with the fork because --- could not see any other wounds in the dog and I do not think --- would stick a garden fork into a dog after --- had died for some other reason, like ---- cancer for example, or --- road accident. But I could not be certain about -----.

--- went through Mrs Shears' gate, closing --- behind ----. I walked onto --- lawn and knelt beside the dog. I put ---- hand on ---- muzzle of the dog. --- was still warm.

The dog was called Wellington. It belonged to Mrs Shears who was --- friend. ---- lived on the opposite side of the road, two houses to --- left.

Wellington was --- poodle. Not one of the small poodles that have hairstyles, but a big poodle. It had curly black fur, but when you got close --- could see that the skin underneath the fur was a very pale yellow, like chicken.

I stroked Wellington and wondered who had killed him, and why.

APRÈS L'EFFORT, LE RÉCONFORT

TONGUE TWISTERS

The sun shines on shop signs.

Six thin sticks and six thick bricks.

Vera valued the valley violets.

Around the rugged rock the ragged rascal ran.

She sells seashells on the seashore.

Our Joe wants to know if your Joe will lend our Joe your Joe's banjo. If your Joe won't lend our Joe your Joe's banjo, our Joe won't lend your Joe our Joe's banjo when our Joe has a banjo!

Mrs Lister's sister spoke Spanish, Swedish and Swahili and spent a season in the Sudan where she suffered from sunstroke.

Horrible holidays are highly expensive.

A cricket critic cricked his neck at a critical cricket match.

She stops at the shops where I shop, and if she shops at the shop where I shop, I won't stop at the shop where she shops!

He is literally literary.

NEWS

Making a salad too complicated for today's youngsters.
By Catriona Davies

Preparing a salad – a simple task to their parents' and grandparents' generation – is beyond the grasp of most young people, a survey said yesterday.

While most people over 35 say they would have no trouble making a simple green salad, or a Greek Waldorf, Caesar or Niçoise variation from scratch, young adults are far more accustomed to opening a bag of pre-prepared lettuce.

The survey found that 48 per cent of 18- to 35-year-olds said they would not know how to make a green salad, compared with two per cent of 36- to 54-year-olds and one per cent of over -55s.

A far higher proportion of young people was puzzled by the more complicated salads with 88 per cent. Sympathising with the famous line in *Fawlty Towers* when John Cleese, asked for a Waldorf salad, announced that he was "fresh out of Waldorfs".Only 28 per cent of 36- to 54-year-olds and 16 per cent of over -55s had the same problem.

The ingredients of a Caesar salad remained a mystery to 54 per cent of -18 to 34-year-olds but only eight per cent of 36- to 54-year-olds and five per cent of over -55s. And 63 per cent of young people would struggle with a Greek salad and 72 per cent with a Niçoise. Among the older generations, only nine per cent of 36- to 54-year-old and eight per cent of over -55s could not make a Greek salad and 19 per cent of over -55s could not make a Niçoise.

The food store Cranks, which commissioned the survey, said that despite the popularity of more adventurous foods and celebrity chefs, many young people had lost sight of even the basics.

It found that a third of these young people typically spent less than 10 minutes preparing a meal, by opening a packet or putting something in the microwave.

Ben Johnson of Cranks, said: "It would appear that the vast majority of young people think that many dishes are too complicated to even attempt. Pre-prepared foods help shoppers enjoy new and exciting flavours and recipes in a quick and easy way without the stress and worry associated with making it from a scratch."

The young people blamed a lack of knowledge, time and a preference for convenience for their unwillingness to make a salad.

The Daily Telegraph, August 20, 2005

SÉQUENCE 5 : LES NOMBRES

DES MATHÉMATIQUES DANS LA LINGUISTIQUE

Comprendre pour apprendre

1. Les nombres cardinaux

- De 13 à 19 : ajouter le suffixe *teen* (exemple : *fourteen/14*) mais veiller à l'orthographe de *thirteen,* et *fifteen.*
- Pour les dizaines : ajouter le suffixe *ty* (exemple : *sixty/60*) mais veiller à l'orthographe de *thirty, forty* et *fifty.*
- Entre les dizaines et les unités, ne pas oublier de mettre un trait d'union : *sixty-two.*
- *hundred* (invariable) + *and* + unité : *three hundred and six* (306).
  Si vous avez, par exemple, une Peugeot 407 il faut dire : *I've got a Peugeot four o seven* (407).
- *thousand* (invariable) + *and* + unité : *six thousand and ten* (6010).
- *dozen, hundred, thousand, million* sont invariables lorsqu'ils sont employés en tant que nombres mais s'accordent lorsqu'ils deviennent des noms ; ils sont alors suivis de la préposition *of.*
  Exemples : *Two dozen eggs, please.* (Deux douzaines d'oeufs, s'il vous plaît.)
  Two thousand people. (Deux mille personnes.)
  Thousands of people. (Des milliers de gens.)
  Three hundred cars. (Trois cents voitures.)
  Hundreds of cars. (Des centaines de voitures.)
- Attention à l'écriture anglaise de 1 (barre verticale) et de 7 (pas de barre horizontale).
- Comment dire/prononcer 0 :

- *zero* (notes, températures, numéros de téléphone)
- *nought* (notes, statistiques)
- *nil* (résultats sportifs)
- *love* (résultats sportifs au tennis)
- *oh* (énumération de chiffres dans l'usage quotidien mais il est plus correct d'employer *zero*) ; *oh* étant la prononciation de la lettre O et non pas d'un nombre. Ne mélangeons pas les genres !
- sans oublier l'agent 007 : *agent double oh seven* (même s'il s'agit d'un nombre, on ne dira jamais : *double zero zero seven*).

- L'ordre des numéraux est inversé par rapport au français.

My first two cars	Mes deux premières voitures
The other two books	Les deux autres livres
The last three weeks	Les trois dernières semaines
The next five years	Les cinq prochaines années

Astuce !
Pour bien mémoriser cette inversion, dites-vous que les Britanniques font tout à l'envers!

Tableau récapitulatif

One	*Eleven*	*Twenty-one*	*Forty*
Two	*Twelve*	*Twenty-two*	*Fifty*
Three	*Thirteen*	*Twenty-three*	*Sixty*
Four	*Fourteen*	*Twenty-four*	*Seventy*
Five	*Fifteen*	*Twenty-five*	*Eighty*
Six	*Sixteen*	*Twenty-six*	*Ninety*
Seven	*Seventeen*	*Twenty-seven*	*A/one hundred*
Eight	*Eighteen*	*Twenty-eight*	*A/one thousand*
Nine	*Nineteen*	*Twenty-nine*	*A hundred and ten*
Ten	*Twenty*	*Thirty*	*Two thousand*
1425: one thousand, four hundred and twenty-five.			

Notez la virgule entre les milliers et les centaines, le *and* entre les centaines et les dizaines et le trait d'union entre les dizaines et les unités.

2. Les nombres ordinaux

- On les forme en ajoutant *th* aux nombres cardinaux : *seven ; the seventh* (le septième)
- Le *y* des dizaines se transforme en *ie* : *sixty ; the sixtieth wedding anniversary* (le soixantième anniversaire de mariage).
- Trois exceptions: *the first, the second, the third.*
- Attention à l'orthographe de : *the fifth, the eighth, the ninth, the twelfth, the fortieth, the fiftieth.*

Tableau récapitulatif

The first	*The 1st*	*The eleventh*	*The 11th*
The second	*The 2nd*	*The twelfth*	*The 12th*
The third	*The 3rd*	*The thirteenth*	*The 13th*
The fourth	*The 4th*	*The fourteenth*	*The 14th*
The fifth	*The 5th*	*The fifteenth*	*The 15th*
The sixth	*The 6th*	*The sixteenth*	*The 16th*
The seventh	*The 7th*	*The seventeenth*	*The 17th*
The eighth	*The 8th*	*The eighteenth*	*The 18th*
The ninth	*The 9th*	*The nineteenth*	*The 19th*
The tenth	*The 10th*	*The twentieth*	*The 20th*
The twenty-first	*The 21st*	*The fortieth*	*The 40th*
The twenty-second	*The 22nd*	*The fiftieth*	*The 50th*
The twenty-third	*The 23rd*	*The sixtieth*	*The 60th*
The twenty-fourth	*The 24th*	*The seventieth*	*The 70th*
The twenty-fifth	*The 25th*	*The eightieth*	*The 80th*
The twenty-sixth	*The 26th*	*The ninetieth*	*The 90th*
The twenty-seventh	*The 27th*	*The hundredth*	*The 100th*
The twenty-eighth	*The 28th*	*The thousandth*	*The 1000th*
The twenty-ninth	*The 29th*		
The thirtieth	*The 30th*		

3. Comment traduire « un/une » ? *A, an or one? That is the question!*

Je veux exprimer	J'emploie	Exemple
Le caractère indéfini de quelqu'un ou quelque chose.	*A/an* (revoir la séquence 1 de ce module)	*A book.* *An egg.* *A university.* *A woman.* *A small village.*
Le caractère unique (un seul) de quelqu'un ou quelque chose.	*One*	*One book.* *One small village of indomitable Gauls...*

4. Comment traduire « une fois, deux fois, trois fois ... »

Once	Une fois.
Twice	Deux fois.

Three times	Trois fois.
Four times	Quatre fois.
Five times ...	Cinq fois ...

Attention !

Once or twice	Une ou deux fois.
Two or three times	Deux ou trois fois.

Once upon a time...	Il était une fois…
There were three times as many people as last year.	Il y avait trois fois plus de gens que l'année dernière.
Their house is twice as big as ours.	Leur maison est deux fois plus grande que la nôtre.

5. Les nombres en situation : quelques emplois courants

Emplois	**Exemples**
Pour quantifier	*Two pints of lager, please.* *I'd like three packets, please.*
Pour mesurer	*It's twenty metres long.* *It's five metres wide.* *It's about two metres high.* *It's twenty miles away.* *It's sixty kilos.* *I weigh/I am seventy kilos.*
Pour donner un âge ▪ à quelqu'un ▪ à quelque chose	 *I'm twenty-one (years old).* *This museum is a hundred years old.* *She was in her sixties.* *She was in her early sixties.* *She was in her mid sixties.* *She was in her late sixties.*
Pour dater	*In 1789: in seventeen eighty-nine* *In 1902: in nineteen hundred and two or: in nineteen o two.* *In 1998: in nineteen ninety-eight.* *In 2000: in the year two thousand.* *In 2005: In two thousand and five.* *In 2045: in twenty forty-five.* (Voir remarques ci-dessous) *on 2 May : on the second of May/on May the second.* *In the sixties: in the 60s.* *in the nineteen sixties: in the 1960s.*
Pour dire l'heure ▪ Heure traditionnelle :	 *It's seven (o'clock).* *It's five past seven.* *It's (a) quarter past seven.* *It's half past seven.* *It's twenty-five to eight.* *It's (a) quarter to eight.* *A quarter of an hour.* *Half an hour.* *Three quarters of an hour.*

	An hour and a half/One and a half hours.
▪ Heure digitale:	*It's nine am /pm.* *At nine fifteen.* *At nine twenty.* *At three thirty.* *At five forty-five.*
Pour donner un numéro de téléphone	*My mobile number is O/zero six eight five two four three seven one nine) (06 85 24 37 19).*
Pour donner un titre	*Queen Elizabeth the Second.* *King Henry the Eighth.*
Pour désigner les guerres	*The Hundred Years' War.* *The First World War.* *The Second World War/World War II/World War Two.*
Pour indiquer un taux	*Three quarters (3/4) ; two thirds (2/3).* *Seven eighths (7/8) ; nine tenths (9/10).* *One fifth (1/5) ; Nine times out of ten.*
Pour indiquer un pourcentage	*Ten per cent ; twenty-two per cent ...per thousand.*
Pour faire des calculs	*Sixty-two plus four equals sixty-six.* *Ninety-one minus twelve equals seventy-nine.* *Forty-four divided by two equals twenty-two.* *Fifty-six multiplied by two equals one hundred and twelve.* *Thirty over one hundred and fifty. (30/150).* *Zero point five (0.5).* *Three point five (3.5).* *Four square* (quatre au carré). *Square root of nine* (racine carrée de 9). *Six to the power of five/six to the fifth* (six à la puissance cinq).

Remarques

1) Avant l'an 2000, et sans doute parce que l'on envisageait cette date fatidique un peu comme une entrée dans un monde de science-fiction, on parlait de ces années du 21e siècle en prononçant *two thousand and...* . Il y avait donc une rupture par rapport aux années des siècles précédents où l'on séparait l'année en deux ; par exemple : 1066 se prononçait *ten sixty-six* ; 1432 se prononçait *fourteen thirty-two*, 1876 se prononçait *eighteen seventy-six* et 1984 *nineteen eighty-four.*

Que retenir pour les années 2000 et à suivre ? En bref :

De 2001 à 2009 : on dit *two thousand and one/two/three* etc. (on ne dit pas *twenty 0 (prononcé comme la lettre O) one*, question d'usage pour l'instant mais cela pourrait changer).

De 2010 à suivre, on dit *two thousand and ten* mais on entend de plus en plus *twenty ten.* À propos des Jeux Olympiques à Londres en juillet/août 2012, on dit systématiquement : *The twenty twelve Olympics*. On peut penser que dans les années à venir il y aura une évolution et que la structure où l'on scinde l'année en deux deviendra la norme pour les années du 21e siècle.

2) Il y a plusieurs façons de donner une valeur négative selon le contexte : *O (prononcé comme la lettre O), zero, nought, nil, love.*

6. Expressions comportant des nombres : quelques exemples
Tout comme en français, un certain nombre d'expressions anglaises comportent des nombres. Voici quelques exemples :

Anglais	Français
I've got third party.	Je suis assuré en tierce collision.
Half price.	À moitié prix.
One all.	Un partout (dans un match).
It's one of two things.	De deux choses l'une.
All in one go.	D'un seul coup.
To kill two birds with one stone.	Faire d'une pierre deux coups.
A bird in the hand is worth two in the bush.	Un tiens vaut mieux que deux tu l'auras.
At first sight.	À première vue.
In 3-D.	En trois dimensions/En trois D.
To be dressed up to the nines.	Être tiré à quatre épingles/être sur son trente-et-un.
To walk on all fours.	Marcher à quatre pattes.
To knock someone for six.	Battre quelqu'un à plate couture/laisser quelqu'un K.O.
To be on cloud nine.	Être au septième ciel.
Baker's dozen.	Treize à la douzaine.
In a fortnight's time.	Dans une quinzaine.
I've told you hundreds of times!	Je te l'ai répété cinquante fois.
You will write out one hundred lines!	Tu me feras cent lignes !
She is in her late sixties	Elle a la soixantaine bien tassée ; elle approche des soixante-dix ans.
It's six of one and half a dozen of the other.	C'est blanc bonnet et bonnet blanc.
She feels like a fifth wheel.	Elle a l'impression d'être la cinquième roue du carrosse.
I can't be in two places at once.	Je ne peux pas être au four et au moulin./Je ne peux pas être dans deux endroits à la fois.
Once bitten, twice shy.	Chat échaudé craint l'eau froide.
She soon put two and two together.	Elle en a vite tiré des conclusions.
The police gave him the third degree.	La police l'a cuisiné.
It takes two to tango.	Il faut faire ça à deux.

Pratiquer pour maîtriser

Exercice 1. Après avoir étudié le cours, complétez le tableau suivant

Trois		Le neuvième	
	Thirteen	Des milliers de…	
Le 2^e			*The fiftieth*
Quarante-quatre			*Once or twice*
Le douzième		Vingt mille	
Cinq cents		15 %	
	Three thousand		*Ninety-eight*
Deux douzaines		Les deux tiers	
Vingt-sept		Le cinquième	
	Nineteen	Huit cent trente	

Exercice 2. ***Exercise around the clock!***
Dessinez une horloge et donnez toutes les heures (de cinq en cinq minutes) de huit heures à neuf heures.

Exercice 3. Comment diriez-vous ?

1966	
2001	
Le 1er mars.	
Le 25 avril.	
Dans les années 70.	
Le seul musée.	
Des milliers de lecteurs.	
Les trois quarts de la population.	
Les trois dernières lettres.	
Six mille cinq cent quarante-trois timbres.	

Exercice 4. Réécrivez les dates de ces jours fériés (*Bank and Public Holidays*) en Angleterre pour l'année 2012

1) New Year's Day: 01/01/2012
2) Bank Holiday: 02/01/2012
3) Good Friday: 06/04/2012
4) Easter Monday: 09/04/2012
5) May Day Holiday: 07/05/2012
6) Spring Bank Holiday: 28/05/2012
7) Queen's Diamond Jubilee: 05/06/2012
8) Summer Bank Holiday: 27/08/2012
9) Christmas Day: 25/12/2012
10) Boxing Day: 26/12/2012

Exercice 5. Répondez à ces questions en anglais

1) What's your phone number?
2) How old are you?
3) What's the time?
4) What's the date today?
5) How much do you weigh?
6) What day is it today?
7) When's your birthday?
8) How many … (*invent*) have you got?
9) Are you any good at maths? Let's try… (for example eighty-six divided by two equals…)
10) When will you be on holiday?
11) How well do you know the French/British economy? Give examples including percentages (for example, the VAT, the interest rate, unemployed people etc.)
12) …

Exercice 6. Le coût de la vie : *How much is…? How much does… cost?*

Vous discutez avec un ami anglais/américain et vous lui donnez le prix du carburant, de denrées alimentaires et autres articles de la vie quotidienne en France.

Posez des questions à votre professeur pour en savoir plus sur le coût de la vie outre-Manche/outre-Atlantique.

Exercice 7. Traduisez ces phrases en anglais

1) Notre maison a cinquante ans.
2) Ma mère a soixante-treize ans.
3) Je suis né le 21 février 1983.
4) Il a passé les vingt dernières années de sa vie en Amérique du Sud.
5) La pièce fait quinze mètres de long et huit de large.
6) Quel âge avez-vous ? – Vingt-sept ans.
7) Nous recevons des centaines de lettres chaque semaine.

8) Le Prince Andrew est le troisième enfant de la Reine Elizabeth II.
9) Il est déjà dix heures et demie !
10) Notre fils nous rend visite deux fois par mois.

APRÈS L'EFFORT, LE RÉCONFORT

MATH IS FUN !

Do this simple multiplication problem to see the surprise answer: 1371742 x 9 = …

NUMBERS ARE FUN!

37 is a very surprising number; it has a special magic to it. Look :

If you multiply 37 by 3, you get 111
If you multiply 37 by 6, you get 222
If you multiply 37 by 9, you get 333
If you multiply 37 by 12, you get 444
If you multiply 37 by 15, you get 555
If you multiply 37 by 18, you get 666
If you multiply 37 by 21, you get 777
If you multiply 37 by 24, you get 888
If you multiply 37 by 27, you get 999

NURSERY RHYMES

Thirty days hath September,
April, June and November;
All the rest have thirty-one,
Excepting February alone,
Which has but twenty-eight days clear
And twenty-nine in each leap year.

The Juvenile Numerator

One, two,
Buckle my shoe;
Three, four,
Knock at the door;
Five, six,
Pick up sticks;
Seven, eight,
Lay them straight;
Nine, ten,
A big fat hen;
Eleven, twelve,
Ring the bell;
Thirteen, fourteen,
Maids are courting;
Fifteen, sixteen,
The maid's in the kitchen;
Seventeen, eighteen,
Boys are skating;
Nineteen, twenty,

My stomach's empty;
So pray Jane
Give me my dinner.

JOKES

A woman was talking to her friends about her husband who had passed away recently.
"When he was on his death bed, George told me that he had three envelopes in his desk drawer that would take care of all the arrangements. Well, he died shortly afterwards, so I opened the drawer, and there were the three envelopes, just like he had said.

On the first envelope, George had written "for the coffin". There were five thousand dollars in the envelope, so I bought him a nice coffin.

On the second envelope, George had written "for the expenses". There were four thousand dollars in that envelope, so I used the money to pay all the funeral bills.

On the third envelope, George had written "for the stone". There were three thousand dollars in that."

Holding her hand out to her friends, she said : "Isn't it beautiful?"

It's not the cough that carries you off but the coffin they carry you off in.

Teacher : Let's test your counting. Johnny, how old were you on your last birthday?
Johnny : Seven.
Teacher : How old will you be on your next birthday?
Johnny: Nine.
Teacher: That's impossible.
Johnny: No, miss, today's my eighth birthday.

***The Curious Incident of the Dog in the Night-Time*, Mark Haddon**

Dans ce livre écrit à la 1re personne, le narrateur/personnage principal est un petit garçon autiste féru de mathématiques. Voilà comment il commence le chapitre 14 :
Chapters in books are usually given the cardinal numbers 1, 2, 3, 4, 5, 6 and so on. But I have decided to give my chapters prime numbers 2, 3, 5, 7, 11, 13 and so on because I like prime numbers.

SÉQUENCE 6 : LA POSSESSION

Comprendre pour apprendre

Avoir ou ne pas avoir ? Il faut savoir !
Les façons les plus fréquentes pour exprimer la possession :

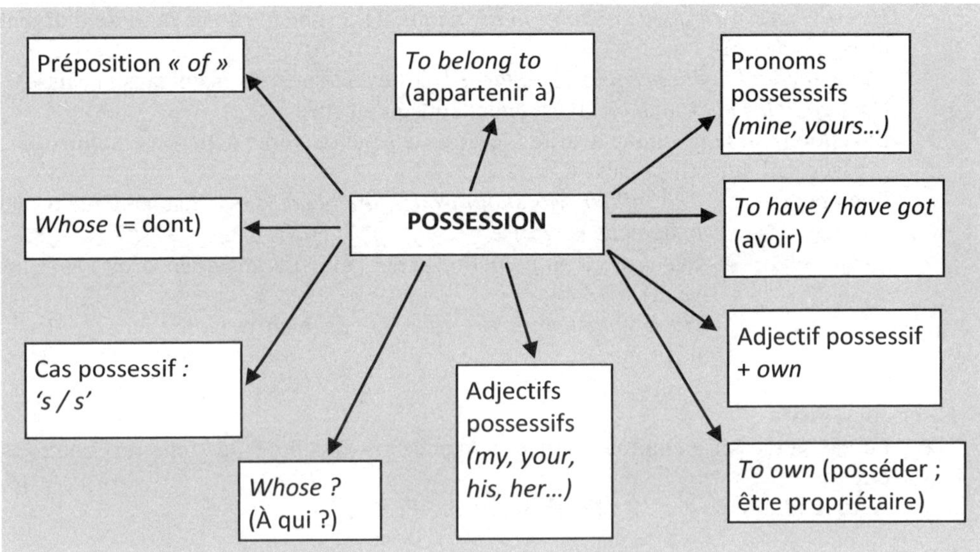

Dans cette séquence de cours, nous ciblerons uniquement les adjectifs possessifs, le cas possessif (que l'on appelle également génitif) et le pronom relatif *whose* (dont). Pour les pronoms possessifs, vous pourrez vous reporter à la séquence 4 de ce module.

1. Les adjectifs possessifs
Tableau récapitulatif

my	*your*	*his*	*her*	*its*	*our*	*your*	*their*

Emplois et remarques

- Un adjectif possessif est toujours suivi d'un nom.
  Exemple : *It's my English dictionary.*
- C'est le genre du possesseur qui détermine le choix de l'adjectif possessif. C'est le possesseur qui tire les ficelles contrairement au français où c'est l'objet possédé.
  Exemples : *His car* (sa voiture – à lui).
  Her car (sa voiture – à elle).
- Pour insister, on emploie *own* après l'adjectif possessif.
  Exemples : *Mind your own business.* (Occupe-toi de tes oignons !)
  He did it of his own free will. (Il l'a fait de son plein gré).
  I'll get my own back one day. (Je lui rendrai la monnaie de sa pièce).
- Ils sont invariables.
  Exemples : *My dictionary* (Mon dictionnaire).
  My dictionaries (Mes dictionnaires).
  Their neighbour (Leur voisin).
  Their neighbours (Leurs voisins).
- On les emploie devant les noms de parties du corps ou de vêtements (description).
  Quelques exemples dans des expressions idiomatiques :

She came with her hands in her pockets.(Elle est venue les mains dans les poches).
He's yawning his head off. (Il bâille à s'en décrocher la mâchoire).
I laughed my head off. (J'ai ri à m'en décrocher la mâchoire).
He laughed in my face. (Il m'a ri au nez).
She has her back to the wall. (Elle a le dos au mur).
Get that into your head. (Mets-toi ça dans le crâne!)
It sticks in my throat. (Cela me reste en travers de la gorge).
She lost her head. (Elle a perdu son sang froid.)
He was born with a silver spoon in his mouth. (Il est né avec une cuillère d'argent dans la bouche).
She was caught with her fingers in the till. (Elle a été prise la main dans la caisse).
He's up to his ears in debt. (Il est endetté jusqu'au cou).

- Exception : Si la personne décrite n'est pas le sujet du verbe actif, on emploie *the* à la place de l'adjectif possessif.
  Exemples : *The soldier was shot through **the** head.* (Le soldat a été tué d'une balle dans la tête).
  *She looked him in **the** eyes.* (Elle l'a regardée droit dans les yeux).
  *He looked her in **the** face.* (Il l'a bien regardée en face./Il l'a dévisagée).

2. Le cas possessif

- Le cas possessif s'emploie pour exprimer la possession et les relations entre les êtres.
  Astuce ! La règle des 3P : ***P**ossesseur **P**ole **P**osition.*

Structure

1. Possesseur	2. Marque du cas possessif	3. Ce qui est possédé
	▪ Toujours mettre 'S sauf si le possesseur se termine par un S PLURIEL. ▪ Si le possesseur se termine par un S PLURIEL on ne met que l'apostrophe.	Jamais de déterminant devant ce qui est possédé. En effet l'objet de la possession est déterminé par le possesseur.

Exemples : *My sister's flat.* (possesseur : *my sister*).
The students' passports. (possesseur : *the students*).
The children's poems. (possesseur : *the children*).
The lady's bag. (possesseur : *the lady*).
A lady's bag. (possesseur : *a lady*/généralité).

On peut sous-entendre la possession si le contexte est clair.
Exemple : *Is this your laptop? – No, it's my wife's.* (sous-entendu : *my wife's laptop.*)

Il faut bien déterminer les possesseurs. Chaque possesseur a droit à son insigne *('s ou')*. Ainsi dans l'énoncé : *Peter's and Jenny's CDs*, il y a deux possesseurs distincts (Peter et Jenny ont chacun des CD) alors que dans l'énoncé : *Peter and Jenny's CDs*, il y a un possesseur, le couple formé par Peter and Jenny (les CD appartiennent aux deux).

Remarques

A girls' school : c'est évident ; l'école n'est pas faite pour une seule fille !
A boys'department : c'est un rayon (de vêtements) pour garçons. De même on aura : *Men's department* ; *Ladies' department.*
A man's hat : le chapeau est porté par un homme. De même on aura : *a lady's bag.*
A ladies' man : normal pour un coureur de jupons ! (mais on peut rencontrer *a lady's man*).

Un petit test pour voir si la règle des 3P est acquise
Traduisez spontanément en anglais :
1) Le vieux sac de la dame est dans la Rolls Royce de Ron.
2) Le sac de la vieille dame est dans la Rolls Royce de Ron.
3) Le patron de Patricia.
4) La Rolls Royce de son patron.
5) La Rolls Royce du patron de Patricia.
6) Le sac de la vieille dame est dans la Rolls Royce du patron de Patricia.
Réponses
1) The lady's old bag is in Ron's Rolls Royce.
2) The old lady's bag is in Ron's Rolls Royce.
3) Patricia's boss.
4) Her boss's Rolls Royce.
5) Patricia's boss's Rolls Royce.
6) The old lady's bag is in Patricia's boss's Rolls Royce.

Quelques expressions idiomatiques avec le cas possessif
This child is tied to his mother's apron-strings. (Cet enfant est pendu aux jupes de sa mère).
He thinks he's God's gift to mankind. (Il se croit sorti de la cuisse de Jupiter).
It's at the taxpayer's expense. (C'est aux frais de la princesse).
It's just a stone's throw away. (C'est à deux pas d'ici).
Mais : *He's leading the life of Riley.* (Il mène la belle vie).

➢ Autres emplois courants

Nom propre (personne) au singulier + 's Nom propre (personne) au singulier avec s final + 's N.B. Certains noms célèbres acceptent les deux formes.	*Spielberg's last film* *Charles's wife* *(Charles' wife :* acceptable*)* *Dickens's novels* *Dickens' novels*
Nom propre (personne) au pluriel + '	*The Dickinsons' house*
Nom propre (pays, ville…) au singulier + 's	*Britain's population ; London's traffic*

➢ Le cas possessif peut s'employer également pour établir les relations suivantes :

Temps/durée	*Yesterday's paper (*mais : *The Sunday papers) a minute's silence, November's elections.*
Endroit public (bureau, magasin, église)	*At the baker's, at St Mary's.*
Endroit privé (domicile).	*At/to Ann's, at/to my sister's, at/to my parents'.*
Endroit géographique	*China's future, Britain's population, Europe's leaders, India's dynamic economy, London's heavy traffic.* *France's Nicolas Sarkozy and Britain's Gordon Brown are receiving credit for devising the response to the global economic crisis.*

Terminons cette section en disant que l'apostrophe est souvent malmenée et controversée dans la langue écrite. Il n'est pas rare de rencontrer des erreurs dans des enseignes, des panonceaux au marché par exemple. Perfides apostrophes et erreurs sans doute à cause du laxisme dans l'enseignement de la grammaire mais ceci est … *a different kettle of fish!* … une autre paire de manches !

3. La traduction de *dont* pour établir des rapports de possession
Ne pas confondre *dont* et *dont* ! Observez :
A- La femme dont le mari …
B- La femme dont il est amoureux …

La nature et la fonction grammaticale de ces « dont » ne sont pas les mêmes. Cela aura des incidences dans la traduction anglaise.

Dans l'exemple A, il s'agit de deux personnes liées par un contrat (mariage, « possession ») ; c'est la femme du mari. Le pronom relatif *whose* établit une valeur de possession/une valeur intimiste et s'applique ici. On dira donc :

The woman whose husband ...

Dans ce cas *whose* n'est jamais suivi du déterminant *the* car il n'y a vraiment pas besoin de déterminer dans un tel contexte. On sait de qui il s'agit. On a donc le déterminant zéro, c'est-à-dire rien du tout !

Dans l'exemple B, le « dont » trouve sa source dans un verbe en « de » (être amoureux de). Le « de » s'est transformé en « dont ». Le pronom relatif *whose* est impossible ici car la métamorphose a pour origine une préposition (de). C'est cette dernière qu'il faut traduire en anglais. Prenons quelques exemples :

être amoureux de	*to be in love with*
parler de	*to talk about*
rêver de	*to dream of*
se souvenir de	*to remember* (notez l'absence de préposition)

Il y a deux façons de traduire :
1) La femme dont il est amoureux…
2) Le roman anglais dont je t'ai parlé…
3) La résidence secondaire dont elle a toujours rêvé…
4) La blague dont je me souviens …

Registre de langue élevé	**Registre de langue standard** N.B. le pronom relatif est rarement employé.
1) The woman with whom he is in love...	*The woman (who/that) he is in love with ...*
2) The English novel about which I'm talking...	*The English novel (which/that) I'm talking about...*
3) The holiday home of which she has always dreamt ...	*The holiday home (which/that) she has always dreamt of ...*
4) The joke which/that I remember...	*The joke I remember ...*

Les subordonnées relatives seront étudiées dans la séquence 3 du module 3.

Pratiquer pour maîtriser

Exercice 1. Complétez ces phrases avec l'adjectif possessif adéquat
1) He broke ------ arm while playing football.
2) The company I work for has just changed -------- name.
3) We saw George and ------- sister at the market.
4) Where can I wash ---------- hands?
5) My children have got ---------- exam in a fortnight.
6) She said --------- husband is seriously ill.
7) Could you leave -------- camera here, please?
8) We're going to sell -------- flat in Spain.

Exercice 2. Dites-le d'une autre façon en utilsant « une forme de possession »
1) The speech made by the Prime Minister.
2) The decision made by the parents.
3) The best film made by Hitchcock.
4) The heavy traffic in Chicago.

5) The newspaper published yesterday.
6) The announcement made last week.
7) The plays written by Shakespeare.
8) The place where the butcher works.
9) The essays written by the students.
10) The meeting which took place last week.

Exercice 3. Mettez l'apostrophe aux bons endroits
1) I'm going to Daves this evening.
2) I've got to go to the doctors later.
3) Could you get some sausages at the butchers, please?
4) She is reading a womans magazine.
5) I can't find the Harpers house. Could tell me where it is?
6) Whose boat is this? It's Simons.
7) Is this the actresss room?
8) Haven't you seen the article? It's in todays paper.
9) It's the childrens party.
10) I don't like Steves jacket.

Exercice 4. Complétez la grille

Français	Anglais
1- Le frère de Pamela.	
2-	*Iain's father's car.*
3- Le chapeau du vieux monsieur.	
4-	*Today's teenagers.*
5- Une école de filles.	
6-	*A friend of his sister's.*
7- Après une dure journée de travail.	
8-	*A year's silence.*
9-	*My brothers' friends.*
10- Après trois semaines de vacances.	

Exercice 5. Traduisez les énoncés suivants en anglais
1) La chambre des enfants est en haut.
2) Le mari de Louise enseigne la physique dans une école de garçons.
3) Où vas-tu ? – Je vais à la boulangerie.
4) Les enfants de nos amis anglais sont très polis.
5) As-tu lu le dernier livre de Tom Sharpe ?
6) Nous avons dix minutes de pause.
7) Ils marchaient lentement les mains dans les poches.
8) C'est un ami de sa mère.
9) Il travaille dans une compagnie dont le siège social est aux États-Unis.
10) La jeune fille dont les parents viennent de divorcer est déprimée.

APRÈS L'EFFORT, LE RÉCONFORT

A TRICKY FAMILY TREE

Read this short passage about family problems, and then draw up the family tree…

Two men met at a bus stop and struck up a conversation. One of them complained of family problems.
Finally, the other man said, "You think you have family problems! Listen. A few years ago I met a young widow with a grown-up daughter, and we got married. Later my father married my stepdaughter. That made my stepdaughter my stepmother and my father became my stepson. Also, my wife became mother-in-law of her father-in-law.

Then, the daughter of my wife, my stepmother, had a son. This boy was my half-brother because he was my father's son, but he was also the son of my wife's daughter, which made him my wife's grandson. That made me the grandfather of my half-brother.

This was nothing until my wife and I had a son. Now the half-sister of my son, my stepmother, is also the grandmother. This makes my father the brother-in-law of my child, whose stepsister is my father's wife. I'm my stepmother's brother-in-law, my wife is her own child's aunt, my son is my father's nephew and I'm my own grandfather! And you think you have family problems!"

ADVERT

I didn't expect Hercules' arms to beat Napoleon's eyes

At Living Legends, residential towers transcend the laws of time and space, in a place combining the finest of modern living with the magic of legends, providing the best accommodation for your imagination.

- Living Legends is located in the heart of Dubailand, a part of Dubai that represents Dubai's bold vision to become one of the world's top tourism destinations
- Freehold property: 100% ownership
- 12 towers designed with international standards, each carrying a legendary theme
- Each tower has four ground villas, four penthouses and two sky villas, all with a private garden and swimming pool
- Apartments range from studios to three-bedroom apartments
- Each tower has its own recreation centre and swimming pool
- A local shopping centre catering to all the residents' needs
- All tower apartments enjoy a full view of the Legends Golf Course

Living Legends … reality that deserves your imagination

SÉQUENCE 7: LES ADJECTIFS

Comprendre pour apprendre

Remarques préliminaires
Un adjectif définit un nom ou un groupe nominal.
Exemples : *Can you see the **red** car over there?*
*No, not those ones; the **new** ones.*

Il y a plusieurs façons de définir :
Exemples : *David Lodge is a **famous English** writer.* (deux adjectifs épithètes/placés devant le nom).
*I don't like the pub **round the corner**. It's too noisy.* (groupe nominal).
The people ***who live next door*** come from Poland. (subordonnée relative).

1. Signes particuliers de l'adjectif anglais

- L'adjectif est invariable en genre et en nombre

Exemples : *My black boots.* (Mes chaussures noires).
A black car. (Une voiture noire).
The black pen. (Le stylo noir).
The black spots. (Les points noirs).

- L'adjectif est toujours placé devant le nom en fonction d'épithète.

Exemples : *The clown has a red nose.* (Le clown a un nez rouge).
This is a fast car. (C'est une voiture rapide).
I spent a sleepless night. (J'ai passé une nuit blanche).
He has a black eye. (Il a un œil au beurre noir).

- Si plusieurs adjectifs épithètes viennent qualifier le nom, les différents adjectifs se placent dans un ordre bien précis (voir section 5 ci-dessous).

Exemples : *A big black box.* (Une grosse boîte noire).
Four fabulous French films! (Quatre films français remarquables).
A nice small old white English cottage. (Une jolie petite chaumière anglaise ancienne et peinte en blanc).
Two new green cotton shirts. (Deux nouvelles chemises vertes en coton).

- L'adjectif se place après le nom :

1) Lorsqu'il est attribut (après le verbe *être* ou un verbe d'état), c'est-à-dire après *to be, to seem, to look, to feel, to sound, to become, to get, to go, to grow...*

Exemples : *She is too young to vote.* (Elle est trop jeune pour voter).
It seems stupid to me. (Ça me semble ridicule).
Don't you think she looks sad? (Ne pensez-vous pas qu'elle a l'air triste?)
I'm not interested. (Ça ne m'intéresse pas).
This programme is not interesting. (Cette émission n'est pas intéressante).
She felt awful. (Elle se sentait vraiment mal).
He went mad. (Il est devenu fou).

2) S'il est déterminé par une explication.

Exemples : *Little Red Riding Hood was carrying a basket full of fruit.* (Le Petit Chaperon Rouge portait un panier rempli de fruits).
He is still wearing his hair long. (Il a toujours les cheveux longs).
She found all the shops delightful. (Elle a trouvé que toutes les boutiques étaient charmantes).

Remarques : Il ne faut pas confondre : *She found all the shops delightful* (Elle a trouvé que toutes les boutiques étaient charmantes) avec *She found all the delightful shops* (Elle a trouvé toutes les charmantes boutiques).

3) S'il définit un nom composé en *some, any, every* et *no*

Exemples : *Something special.* (Quelque chose de spécial).
Someone stupid. (Quelqu'un de stupide).
Somewhere quiet. (Un endroit tranquille).
Somewhat difficult. (Quelque peu/relativement difficile).
Somewhat awkward. (Quelque peu/relativement embarrassant).
Anything worthwhile. (Tout ce qui en vaut la peine).
Everything new. (Tout ce qui est nouveau).
Nobody special. (Personne en particulier).
Nothing unusual. (Rien d'anormal).

4) S'il s'agit d'adjectifs comme *ill, asleep, alive, well, afraid, ashamed* (il n'y a pas de règle bien précise ; il faut simplement les apprendre au fur et à mesure).

On dit et on écrit	ON NE DIT PAS ET ON N'ÉCRIT PAS
She is ill.	*An ill woman.*
She is asleep.	*An asleep girl.*
He is still alive.	*An alive man.*

5) Dans des structures du type : verbe + complément + adjectif.

Exemples : *She left the door open.* (Elle a laissé la porte ouverte).
It made me furious. (Ça m'a rendu furieux).

2. Les adjectifs de nationalité

Adjectifs terminés par :	Exemples	Noms traduisant la collectivité	Remarques
CH/SH/SS	French English Swiss	The French The English The Swiss	Pas de changement pour le nom correspondant
ESE	Chinese	The Chinese	Pas de changement
AN EEK I	Italian Greek Iraqi	The Italians The Greeks The Iraqis	On ajoute un *s*
autres	Arab/Arabic Cypriot Danish Finnish Icelandic New Zealand Polish Scottish Spanish Swedish Turkish	The Arabs The Cypriots The Danes The Finns The Icelanders The New Zealanders The Poles The Scots The Spaniards The Swedes The Turks	Métamorphose orthographique qu'il faut retenir !

Un rapide tour du monde

Pays	Peuple	Individu	Nationalité
Africa	The Africans	An African	African
Algeria	The Algerians	An Algerian	Algerian
America	The Americans	An American	American
Asia	The Asians	An Asian	Asian
Australia	The Australians	An Australian	Australian
Belgium	The Belgians	A Belgian	Belgian
Canada	The Canadians	A Canadian	Canadian
Corsica	The Corsicans	A Corsican	Corsican

Europe	The Europeans	A European	European
Germany	The Germans	A German	German
India	The Indians	An Indian	Indian
Italy	The Italians	An Italian	Italian
Mexico	The Mexicans	A Mexican	Mexican
Morocco	The Moroccans	A Moroccan	Moroccan
Norway	The Norwegians	A Norwegian	Norwegian
Russia	The Russians	A Russian	Russian
China	The Chinese	A Chinese	Chinese
Japan	The Japanese	A Japanese	Japanese
Lebanon	The Lebanese	A Lebanese	Lebanese
Portugal	The Portuguese	A Portuguese	Portuguese
Vietnam	The Vietnamese	A Vietnamese	Vietnamese

Britain	The British	A British/A British person	British
England	The English	An Englishman/woman/person	English
France	The French	A Frenchman/woman/person	French
Ireland	The Irish	An Irishman/woman/person	Irish
The Netherlands	The Dutch	A Dutchman/woman/person	Dutch
Wales	The Welsh	A Welshman/woman/person	Welsh

Saudi Arabia	The Saudi Arabians The Saudis	A Saudi Arabia A Saudi	Saudi
Cyprus	The Cypriots	A Cypriot	Cypriot
Denmark	The Danes	A Dane	Danish
Finland	The Finns	A Finn	Finnish
Greece	The Greeks	A Greek	Greek
Irak	The Iraqis	An Iraqi	Iraqi
Israel	The Israelis	An Israeli	Israeli
Pakistan	The Pakistanis	A Pakistani	Pakistani
Poland	The Poles	A Pole	Polish
Scotland	The Scots	A Scot	Scottish
Spain	The Spaniards	A Spaniard	Spanish
Sweden	The Swedes	A Swede	Swedish
Turkey	The Turks	A Turk	Turkish

3. Les adjectifs employés comme noms

- Parfois l'adjectif peut devenir un nom mais c'est plus rare qu'en français. En règle générale, le mot reste fidèle à sa catégorie dans la langue anglaise.
- Lorsque l'adjectif est employé comme nom, il reste malgré tout INVARIABLE.
  Exemples : *The rich.* (Les riches)
  The unemployed. (Les chômeurs)
  The poor. (Les pauvres)
  The homeless. (Les sans abri)
- En revanche, remarquez la modification orthographique (la majuscule) des mots suivants et leur changement de catégorie, donc ACCORD

black (noir)	*The Blacks* (Les Noirs)
white (blanc)	*The Whites* (Les Blancs)

A black man (un noir/un homme de race noire) mais *the Blacks* (les Noirs).

On aura parfois recours au pronom *one* pour transformer un groupe adjectival en un groupe nominal.

Français	Anglais
« bleu, gros » etc. peuvent être adjectifs ou noms.	*Blue, big* etc. restent des adjectifs et demeurent invariables. Pour les transformer en noms, il faut ajouter *one/ones* : *the blue one ; the blue ones ; the big one ; the big ones.*

4. Les adjectifs en *–ing* et en *–ed*

- Les adjectifs en *–ing* ont un sens actif (ils se rapportent à l'inaccompli, à quelque chose qui est toujours en cours).

Exemples : *It is tiring.* (C'est fatigant).
It is interesting. (C'est intéressant).

- Les adjectifs en *–ed* ont un sens passif (ils se rapportent à un état).

Exemples : *I am tired.* (Je suis fatigué).
She is interested. (Elle est intéressée).

5. L'ordre des adjectifs épithètes

- Tous les adjectifs épithètes se placent DEVANT le nom en anglais contrairement au français qui les répartit naturellement de part et d'autre du nom.
  Exemple : *A big black leather case.*
  Une grosse valise noire en cuir.
- L'ordre des adjectifs deviendra naturel pour un natif (*native speaker*) mais pas pour vous.

Astuce ! Retenez l'anagramme mnémotechnique suivant : **OPTAFCOM** pour connaître l'ordre des adjectifs.

Opinion	**T**aille	(**P**rix)	**A**ge	**F**orme	**C**ouleur	**O**rigine	**M**atière

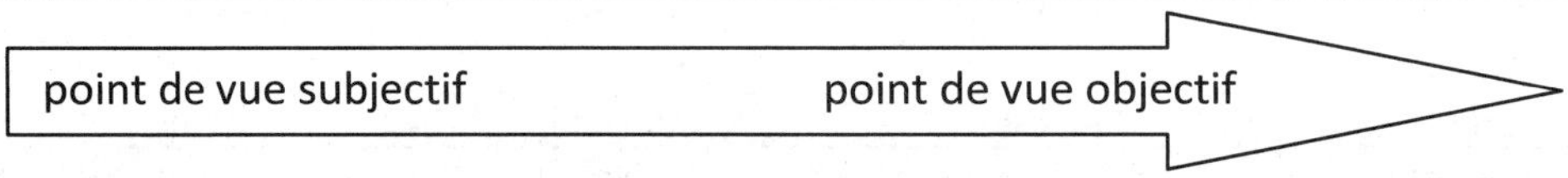

Exemples : *A good old man.* (Un bon vieil homme).
A tall thin man. (Un homme grand et mince).
A nice red tie. (Une jolie cravate rouge).
A big expensive car. (Une grosse berline de luxe).
A courageous young woman. (Une jeune femme courageuse).
A small black wooden box. (Une petite boîte noire en bois).
A young French writer. (Un jeune écrivain français).
She's got lovely long black hair. (Elle a de jolis longs cheveux noirs).
They've got a lovely little expensive house. (Ils ont une charmante petite maison qui est chère).

6. Formation d'adjectifs avec préfixes et suffixes

- On peut former des adjectifs à l'aide de préfixes (que l'on place devant) ou de suffixes (que l'on place après).
- Pour la traduction, repérez le noyau du mot et cela vous aidera dans la compréhension du mot. Voici les exemples les plus courants sous forme tabulaire :

Préfixes	Exemples
UN	*Uncomfortable, unhappy*
IN	*Inefficient, invisible*
IM	*Impossible, immature*
IL	*Illogical, illegal*
IR	*Irresponsible, irrational*
DIS	*Dishonest, disconnected*

Suffixes	Exemples
ABLE	*Comfortable*
OUS	*Dangerous*
IC	*Idiomatic*
AL	*Logical*
IVE	*Destructive*
FUL	*Careful*
IBLE	*Sensible*

7. Formation d'adjectifs composés

- Un adjectif composé est un adjectif avec une structure complexe, c'est-à-dire composé de plusieurs mots. La langue anglaise en est émaillée et il est bon de connaître les principales façons de construire ces adjectifs.
- Les mots sont reliés par un trait d'union : *full-time.*
- Les mots ont une fonction adjectivale et sont invariables : *a ten-year guarantee.*

Structures	Exemples
Adjectif + nom	*A **full-time** job.* *A **part-time** job.*
Nom + adjectif	***Navy-blue** trousers.* *A **sky-blue** shirt.*
Nom + gérondif (V-ing)	*A **time-consuming** project.* *A **heart-breaking** story.*
Adjectif + gérondif (V-ing)	*A **good-looking** actress.*
Adverbe + gérondif (V-ing)	*A **hard-working** student.* *A **fast-talking** person.*
Nom + participe passé	*A **home-made** cake.* *A **hand-made** scarf.*
Adjectif + participe passé	*A **low-paid** job.* *A **well-paid** job.*
Adverbe + participe passé	*A **well-dressed** person.* *A **well-behaved** child.* *A **well-known** writer.* *A **well-read** person.* *A **well-spoken** person.* *A **well-mannered** person.*
Nombre + nom singulier	*A **five-year** guarantee.* *A **fifteen-year-old** girl.* *A **four-week** exchange.* *A **ten-minute** break.* *A **twenty-mile** drive.* *A **five-mile** walk.*
Adjectif + nom + ed (adjectif ayant rapport avec une partie du corps ou le caractère) **Remarques sur les niveaux de langue :** **Registre courant :** *She's got blue eyes/dark hair/fair hair.* **Registre plus élevé :** *She is a blue-eyed girl/a dark-haired girl/a fair-haired girl.* **Registre peu courant à l'oral :** *She is blue-eyed/dark-haired/fair-haired.*	*A **blue-eyed** girl.* *A **short-sighted** boy.* *In the land of the blind, the **one-eyed** man is king.* (Au royaume des aveugles, les borgnes sont rois.) *They were caught **red-handed**.* (Ils ont été pris la main dans le sac.) *A **long-haired** boy.* *A **bad-tempered** person.* *A **broad-minded** person.* *A **narrow-minded** person.* *She's **absent-minded**.* (Elle est dans la lune.)

➢ Lisez cet article après avoir bien observé le titre :

Grey-haired gangsters

A report by the *Centre d'analyse stratégique* reveals a rising trend in old-age crime. The report states that, although it may appear shocking, the increase in age of the population brings about an automatic increase in elderly criminality. The number of such offenders is expected to double, from 20,000 per year to 40,000.

According to Laurence Ulbrich, author of the book, *'Les Papys flingueurs'* –grandpa gangsters, the bulk of elderly crime results from the poverty and solitude of many of the over-65s.

The French Week, N°3, August 13-19, 2010

8. Adjectifs et prépositions

Certains adjectifs ont « signé un véritable contrat linguistique » avec des prépositions. Ils ne peuvent être suivis que de prépositions bien précises. Pas de règle ! Il faut tout simplement apprendre ces collocations par cœur au fur et à mesure qu'on les rencontre.

Quelques exemples : *to be interested in, to be crazy about, to be different from, to be responsible for, to be familiar with, to be good at, to be jealous of* etc.

Consultez un dictionnaire au besoin.

Pratiquer pour maîtriser

Exercice 1. Mettez les mots dans l'ordre

1- sick – a – woman	
2- red– mini – that – beautiful – skirt	
3- give – to – nice – something	
4- a –girl – frightened – young	
5- boy – haired – a – dark	
6- trip – surprising – a – very	
7- transport – the – road – regulations	
8- brown – funny – leather – a – Italian – hat	
9- documentary – American – an – exciting	
10- tiring – a – job – manual	

Exercice 2. Mettez de l'ordre pour faire des phrases correctes. Parfois nous avons commencé la phrase pour vous

1) look – father – why – your – does – angry ?
2) Britain – be – daily – the – famous – in – *Sun* – used – most – the –paper – to
3) an – it – meeting – because – was – important – was – because – ill – go – couldn't – she – but – she

It was an …

4) loves – chocolate – doesn't – milk – she – she ?
5) people – France – there – and – more – unemployed – in – more – are
6) best – bought – my – blue – just – American – a – car – friend – has – old – big

My best …

Exercice 3. Démêlez ces lettres ; vous retrouverez des adjectifs anglais substantivés, c'est-à-dire transformés en noms

DLINB	*The blind*	LEYRDLE	
VLIGIN		CHIR	
ROOP		SMOHLESE	
DADE		SHEWL	

Exercice 4. Complétez le tableau

Pays	Peuple	Individu	Nationalité
1- Australia			
2-	The Poles		
3-		A Dutch person	
4-	The Welsh		
5- China			
6-	The Lebanese		
7-			Turkish
8- Denmark			
9-		A Norwegian	
10-			Spanish

Exercice 5. Retrouvez l'adjectif composé

1) A story which breaks your heart is a …
2) A student who works hard is a …
3) A child who behaves well is a …
4) A girl who is twenty years old is a …
5) Someone who was sentenced to jail for five years has a …
6) A man who has flat feet is a …
7) A young boy who writes with his left hand is a …
8) This trip is sponsored by the school, so it is a …
9) Their daughter has curly hair. She is …
10) My new office has air-conditioning. It is …

Exercice 6. Lisez ce passage de *His'n'Hers* de Mike Gayle, 2004 et remplissez les blancs à l'aide des dix adjectifs ci-dessous

long ; important ; longer ; suede ; cool-looking ; brand-new ; coolest ; best ; wavy dark brown ; worn leather

Une étudiante vient d'arriver à l'université. Elle raconte…

It's my first night at university in Birmingham and I'm at the freshers' disco with hundreds of other ------------ university students. From what I can gather Freshers'Night is the most --------- event of your university career. This is where you make friendships that will last a lifetime and snog men who look like extras from *Brideshead Revisited.* And I'm taking no chances of missing out on the action. Having been something of a Laura-Ashley-proper-dresses girl at sixth-form college and having had to wear a quasi-nurse's uniform during my year out working for *Boots* I decided to give myself something of a makeover. I'm wearing the most "studenty" clothes I could find : a second-hand ------ jacket I bought at a market in Cambridge, a T-shirt that says "Meat Is Murder" (even though I love chicken), Levi 501's that are rolled up above my ankles, no socks, and brand new Doc Marten's shoes, which I bought two days ago and which are already rubbing my heels so badly that one is bleeding. Jane, my ------ new friend of the last eight hours, and I have been keeping an eye on a boy standing at the other end of the bar with a group of ----------------- guys. The one I like looks the -------- of the bunch. I like his ------------------- hair, his ---------------------- jacket and his slightly grimy-looking jeans. We've been exchanging -------- glances across the room all evening. It's as if we can't take our eyes off each other. And the ----------- we look at each other without speaking, the more I want to run across the room, throw my arms around him and kiss him until he surrenders.

Exercice 7. Lisez cet extrait de *Perfectly Correct* de Philippa Gregory, 1996 et soulignez les adjectifs et autres mots ayant une fonction adjectivale.

Mr Miles was eating his tea. A large brown loaf stood on the table with two thick slices carved from it. He had a broad wedge of pie on a plate with a pile of bright green tinned peas and boiled potatoes. A brown teapot stood on the table with a sugar bowl and a bottle of milk. He had a book propped against the butter dish and the radio was tuned to Radio 4.

Exercice 8. Traduisez en anglais les phrases suivantes qui comportent toutes des adjectifs

1) Tu te souviens du bon vieux temps ?
2) Ils veulent des salaires plus élevés.
3) Il a rencontré une blonde aux yeux verts.
4) Les Gallois comprennent parfois les Bretons.
5) Connais-tu la limitation de vitesse sur les autoroutes anglaises ?
6) Je ne suis pas très optimiste sur l'avenir du service public français.
7) C'était une conférence intéressante. Personne ne s'est ennuyé.
8) Qui a lancé des pierres aux policiers ? – Un jeune de quatorze ans !
9) Il avait une grosse moto allemande rouge vif et il portait un pantalon de cuir noir.
10) Des milliers de personnes sont au chômage.

Exercice 9. À la recherche de l'âme sœur ! Lisez ces petites annonces tirées de la presse britannique

1) Au besoin, recherchez dans un dictionnaire tous les adjectifs que vous ne connaissez pas.

I'm a sincere and easy-going man and I need a loving partner. I can cook, iron, and wash up. I have my own house and my own business. I'm 6 foot tall, good-looking and friendly. Surely there's an attractive, intelligent female out there for me. If you're under 35, call Tony Tel. …

If you're old and boring, don't bother with this ad. I'm looking for a fit and good-looking guy with an exciting lifestyle. I'm a lively, long-haired 23-year-old and I love to have a good time. My interests are tennis, hang-gliding, and discos. Please send a photograph. Monica, Tel …

A sociable and outgoing male, 30, wants a fun-loving and attractive female. Tall or short, dark or fair, I don't care, but you must have a good sense of humour. And you must like dogs. I've got two! Call Derek Tel …

Hi. I'm Hannah. I'm divorced and I've got two children. I'm in my early forties, with blonde hair and blue eyes. Are you a quiet, responsible man about the same age? You must be a non-smoker. Tel. …

Are you like me? Are you 17-20? Are you shy? Do you sit at home in the evenings with nothing to do? Is your best friend a computer? Please write to me. I'd love to hear from you. Write to John …

I'm a respectable but lonely widow, 60 years old. I'm looking for someone to share my life. I like to travel and I'm always willing to learn new things. Please write to Ethel…

Wanted: a strong, reliable man with a good job and lots of money. I'm a slim and pretty 25-year-old nurse with dark hair and brown eyes. If you're young and well-off, call Jayne for an interesting and affectionate companion.

2) Composez un abécédaire d'adjectifs en complétant la grille ci-dessous. Si vous êtes en panne d'inspiration, consultez votre dictionnaire ! Nous avons commencé pour vous.

Angry	Beautiful	Crazy	D	E	F
G	H	I	J	K	L
M	N	O	P	Q	R
S	T	U	V	W	X
Y	Z				

3) Lisez et découvrez maintenant quelques adjectifs par ordre alphabétique rencontrés dans la rubrique *Encounters* (Rencontres) du *Sunday Times*.

Active *Attractive* *Adventurous*	*Blonde* *Beautiful* *Bubbly*	*Charming* *Caring* *Confident*	*Dark-haired* *Divorced* *Decent*	*Educated* *Elegant* *Entertaining*	*Fit* *Feminine* *Friendly*
Genuine *Generous* *Glamorous*	*Happy* *Hot* *Honest*	*Intelligent* *Independent* *Interesting*	*J*	*Kind*	*Lively* *Loyal* *London-based*
Mature *Manchester-based*	*Nice*	*Optimistic* *Outgoing*	*Positive* *Passionate* *Professional*	*Q*	*Retired* *Romantic*
Sassy *Slim* *Sincere*	*Tall* *True*	*U*	*Very attractive*	*Witty* *Warm-hearted*	*X*
Young *Youthful*	*Z*				

APRÈS L'EFFORT, LE RÉCONFORT

PALINDROMES

Doc, note, I dissent. A fast never prevents a fatness. I diet on cod.
Draw pupil's lip upward.
Name no one man.
Step on no pets
Sums are not set as a test on Erasmus.

A FABLE REVISITED by Miles Kingston

The Young Fox

One day there was a very clever young fox who became the first in its family ever to go to university.
"Work hard, learn a lot, and be a credit to us," said his mother. "And be ready to come back into our fox business when you've got your degree," the father fox said. "It's going to be hard work without you around."

At the end of the first year the young fox came back home to the old fox-hole, and I am afraid to say he had lost his fox accent and started to talk posh. Worse than that, he had picked up some very strange modern ideas.
"Father, did you realise just how despised and persecuted in history we have been?" said the young fox? "And quite right, too. We foxes have behaved very badly. We have been a disruptive social force."
"No, we haven't," said the father fox. "We have performed a very necessary function. We are the scavengers and cleaners of the countryside. If it wasn't for us, the place would be knee deep in corpses and carrion."
"Ah, but what about all those chickens we kill unnecessarily without even eating?"
"That's just a bit of fun," said father fox. "We are entitled to have our own senseless bit of slaughter. Humans do it all the time. They even kill each other."
Just then a pheasant walked past, and without thinking, the young fox leapt on it and killed it.
MORAL: A university degree can give you ideas, but it can't improve you.
Published in *the Independent*, Friday 15 October 2004

Vocabulary
To be a credit to : faire honneur à
scavengers : charognards
carrion : charogne
disruptive : perturbateur
senseless : sans état d'âme ; gratuit (acte)
slaughter : abattage ; massacre ; boucherie

SÉQUENCE 8 : LES COMPARATIFS ET SUPERLATIFS

Comprendre pour apprendre

Préambule
Good, better, best,
Never let it rest,
Till your good is better
And your better best.

1. Comparatifs et superlatifs de supériorité des adjectifs
Il y a trois catégories principales d'adjectifs avec trois types de structures :

- Les adjectifs courts
- Les adjectifs longs
- Les adjectifs irréguliers

1. ADJECTIFS COURTS. Ce sont : les adjectifs d'une syllabe les adjectifs de deux syllabes se terminant en *LE-ER-Y-OW*		
	Comparatif de supériorité	**Superlatif de supériorité**
Structures	**adjectif + er (than)**	**the + adjectif + est**
Exemples	*stronger* *simpler* *cleverer* *happier* *narrower*	*the strongest* *the simplest* *the cleverest* *the happiest* *the narrowest*

Signes particuliers		
Les cas	**Comparatif de supériorité**	**Superlatif de supériorité**
1. Une syllabe accentuée avec une voyelle coincée entre deux consonnes.	**Adjectif + er (than)** On redouble la consonne finale. Exemple : *bigger*	**the + adjectif + est** On redouble la consonne finale. Exemple : *the biggest*
2. Deux syllabes dont la dernière se termine par un *e* muet.	**Adjectif + r (than)** Un seul e suffit. Exemple : *simpler*	**the + adjectif + st** Un seul e suffit. Exemple : *the simplest*
3. Deux syllabes dont la dernière se termine par un *y*.	**adjectif sans y + ier (than)** Le *y* se transforme en *i*. Exemple : *happier*	**the + adjectif sans y + iest** Le *y* se transforme en *i*. Exemple : *the happiest*

2. ADJECTIFS LONGS. Ce sont tous les autres adjectifs : les adjectifs de deux syllabes **ne se terminant pas** en *LE-ER-Y-OW* les adjectifs de trois syllabes ou plus		
	Comparatif de supériorité	**Superlatif de supériorité**
Structures	**more + adjectif (than)**	**the most + adjectif**
Exemples	*more tiring* *more famous* *more stupid* *more expensive*	*the most tiring* *the most famous* *the most stupid* *the most expensive*

Remarques

- L'adjectif *quiet* (2 syllabes) est considéré comme un adjectif court et ne redouble pas son *t* puisqu'il est précédé de deux voyelles : *quieter/the quietest.*

- Un *w* ne peut pas redoubler, peut-être parce qu'il y a déjà *un double v* ! Ainsi, l'adjectif *slow* deviendra *slower* et *the slowest.* En revanche, pour l'adjectif *slim*, on dira *slimmer, the slimmest.*
- Dans *Alice's Adventures in Wonderland & Through the Looking-Glass*, Lewis Carroll s'est amusé avec la langue en écrivant : *Curiouser and Curiouser* (inacceptable dans la langue de tous les jours).
- Certains adjectifs n'acceptent ni comparatif ni superlatif. C'est le cas des adjectifs *huge* et *excellent* par exemple. **On ne peut pas dire** *huger than/the hugest* et *more excellent/the most excellent* à cause de leur sens même. Ils sont déjà porteurs de superlatif. L'adjectif *ill* ne supporte pas ces formes ; on ne dit pas *iller/the illest* et il est difficile de dire *sicker/the sickest.* Des adjectifs malades (!)
- Attention à la syntaxe ! Ne pas confondre
  There are stronger hurricanes. (Il y a des ouragans plus forts).
  There are more strong hurricanes. (Il y a plus/davantage d'ouragans forts).

Astuce ! Tous les adjectifs d'une syllabe sont considérés comme adjectifs courts. Tous les autres adjectifs sont considérés comme adjectifs longs mais méfiez-vous des deux syllabes en LE-ER-Y-OW : ils sont courts ! *Be* ***leery of*** *them!* (Méfiez-vous d'eux !)

3. ADJECTIFS IRRÉGULIERS. Ce sont : *GOOD – BAD –FAR*		
	Comparatif de supériorité	**Superlatif de supériorité**
good	*better (than)*	*the best*
bad	*worse (than)*	*the worst*
far	*farther than* (concret) *further than* (concret et abstrait ; cette structure a tendance à éclipser la première dans la langue courante.)	*the farthest* *the furthest*

Le cas de l'adjectif *old*

Emploi général	*older (than)* Exemple : *Derek is older than Geoff.*	*The oldest* Exemple : *He is the oldest man in the village.*
Emploi particulier au sein d'une famille.	*Elder* (uniquement en position d'épithète ; l'aîné de deux.) Exemple : *My elder brother.*	*The eldest* (l'aîné de plusieurs.)

Elder or older, that is the question !	On emploie *older* ou *elder* en fonction d'épithète (devant un nom.) : Exemple : *My older/elder sister is a nurse.*	On emploie *older* en fonction d'attribut (après le verbe *être*.) : Exemple : *My sister Ann is older than me.*

2. Comparatifs d'égalité et d'infériorité des adjectifs

Catégories d'adjectifs	**Comparatif d'égalité**	**Comparatif d'infériorité**
Toutes !	*as + adjectif + as* Exemples : *He's as strong as an ox.* *She's as stubborn as a mule.*	*Not as + adjectif + as* *less + adjectif + than* Exemples : *He's not as clever as his sister./He's less clever than his sister.*

Remarques

- Tout comme en français il y a deux façons de faire une comparaison d'inégalité : « cette voiture est moins chère » (*this car is less expensive*) veut dire la même chose que « cette voiture n'est pas aussi chère » (*this car is not as expensive*). Mais il faut veiller à l'usage. En effet on emploiera plus facilement à l'écrit comme à l'oral la structure avec *not as ... as ...*

3. Superlatif d'infériorité des adjectifs

Catégories d'adjectifs	Structure
Toutes !	*The least* + adjectif

Remarques

- Cette forme est peu employée sauf dans des tournures comme : *The least we can say* (le moins que l'on puisse dire) ; *last but not least* (enfin et surtout).
- L'usage dans la langue courante privilégiera le superlatif de supériorité. Ainsi plutôt que de dire : *it's the least expensive* (c'est le moins cher) on dira plutôt : *it's the cheapest* (littéralement « c'est le plus bon marché ») ; de même, *it's the least long* (c'est le moins long) deviendra *it's the shortest* (c'est le plus court).

4. Comparatifs de supériorité des adverbes en *–ly*

Exemple d'adverbe	Structures	Exemple en contexte
slowly	**more + adverbe (than)**	*She drives more slowly than he does.*

5. Autres structures

- On peut modifier les comparaisons à l'aide de mots tels que : *a lot /much/far* (beaucoup) *a bit/a little* (un peu), *slightly* (légèrement).

Exemples : *She's much taller.* (Elle est beaucoup plus grande).
It's a little more expensive. (C'est un peu plus cher).
It's slightly heavier than I thought. (C'est légèrement plus lourd que je ne le pensais).

- La traduction de « de plus en plus »

Adjectifs courts : adjectif + *er and* adjectif + *er*	Adjectifs longs : *more and more* + adjectif
Exemples : *It's higher and higher.* *It's better and better. You're improving!* *I find it easier and easier.* *It's worse and worse.*	Exemples : *It's more and more expensive.* *The language course is more and more interesting.*

- La traduction de « de moins en moins »

Pour tous les adjectifs : *less and less* + adjectif
Exemples : *It's less and less difficult.* *I thought it was less and less obvious.*

- La traduction de « plus … plus… »

Adjectifs courts : *The* + adjectif + *er, the* + adjectif + *er*	Adjectifs longs : *The more* + adjectif/verbe, *the more* + adjectif/verbe
Exemples : *The older he gets the nicer he is.* *The slower/The more slowly you drive, the better.* (N.B. *slow* ici est adverbe)	Exemples : *The more expensive it is, the more difficult it is to survive.* *The more you work, the more you earn.*

➢ La traduction de « moins … moins… »

The less … the less …
Exemple : *The less you work, the less you earn.*

Cette structure est très rare avec des adjectifs.

➢ Imbrication de deux structures dans une même phrase

Exemples : *The more I practise, the luckier I get.* (Plus je pratique et plus j'ai de la chance).
The less you worry about it, the better. (Moins tu te feras de souci et mieux ça vaudra).

➢ La traduction de « d'autant plus … que … »

Adjectifs courts : *all the* + adjectif + *er* + *as …*	Adjectifs longs : *all the more* + adjectif + *as …*
Exemple : *It's all the easier as there is a new motorway.*	Exemple : *It's all the more interesting as you can have two for the price of one.*

➢ La traduction de « d'autant moins … que … »

all the less + adjectif + *as …*
Exemple : *They were all the less anxious as he had texted them as soon as he had arrived there.*

➢ La traduction de « deux, trois fois plus … que … »

twice/three times/four times/five times etc. *as* + adjectif + *as …* *twice/three times/four times/five times* etc. *as many* + nom pluriel+ *as …* *twice/three times/four times/five times* etc. *as much* + nom singulier + *as …*
Exemples : *It's twice/three times as big as the other house.* *There are twice/three times as many guests as before.* *There is twice as much space as in the other room.*

➢ La traduction de *most* sans *the* devant un adjectif.

Exemple : *That novel you lent me was most interesting. (= was very interesting)*
(Le roman que tu m'as prêté était très intéressant).

➢ La traduction de « de » après un superlatif.

S'il s'agit d'un lieu on traduit par la préposition *in.*

Exemples : *It's the biggest house in the village.*
La Baule is the finest beach in Europe.
It's the best film of the year.

➢ La traduction de « jamais » avec un superlatif.

Il se traduit toujours par *ever*. La négation *n* de *never* a disparu.

Rappel : la traduction de « jamais »		
Enoncés négatifs	*never*	*I have never seen this film.*
Enoncés affirmatifs	*ever*	*It's the best film that I have ever seen.*
Enoncés interrogatifs	*ever*	*Have you ever seen this film?*

Remarque : pour insister on peut juxtaposer les deux mots *never* et *ever* : *I would never ever go there.*

➢ La place du groupe adjectival dans les formes superlatives :

Il se place toujours devant le groupe nominal.

Exemple : *He's* ***the most intelligent*** *boy that I have ever met.* (C'est le garcon **le plus intelligent** que j'aie jamais rencontré.)

Quelques expressions idiomatiques

- avec des comparatifs

My eyes were bigger than my stomach. (J'avais les yeux plus gros que le ventre).
Actions speak louder than words. (Les actes sont plus éloquents que les paroles).
The more the merrier. (Plus on est de fous, plus on ri).
Two heads are better than one. (Deux avis valent mieux qu'un).
The sooner, the better. (Le plus tôt sera le mieux).
Prevention is better than cure. (Mieux vaut prévenir que guérir).
Better safe than sorry. (Deux précautions valent mieux qu'une).
Better late than never. (Mieux vaut tard que jamais).
I've been through worse than that! (J'en ai vu d'autres !)
They're as thick as thieves. (Ils s'entendent comme larrons en foire).
He's as strong as an ox. (Il est fort comme un Turc).
It's as old as the hills. (C'est vieux comme Hérode).
Her chest is as flat as a pancake. (Elle est plate comme une limande).
You're as old as you feel. (On a l'âge de ses artères).
I'm as fit as a fiddle. (Je pète la forme).
I'm as sick as a dog. (Je suis malade comme un chien).
She's as bold as brass. (Elle a un culot d'enfer).
He's as gentle as a lamb. (Il est doux comme un agneau).
He was as proud as a peacock. (Il était fier comme Artaban).
He's as mad as a hatter. (Il est fou à lier).
She's as busy as a bee. (Elle déborde d'activité.)
He's as happy as a lark. (Il est gai comme un pinson).
He's as stubborn as a mule. (Il est têtu comme une mule).
She turned as white as a sheet. (Elle est devenue pâle comme un linge).
She was as cool as a cucumber. (Elle était d'un calme olympien).
I was as snug as a bug in a rug. (J'étais comme un coq en pâte).
My steak is as tough as old boots. (Mon steak, c'est de la semelle).

- des superlatifs

The darkest hour of my career. (Le moment le plus sombre de ma carrière).
Honesty is the best policy. (L'honnêteté paie).
He who laughs last laughs loudest. (Rira bien qui rira le dernier).
Laughter is the best medicine. (Le rire est le meilleur remède).
Least said soonest mended. (Moins on en dit et mieux on se porte./Moins on en dit et mieux ça vaut).

Pratiquer pour maîtriser

Exercice 1. Complétez le tableau

Adjectifs	Comparatifs de supériorité	Superlatifs de supériorité
Dangerous		
Bright		
Sad		
Warm		
Ridiculous		
Busy		
Cool		
Careful		
Good		
Slim		

Exercice 2. Lisez les informations et complétez le dialogue ou les énoncés en utilisant les formes correctes des adjectifs entre parenthèses

Country	Average temperature	Hours of sun per day	Average rainfall per month	Cost of flight	Length of flight (hours)
Scotland	18	9	15 days	139€	1hr30
Greece	34	14	0	365€	3hrs
Australia	18	7	8 days	850€	20hrs

Caroline: Where can we go on holiday in August?
Steve: It is true that Greece is the ---------------- (sunny) country of the three and not ------------------ (cold) Scotland and Australia. The problem with Australia is that it is much ------------------ (far) the other two as well as being the ---------------------- (expensive).
Caroline: Okay, but look at the rainfall. Scotland is awful! It is ---------------- (wet) Greece and Australia and I need lots of sun! So let's go to Greece.

Exercice 3. Même exercice

	Books	Dates of publication
Charlotte Brontë: 39 years old 1816 – 1855	*Jane Eyre*	1847
Emily Brontë : 30 years old 1818 – 1848	*Wuthering Heights*	1847
Anne Brontë : 29 years old 1820- 1849	*Agnes Grey* *The Tenant of Wildfell Hall*	1847 1848

1) Charlotte was --------------------------------- Emily and Anne. (old)
2) It is said that Charlotte was ------------------------------- the three. (pretty)
3) *Jane Eyre*, a great English novel, is ------------------------------- *The Tenant of Wildfell Hall*, which is not much read nowadays. (famous)
4) Charlotte lived ------------------------------ Emily. (long)
5) *Wuthering Heights* is still ------------------------------- *Jane Eyre*; they are read by the same number of people. (successful)
6) The Brontë sisters are certainly --------------------------------- sisters ------ the little village of Haworth. (well-known)
7) Living far away from their little village was their ------------ experience. (bad)
8) I think that *Wuthering Heights* is one of ------------- English novels. (good)

Exercice 4. Même exercice

Property for sale	Details	Property value
Detached house	18th century*. (*century : siècle) 3 receptions. 4 bedrooms. Garage. Gardens. 20 miles from Southampton.	£365,000
Cottage	Constructed in the 1800s. Lounge area. Dining area. Kitchen. 2 bedrooms. Small garden. 12 miles from Southampton.	£159,950
Bungalow	1976. In excellent decorative order. Entrance hall. Lounge/dining room. Kitchen. 1 bedroom. 6 miles from Southampton.	£150,000

Apartment	1990. A one-bedroom second floor apartment located in Southampton. Entrance hall, lounge, kitchen, bedroom, bathroom and communal gardens. Within level walking distance of city centre and all facilities.	£150,000
Country residence	Recently built. Designed by renowned architects. Georgian style. Hall with cloakroom. 6 reception rooms. Kitchen/breakfast room. Utility room. 8 bedrooms. 3 en-suites. Dressing room. Main bathroom. Double garage. Parking. Gardens and paddock. 25 miles from Southampton.	Offers invited. £1,500,000

1&2) The country residence is ------------------------------- (recent) construction of the five and it is also ------------------------------ (dear).
3) The apartment is certainly ------------------ (noisy) ------ the bungalow because of Southampton's heavy traffic.
4) The bungalow is ------------------------------(expensive) -------- the apartment.
5) Which is ------------------------ (old) property? – It is the detached house.
6) For modern tastes, the country residence is certainly ------------------------- (good).
7) If you prefer antiques and typical old houses, the cottage and the detached house seem to be ---------------------------- (adapted) --------- the other three properties.
8) The country residence is twice ---------------- (big) ------- the detached house.
9) My parents who are getting old think that the apartment would be ----------------------------- (convenient) place to live in.
10) Last but not least, the apartment is one of ----------------------- (cheap) properties. They aren't rolling in money!

Exercice 5. Exprimez-vous !

1) Donnez deux informations à votre partenaire et demandez-lui de faire une comparaison.
Exemples : *Houses in Britain/Houses in France ; London/Paris ; Senegal/Scotland ; Asterix/Obelix ; The Times/The Guardian ; Buildings in New York/Buildings in Paris ; Unemployment in Britain/Unemployment in France* etc.

➢ *It is much hotter in Senegal than in Scotland.*

2) Donnez un mot-clé à votre partenaire et demandez-lui de faire une phrase avec un superlatif.
A Rolls Royce ; English ; Mount Everest ; The Vatican ; *The Artist* etc.

➢ *'The Artist' is the best and most unusual film that I've seen this year.*

Exercice 6. Traduisez en français

1) This is the biggest car that I have ever seen.
2) Chinese is much more difficult than French.
3) This is much better.
4) Could you tell me where the nearest cash point is?
5) There are fewer buses on Sundays.
6) This seaside resort has ten times as many buildings as twenty years ago.
7) Prices are higher and higher. Don't ask me why! It's because of the euro!
8) They have two sons. The elder studies linguistics at Cambridge.

9) She is not as attractive as her mother.
10) I felt all the more surprised as he didn't say a word.
11) The more she smokes, the more depressed she feels.
12) It's the cheapest car in the world.

APRÈS L'EFFORT, LE RÉCONFORT

CHRISTMAS

1) Retrouvez le maximum de mots anglais en utilisant les lettres du mot *Christmas*. Les lettres peuvent être réutilisées plusieurs fois.

Des exemples de réponses:
Thames – Sam – racist – chasm – charism – shit - - act – trash – it – as – has – car – tar – Christ – mass – char – mast – mat – rat – is – stir – starch – star – stairs – sit – miss – hit – hat – rich – him – ram – chairs – shirt – charts – this – sat – cat – ham – hair – march – smart – crash – its – mastic etc.

2) À partir du mot *Christmas*, greffez des mots verticalement en rapport avec cette fête. Nous avons commencé pour vous :

		T						
C	**H**	**R**	**I**	**S**	**T**	**M**	**A**	**S**
A		**E**						
R		**E**						
D								

Des exemples de réponses :

						M		S
						I		T
						D		O
						N		C
			P			I		K
			U	P		G		I
			D	R		H	C	N
		T	D	E		T	R	G
C	**H**	**R**	**I**	**S**	**T**	**M**	**A**	**S**
A	O	E	N	E	U	A	C	
R	L	E	G	N	R	S	K	
D	L			T	K	S	E	
	Y			S	E		R	
					Y		S	

Vous pouvez choisir un autre mot et refaire la même activité.

ADVERT

The less I do, the more I earn.
Leave your money to grow. Enjoy greater rewards.
With C&G Reward Saver, doing less means earning more. The fewer withdrawals you make, the higher the return. Earn our highest rates of interest if you make no more than two withdrawals in a year. Interest rates will then reduce the more withdrawals you make.
The more you save, the more you earn.

THINK ABOUT IT!

An expert is one who knows more and more about less and less. (Nicholas Murray Butler)

The only thing worse in the world than being talked about is not being talked about. (Oscar Wilde)

I have very simple tastes, I am always satisfied with the very best. (Oscar Wilde)

JOKES

The teacher called Little Johnny to her desk. She said: "This essay you've written about your pet dog is word for word exactly the same essay as your brother has written."
"Of course it is," said Johnny. "It's the same dog!"

Although he had hardly ever driven in his life, a man always dreamed of owning a sports car, so when he inherited a large sum of money from a dead relative, he headed straight for the car showroom and bought himself a Porsche. Within half an hour he was on a quiet road putting his new car through its paces. Faster and faster he went until suddenly, at top speed, there was an almighty bang and smoke began pouring from the engine.

Towed back home, he immediately called the car salesman and told him what had happened. The salesman was at a loss for an explanation but, because the customer was so wealthy, he agreed to swap the Porsche for a Lotus. The next day, the man took the Lotus out on its first run, but as he hit a hundred miles per hour, the same thing happened. The car juddered to a sudden halt and the engine exploded.

Highly dissatisfied, the man phoned the car salesman once again and told him what had happened. Eventually the salesman agreed to exchange the Lotus for a Ferrari, but only on condition that he joined the customer on a test drive to see what the problem was.

Together they set off into the country. Soon the customer was picking up speed and going through the gears from fourth to fifth and up to sixth. As he accelerated still more, the car suddenly shook violently and the engine went bang.

"What did you do?" asked the salesman, shaken.

"Well," said the driver, "I was going faster and faster, and I ran out of numbered gears. So I put it into R for 'race'".

Vocabulaire
R : *rear* (marche arrière)

A SIGN IN A GARAGE

A driver is safer when the road is dry. *The road is safer when the driver is dry.*

MODULE 3

MAÎTRISER LES PRINCIPAUX TYPES D'ÉNONCÉS

SÉQUENCE 1 : LES QUESTIONS

Comprendre pour apprendre

1. Les différentes manières de poser une question

Avec les auxiliaires *do/does/did/will/would* et les auxiliaires modaux	auxiliaire + sujet + base verbale	*Does she like English? Did they go to Oxford? May I use your mobile?*
Avec l'auxiliaire *be* et un verbe en *–ing*	*be* + sujet + *V-ing*	*Is she working in the garden?*
Avec l'auxiliaire *have/be* et un participe passé	*have/be* + sujet + participe passé	*Have you finished? Had they signed the copy? Is it finished?*
Avec l'auxiliaire *have* suivi *been* + *V-ing*	*have* + sujet + *been* + *V-ing*	*Has he been working? Had it been raining?*
Avec un auxiliaire suivi de *have* + participe passé	auxiliaire + sujet + *have* + participe passé	*Will they have finished at this time tomorrow? Would they have waited if they had known that it was a waste of time?*

On remarque que le principe de base est d'inverser la structure normale (sujet + verbe) : l'auxiliaire (même l'auxiliaire modal) se place donc devant le sujet.
On appelle ce type de questions les *yes/no questions* (questions fermées) puisque l'on répond soit par *yes* soit par *no* et en reprenant l'auxiliaire de départ (revoir les remarques sur les réponses courtes dans la séquence 8 du module 1).

2. L'ajout d'un mot interrogatif en début de question

On emploie un mot interrogatif lorsque l'on a besoin d'obtenir un renseignement bien précis, par exemple le moment (*when*), le lieu (*where*), la cause (*why*) etc. Les structures des questions abordées ci-dessus ne changent pas.

- Les principaux mots interrogatifs :

What?	Quoi/Que ? Quel ?/Lequel ? (choix ouvert)	*How long?*	Combien de temps ?
When?	Quand ?	*How long ago?*	Il y a combien de temps que ? (renvoi à une action passée)
Where?	Où ?	*How many times?*	Combien de fois ?
Why?	Pourquoi ?	*How big?*	Quelle grandeur ?
Who?	Qui ? (complément ou sujet)	*How deep?*	Quelle profondeur ?
Whom?	Qui ? (complément)	*How wide?*	Quelle largeur ?
Whose?	À qui ? (possession)	*How high?*	Quelle hauteur ?
Which?	Quel ?/Lequel ? (choix fermé)	*How tall?*	Quelle est la taille ? /Combien mesure… ?
How?	Comment ?	*What time?*	Quelle heure ?
How old?	Quel âge ?	*What sort of?*	Quelle sorte de ?
How many?	Combien ? (pluriel)	*What kind of?*	Quel genre de ?
How much ?	Combien ? (singulier/prix)	*What type of?*	Quel type/sorte de ?
How often?	Tous les combien ?	*What colour?*	Quelle couleur ?
How far?	À quelle distance ?	*What nationality?*	Quelle nationalité ?

➢ Si le mot interrogatif n'est pas le sujet du verbe, on respecte les structures abordées ci-dessus (dans la section 1). On dit alors que le mot interrogatif est complément.

Where	*does*	*she*	*live?*
Complément : on recherche un lieu de résidence	Auxiliaire nécessaire à la conjugaison du présent simple	Le **sujet** du verbe *live*	La base verbale
Traduction : Où habite-t-elle ?			

Autres exemples : *What's he doing ?* (sujet du verbe *do* : *he*)
Why are they shouting? (sujet du verbe *shout* : *they*)
When did you arrive? (sujet du verbe *arrive* : *you*)
Where has she been? (sujet du verbe *be* : *she*)
How was she? (sujet du verbe *be* : *she*)
Where do you live? (sujet du verbe *live* : *you*)

➢ Si une préposition accompagne le mot interrogatif (par exemple : avec qui, pour qui etc.), il y a alors deux façons de procéder :

Dans un registre de langue très élevé (peu usité à l'oral) : préposition et mot interrogatif au début.	**Dans un registre de langue standard** (parlé et écrit) : mettre la préposition à la fin.
With whom is she going on holiday? *For whom does he work?* *To whom was she talking?*	*Who is she going on holiday with?* *Who does he work for?* *Who was she talking to?*

Remarques

Whom s'emploie dans un registre élevé à la place de *who*.

Force est de constater que dans certains cas, le registre standard est le seul employé :

Exemples : *What is it for?* (ne pas dire/écrire : *For what is it ?*)
Where do you come from? (ne pas dire/écrire : *From where do you come?*)

➢ Si le mot interrogatif est le sujet du verbe, on respecte la structure normale de la phrase (sujet/mot interrogatif + verbe conjugué). Il faut imaginer tout simplement une phrase normale avec un nom/pronom personnel sujet qui est remplacé par un mot interrogatif.

Who *What* *How many people*	*took* *happened* *turned up*	*my English dictionary?* *last night?* *to your party?*
Mots interrogatifs **sujet** des verbes *took/happened/* *turned up*	Verbes **conjugués** aux temps correspondant au contexte.	Reste de la phrase : compléments.
Traduction : Qui a pris mon dictionnaire d'anglais ? Que s'est-il passé hier soir ? Combien de personnes sont venues à ta fête ?		

Remarque

Whom ne peut pas s'employer en fonction de sujet.

➢ Il ne faut pas confondre : *Who works with Vicky?* (Qui travaille avec Vicky ?) et *Who does Vicky work with?* (Avec qui Vicky travaille-t-elle ?)

Pour conclure cette section, imaginons la situation suivante : vous discutez avec un ami et au moment où il vous donne une information une porte claque et vous n'entendez pas le sujet de la phrase : *You know, we were all in the lounge and suddenly* ***?????*** *came in without saying hello, and ...*

WHO *came in?*

3. Tableau récapitulatif

Questions avec mots interrogatifs compléments	Questions avec mots interrogatifs sujets
*Who did **you see** at the market?* (Qui as-tu vu au marché ?) N.B. Le sujet et le verbe sont en gras.	***Who saw** you at the market?* (Qui t'a vu(e) au marché ?) N.B. Le sujet et le verbe sont en gras.

4. L'interro-négation

Style soutenu (peu usité)	Style usuel/naturel (avec contraction)
Is she not playing? *Does she not know?* *Why is it not ready yet?* *Did they not write?* *Have you not been there?* *Am I not next?*	*Isn't she playing?* *Doesn't she know?* *Why isn't it ready yet?* *Didn't they write?* *Haven't you been there?* *Aren't I next?*

5. Questions directes et indirectes

Questions directes (revoir les structures au début de la séquence)	**Questions indirectes** (on pose la question au début et ensuite on emploie la structure normale (sujet + verbe)
How much is it?	*Can you tell me **how much it is**?*
Who is she?	*Tell me **who she is**.*
Where do they live?	*Do you know **where they live**?*
Why is she crying?	*Ask her **why she is crying**.*
Where is the nearest bank?	*Do you know **where the nearest bank is**?*
What time did they leave?	*Ask him **what time they left.***
When will they arrive?	*I wonder **when they will arrive**.*

Astuce et mise au point !

À partir de cette question directe en français : « Où habite-t'elle ? », complétez la question indirecte : « Savez-vous… »

Réponse : « …où elle habite ?» (structure normale) et non pas « … où habite-t'elle ? ». C'est la même chose en anglais : *Do you know **where she lives**?* et non pas *Do you know where does she live?*

Pratiquer pour maîtriser

Exercice 1. Corrigez les questions suivantes

1) Why she is leaving?
2) Where they live?
3) When he will come?
4) Did she forgot?
5) They divorced?
6) How she gets to work?
7) What you have done?
8) How long we've been waiting?

Exercice 2. Remettez les mots dans l'ordre pour faire des questions correctes

1) boyfriend – where – from – 's – come – 's – Maria – does
2) built – Tower – who – Eiffel – the
3) Germans – breakfast – what – the – have – do – for
4) the – living – long – they – States – how – been – in – have – living
5) booked – he – flight – has – the
6) got – who – first – up – morning – this
7) 's – to – taking – the – why – taking – doctor – Sandra – you – are

8) ask – it – for – do – know – how much – you – he – for – will
9) at – get up – find – you – do – difficult – it – to – morning – every – five
10) to – will – they – how – Spain – travel

Exercice 3. Posez les questions en vous servant des mots mis entre parenthèses
Exemple : *He studied English at the University of Nottingham. (where)*
Where did he study English?
1) She lost her wallet. (what)
2) I'd like to try the grey jacket. (which)
3) They're at the post office. (where)
4) I'll get it on Friday. (when)
5) She comes every day. (how often)

Exercice 4. Posez les questions se rapportant aux mots en gras
1) That's **Tony's** car.
2) That teapot? Well, let me see. It's **£16.99.**
3) Adriana will be **thirty-five** in June.
4) We've had this villa **for thirty years**.
5) We last saw them **in 1998**.

Exercice 5. Complétez le tableau

Questions directes	Questions indirectes
What time does he get up?	*I don't know ...*
Why did she stop smoking?	*I wonder ...*
Where is the post office?	*Could you tell me ...*
How will they explain it to him?	*Do you know ...*
...	*Can you see why they didn't like it?*

Exercice 6. Ajoutez une touche négative à ces questions
1) Why can she go on her own?
2) Why do you like them?
3) Does she realize it's extremely important?
4) Are you coming with us?
5) Will she have a lie-in?
6) Has she been crying?
7) Did they plan to go shopping?
8) Were they awful?
9) Should she be at school?
10) Would you like to try again?

Exercice 7. Speed dating
Préparez dix questions que vous allez poser à une personne de votre groupe

Exercice 8. *Test your knowledge* … (Testez vos connaissances …)
Préparez dix questions sur un thème que vous aurez choisi (géographie, histoire, culture, littérature, économie, politique etc.) et posez vos questions au groupe.

Exercice 9. Traduisez en anglais
1) Depuis combien de temps connaissez-vous Pete ?
2) Depuis combien de temps pleut-il ?
3) Qui vous l'a dit ?
4) Avec qui parle-t-elle ?
5) Quand êtes-vous arrivés ?
6) Par qui a-t-elle été invitée ?
7) Il y a combien de temps que vous avez acheté votre mobile home ?

8) Pourquoi n'a-t-il pas voulu rester avec vous ?
9) A-t-il gardé son appartement ? – Oui.
10) A qui est ce dictionnaire d'anglais ? – C'est le mien.

APRÈS L'EFFORT, LE RÉCONFORT

JOKE

A little boy told his teacher : "My uncle Ronnie died last week."
"I'm sorry to hear that," said the teacher. "What did he die of?"
"I don't know," said the boy, "but apparently it wasn't anything serious."

RIDDLES

How can you get in touch with a fish?
- Drop him a line.

Why did the man stamp on his watch?
- Because he had time to kill.

How do we know the ocean is friendly?
- It waves.

Why is a maths book sad?
- Because it has so many problems.

Where do ships go when they're ill?
- To the docs.

Why did the tomato blush?
- Because she saw the salad dressing.

Why was six unhappy?
- Because seven eight nine.

What has teeth but doesn't bite?
- A comb.

What is the best day to eat bacon and eggs?
- Friday.

SÉQUENCE 2 : L'EXCLAMATION

Comprendre pour apprendre

Il y a différentes façons de s'exclamer :

1. L'exclamation avec *what… !* (Quel(s)… !/ Quelle(s) … !)
L'exclamation porte sur un groupe nominal, c'est-à-dire qu'il faut au minimum un nom :

WHAT	GROUPE NOMINAL … !

WHAT	A/AN	(ADJECTIF)	NOM DÉNOMBRABLE SINGULIER … !
What	*a*	*lovely*	*day!*
What	*a*	*stupid*	*idea!*
What	*a*		*surprise!*
What	*an*	*exciting*	*programme this is!*
What	*an*	*awful*	*man!*

WHAT	(ADJECTIF)	NOM DÉNOMBRABLE PLURIEL… !
What	*lovely*	*eyes she's got!*
What	*big*	*eyes you've got, grandmother!*
What	*beautiful*	*roses!*

WHAT	ADJECTIF	NOM INDÉNOMBRABLE… !
What		*patience !*
What	*fantastic*	*weather !*
What	*useful*	*information / advice !*
What	*strange*	*furniture !*
What	*heavy*	*luggage !*
What	*(splendid)*	*progress !*
What	*good*	*news !*
What	*(obvious)*	*nonsense !*

Exceptions : *What a pity ! What a shame!* (Quel dommage!)

2. L'exclamation avec *How… !* (Qu'est-ce que …!/Comme …!)
L'exclamation porte soit sur un adjectif, soit sur un adverbe:

HOW	ADJECTIF/ADVERBE … !

HOW	ADJECTIF ………..!
How	*interesting!*
How	*beautiful she is!*
How	*boring this is!*
How	*disgusting!*
How	*nice of you to come!*
How	*romantic!*

HOW	ADVERBE ………………………………...!
How	*hard he works!*
How	*well he could play the piano in those days!*

Ne pas confondre : *How old is he?* (Quel âge a-t-il ?) et *How old he is !* (Qu'est-ce qu'il est vieux !)

3. L'exclamations avec *such* (si/tellement)

L'exclamation porte sur un groupe nominal ; la présence d'un nom est donc le minimum requis dans cette structure.

… SUCH	A/AN	(ADJECTIF)	NOM DÉNOMBRABLE

It's such	*a*	*big*	*house!*
It was such	*an*	*awful*	*show that we left!*
We met such	*Ø*	*amazing*	*students there!*

… SUCH	(ADJECTIF)	NOM INDÉNOMBRABLE

She's got such	*Ø*	*patience!*

Astuce ! Vous devez traduire « Ils ont une si grande maison ! » et vous craignez de vous empêtrer dans la syntaxe. Traduisez d'abord l'information principale « Ils ont une grande maison » (*They've got a big house*) et il suffit ensuite d'ajouter *such* devant tout le groupe nominal (*a big house*). La réponse est donc : *They've got such a big house!*

4. L'exclamation avec *so* (si/tellement)

L'exclamation porte sur un adjectif ou sur un adverbe.

SO	ADJECTIF/ADVERBE

……….SO	ADJECTIF/ADVERBE
They're so	*stupid!*
She's so	*clever!*
I'm so	*hungry!*

En ajoutant *ever* devant *so*, l'exclamation devient encore plus forte.

……EVER SO	ADJECTIF / ADVERBE
He's ever so	*sweet.*
It's ever so	*funny.*
She's ever so	*kind to us.*
He works ever so	*hard.*

5. L'exclamation avec l'interro-négation

La forme interro-négative a été abordée dans la séquence précédente. Vous pourrez vous y reporter. En anglais parlé, on emploie souvent cette forme pour s'exclamer. L'intonation change de l'interro-négation pure pour marquer son étonnement, sa surprise. À l'écrit le point d'exclamation se substitue au point d'interrogation. Comparez:

On s'interroge (invitations polies, vérification d'une information, recherche d'une confirmation)	On s'exclame (surprise, étonnement)
Can't she swim? *Haven't you written to Pat?* *Don't you feel well?* *Wouldn't you like something to drink?* *Didn't you go to London yesterday?*	*Isn't she beautiful!* *Aren't they awful!* *Isn't it crazy!* *Doesn't he work hard!* *Wasn't it a surprise to see them again!*

Pratiquer pour maîtriser

Exercice 1. Complétez les exclamations suivantes
1) … day!
2) … marvellous!
3) … lovely cars!
4) … extraordinary!
5) … good boy!
6) … fantastic weather!
7) … fast they speak!
8) … awful children!
9) … well-behaved they are!
10) … amazing actress!

Exercice 2. Complétez avec *so* ou *such (a/an/Ø)*
1) It was … windy that we had to stay indoors.
2) We were in … rush that we forgot to take our passports!
3) They were … thirsty that we went into a pub.
4) Oh thank you. They're … beautiful flowers!
5) He was … tired that he went to bed straightaway.
6) I've never met … friendly people.
7) He drives … fast! He is always showing off when he's behind the wheel.
8) It was … stupid idea to go there!
9) He bought her … expensive ring for her birthday that he couldn't afford to take her to a restaurant afterwards.
10) Don't you remember? Of course, it was … long time ago!

Exercice 3. À partir de ces phrases faites des exclamations par des tournures interro-négatives
1) Look at him. He looks weird.
1) Look! She swims very well for her age.
2) Look at them. They're lazy.
3) Thank you. It's lovely.
4) We had a good laugh.
5) Oh yes, he's clever.

Exercice 4. Des erreurs se sont glissées parmi ces exclamations. Corrigez-les
1) What terrible day!
2) What pity!
3) How painful!
4) What an awful weather!
5) What a nightmare!
6) What great news!
7) What fascinating book!
8) Isn't she sweet?
9) Are they stupid!
10) How beautiful roses!
11) What a shocking story!
12) She's a girl so nice!

APRÈS L'EFFORT, LE RÉCONFORT

NURSERY RHYME

If all the sea were on one sea,
What a great sea that would be!
If all the trees were one tree,
What a great tree that would be!
If all the axes were one axe,
What a great axe that would be!
And if all the men were one man,
What a great man that would be!
And if the great man took the great axe,
And cut down the great tree,
And let it fall into the great sea,
What a splish-splash that would be!

JOKE

"How was your blind date?" A college student asked her twenty-one-year-old roommate.
"Terrible!" she moaned. "He showed up in his 1932 Rolls-Royce."
"Wow! That's a very expensive car. What's so bad about that?"
"He was the original owner."

SÉQUENCE 3 : LES SUBORDONNÉES RELATIVES

Comprendre pour apprendre

Rappels

➢ **Qu'est-ce qu'une subordonnée relative ?**

Exemples : 1A) *That's the boy who hit me.* (Ça c'est le gars qui m'a frappé.)

That's the boy	*who hit me.*
Principale *the boy* : antécédent	Subordonnée relative

1B) *The boy, who hit me, ran away.* (Le gars, qui m'a frappé, a pris les jambes à son cou – l'information essentielle est qu'il s'est enfui).

The boy	*,who hit me,*	*ran away.*
Début de la principale (antécédent)	Subordonnée relative	Fin de la principale (verbe)

2A) *The students who didn't understand the exercise asked the teacher.* (Les étudiants qui n'avaient pas compris l'exercice ont demandé au professeur – **uniquement ceux** qui n'avaient pas compris)

The students who didn't understand the exercise	*asked the teacher.*
Antécédent (*The students*) et subordonnée indispensable	Fin de l'énoncé

2B) *The students, who didn't understand the exercise, asked the teacher.* (Les étudiants, qui n'avaient pas compris l'exercice, ont demandé au professeur – en aparté on nous dit que **tous les étudiants** n'avaient pas compris-)

The students	*,who didn't understand the exercise,*	*asked the teacher.*
Début de la principale (antécédent)	Subordonnée relative	Fin de la principale (verbe)

Que constate t-on ?

Il y a deux types de subordonnées relatives :

- Les subordonnées relatives déterminatives : elles déterminent quelle sorte de personne ou de chose à laquelle on se réfère (antécédent humain/non humain). Elles ciblent directement l'antécédent (c'est le cas des exemples 1A et 2A).
- Les subordonnées relatives non déterminatives : elles apportent un supplément d'information sur l'antécédent. Cet ajout d'information est placé entre deux virgules. Elles apportent un bonus sur l'antécédent (c'est le cas des exemples 1B et 2B).

➢ **Comment reconnaît-on un pronom relatif sujet ou complément ?**

Exemples	**Nature du pronom relatif**	**Astuce à retenir**
1) *The British Prime Minister* ***who*** *was attending a conference in Paris met the French President last night.*	*Who* : sujet	Le pronom est **placé entre** le sujet du verbe (*The British Prime Minister*) et le verbe (*was attending*). Il a un rôle de pivot.
2) *The British Prime Minister* ***who(m)*** *I met at the conference in Paris gave me an autograph.*	*Who(m)* : complément	Le pronom est **placé avant** le sujet du verbe (*I*) et le verbe (*met*).

1. Les subordonnées relatives déterminatives

➢ Avec ce type de relatives on peut employer les pronoms relatifs suivants:

WHO	Quand le pronom relatif est **sujet ou complément.**	Quand l'antécédent est **humain.**	*Derek who had forgotten his passport was called to the counter.* *Derek was the first Englishman who I met.*
WHOM	Quand le pronom relatif est **complément** et dans une **langue soutenue.**	Quand l'antécédent est **humain.**	*Derek was the first Englishman whom I met.*
THAT	Quand le pronom relatif est **sujet ou complément.**	Quand l'antécédent est **humain ou non humain.**	*The Englishman that/who had forgotten his passport was called to the counter.* *Derek was the first Englishman that I met.* *The passport that was found in the dustbin was Derek's.* *The passport that you showed me wasn't mine.*
WHICH	Quand le pronom relatif est **sujet ou complément.**	Quand l'antécédent est **non humain.**	*The passport which was found belonged to Derek.*
WHOSE	Quand le pronom relatif introduit une **notion de possession.**	Quand l'antécédent est **humain ou non humain.**	*They're the people whose house burnt down last month.* *Have you seen the apartment whose walls are badly damaged?*
OF WHICH	Quand le pronom relatif introduit une **notion de possession.** Moins employé que *whose* mais *of which* est un registre de langue plus soutenu.	Quand l'antécédent est **non humain.**	*Have you seen the apartment the walls of which are badly damaged?*
WHERE	Quand le pronom relatif établit une **notion de lieu.**		*That's the place where D.H. Lawrence was born.*

WHEN	Quand le pronom relatif établit une **notion de temps.**		*I remember the day when I first took the ferry to England.*
WHY	Quand le pronom relatif établit une **notion de cause.**		*There's no reason why you should give him everything.*

Autres exemples dans des proverbes/expressions :
He who laughs last laughs loudest. (Rira bien qui rira le dernier).
God helps those who help themselves. (Aide-toi, le ciel t'aidera).
She's the one who brings home the bacon. (C'est elle qui fait bouillir la marmite).

- Les pronoms *who/which/that* et le pronom relatif Ø (suppression du pronom relatif).

1) On ne peut pas supprimer le pronom relatif s'il est placé entre le sujet et le verbe (voir rappels p.147).

Exemples : *That's* ***the man*** *who* ***bought*** *our car.*
Sujet **verbe**

The sports car *which* ***was*** *in the showroom was sold yesterday.*
Sujet **verbe**

This is ***the car*** *that* ***was awarded*** *"Best car of the year".*
Sujet **verbe**

2) On peut supprimer le pronom relatif si le sujet et le verbe sont placés après le pronom relatif, c'est-à-dire si le sujet et le verbe se suivent directement.

Exemples : *This is the sort of car (that)* ***I would like*** *to have.*
Sujet + verbe

The Ferrari is the car (which) ***I like*** *most.*
Sujet + verbe

This is the most fabulous car (that) ***I have ever driven.***
Sujet + verbe

Pour cette dernière phrase, *that* est obligatoire après un superlatif si on tient à garder le pronom relatif. La voiture est très ciblée (***the*** *most fabulous*) et ***that*** fait écho au déterminant ***the***.

- Les pronoms relatifs *whom* et *who*

Niveau de langue soutenu	Anglais de tous les jours
This is Dr Batchelor whom I first met at the University of Nottingham thirty years ago.	*This is Dr Batchelor (who) I first met at the University of Nottingham thirty years ago.*

Autres exemples dans une langue soutenue :
Honour to whom honour is due. (À tout seigneur tout honneur).
To whom it may concern. (À qui de droit).

2. Les subordonnées relatives non déterminatives (ou les subordonnées relatives « bonus »)

- Avec ce type de relatives on peut employer les pronoms relatifs suivants :

WHO (antécédent **humain**)	*Adrian, who is out at the moment, will call you back.*

WHICH (antécédent **non humain**)	*His last book, which was published in October, was a flop.*
WHOSE (notion de **possession/lien étroit**)	*The woman, whose husband was killed during the last World War, has just been taken to hospital.*

Remarques

On ne peut pas employer le pronom *that* quand il s'agit d'une information bonus car il a une valeur de détermination trop forte.

3. Comment traduire le pronom relatif « dont » ?

Ce point a été abordé en partie dans la séquence 6 du module 2.

Si il y a une notion de possession/lien étroit	***whose*** (antécédent **humain et non humain**) ***of which*** (antécédent **non humain** ; moins employé)	***The woman whose son*** *won the race was very proud.* ***The house whose roof*** *has been damaged will soon be repaired, promised the mayor.* ***The house the roof of which*** *has been damaged will soon be repaired, promised the mayor.* (moins employé)
Si à la base il y a un verbe français composé avec la préposition « *de* » (Exemples : parler de, être amoureux de, s'occuper de, se soucier de etc.)	**Structure la plus courante :** (pronom relatif facultatif) + sujet + verbe + préposition anglaise **Structure moins employée** (niveau de langue plus soutenu) préposition + pronom relatif + sujet + verbe	*The plane (that) I told you about.* *The woman he is in love with .* *The baby she is looking after.* *The woman with whom he is in love.* (moins naturel)

4. Comment traduire les pronoms relatifs « ce qui/ce que » ?

Astuce !

What … annonce une information.	*Which* … reprend l'information.
Avec WHAT : effet d'annonce ⇨ WH**A**T/**A**NNONCE	⇦ Avec WHICH effet de reprise WH**I**CH/REPR**I**SE

Exemples

What I can't understand is… (Ce que je ne peux pas comprendre c'est …).

She doesn't know what's in store for her. (Elle ne sait pas ce qui l'attend).

He gave up in the end, which came as no surprise to me. (Il a fini par renoncer, ce qui ne m'a pas du tout surpris).

5. Comment traduire les pronoms relatifs « tout ce qui/tout ce que/tout ce dont » ?
On les traduit par : *all that* ou *all.*
Exemples :
All that I know/All I know. (Tout ce que je sais.)
All you need is love! (Tout ce dont vous avez besoin c'est l'amour.)

6. La subordonnée infinitive avec *to*
Nous terminerons cette séquence avec la subordonnée infinitive/proposition infinitive source de nombreuses erreurs à cause d'une fâcheuse tendance à vouloir calquer sur le français. Ainsi « Notre professeur d'anglais veut que nous fassions moins de fautes dans nos rédactions » **ne se traduira pas par le calque suivant :** *Our English teacher wants that we make fewer mistakes in our essays,* mais par : *Our English teacher wants us to make fewer mistakes in our essays.* C'est cette dernière structure que l'on appelle subordonnée infinitive ou proposition infinitive (voir également tableau N°3 ci-dessous).

Variations structurales avec le verbe *want*

1. Exemple en français	Commentaires	Traduction anglaise
Les étudiants veulent de l'aide.	Sujet + verbe + complément (objectif : de l'aide)	*The students want some help.* WANT + COMPLÉMENT

2. Exemple en français	Commentaires	Traduction anglaise
Le professeur veut aider les étudiants.	Sujet + verbe + complément (objectif : aider les étudiants). Pour marquer l'objectif devant un verbe, on emploie *to*.	*The teacher wants to help the students.* WANT + TO + BASE VERBALE

3. Exemple en français	Commentaires	Traduction anglaise
Les étudiants veulent que leur professeur d'anglais les aide.	Sujet + verbe + complément/cible (leur professeur d'anglais) + objectif (les aider).	*The students want their English teacher to help them.* WANT + CIBLE (nom ou pronom) + TO + OBJECTIF (base verbale)

Autres verbes usuels qui fonctionnent comme le verbe *want* (liste non exhaustive) :
advise (conseiller) ; *allow* (permettre) ; *ask* (demander) ; *encourage* (encourager) ; *order* (ordonner) ; *persuade* (persuader) ; *tell* (dire) ; *would like* (aimerait).

Parfois la négation (*not*) peut se placer devant le mot qui indique l'objectif (*to*). Dans ce cas on ne souhaite pas que l'objectif soit atteint.
Exemple : *My English friends persuaded me not to come. It wasn't worth it.*
(Mes amis anglais m'ont persuadé de ne pas venir. Ça n'en valait pas la peine).

Pratiquer pour maîtriser

Exercice 1. Ajoutez un pronom relatif dans les phrases suivantes
1) I used to have a car ------------ made an awful lot of noise and it always broke down.
2) The people ----------- live in this house have gone to Australia.
3) ----------- I told you before was wrong. Sorry!
4) This is the room -------------- the body was found.
5) That man, ------------ is wearing a dinner jacket, has refused to talk to me. I wonder why.
6) This is Gillian ------------- husband works with me.
7) They never want to try ------------ I cook. Isn't it funny?
8) Here's the parcel ------------- came for you this morning.

9) The Black Country Museum near Birmingham is one of the best museums ----------- I have seen this year.
10) All --------- happened was her fault.

Exercice 2. Transformez ces phrases pour inclure une subordonnée relative
1) I saw a young man. He was wearing a pink jacket.
2) The bus isn't running today. It goes to Leamington.
3) I've found the keys. I lost them yesterday.
4) This wine tastes awful. I bought it at the supermarket.
5) I know a good antique shop in the New Forest. It sells collectable teapots.

Exercice 3. Vrai ou faux ? Peut-on supprimer le pronom relatif dans les énoncés suivants. Mettez V (vrai) ou F (faux) dans la grille ci-dessous

1	2	3	4	5	6	7	8	9	10

1) The person who wrote this English poem was not a native speaker.
2) Money is all that matters to them.
3) She's the one who brings home the bacon.
4) The second-hand car which we bought was immaculate.
5) The accident that she had was not all that serious. She will recover soon.
6) The attractive girls who appeared on the show were all professional dancers.
7) The woman who you laughed at used to be my P.E. teacher.
8) The novel that sold so well was reprinted twice during the year.
9) The film that you want to see starts in half an hour.
10) I know a good bookshop in Nottingham which sells comics and graphic novels.

Exercice 4. Retrouvez les bonnes correspondances

"Oh I do want to be beside the seaside!"

1) She wants me to take them to Brighton.	A- Ils aimeraient les emmener à Brighton.
2) I want to take her to Brighton.	B- J'aimerais qu'elle aille à Brighton.
3) They'd like to take them to Brighton.	C- J'aimerais qu'elle m'emmène à Brighton.
4) She wants to take them to Brighton.	D- Elle aimerait que j'aille à Brighton.
5) I'd like her to take me to Brighton.	E- Je veux l'emmener à Brighton.
6) She'd like to go to Brighton.	F- Elle veut les emmener à Brighton.
7) I'd like her to go to Brighton.	G- Elle aimerait aller à Brighton.
8) They want me to take her to Brighton.	H- J'aimerais l'emmener à Brighton.
9) She'd like me to go to Brighton.	I- Elle veut que je les emmène à Brighton.
10) I'd like to take her to Brighton.	J- Ils veulent que je l'emmène à Brighton.

Exercice 5. Traduisez en anglais
1) *Imagine* est la chanson que je préfère.
2) Tout ce qui compte pour moi, c'est la santé.
3) Connaissais-tu les gens qui t'ont vendu ce téléphone portable ?
4) Ce qui est incroyable, c'est qu'elle refuse de nous parler.
5) La BD dont je t'ai parlé hier vient d'être vendue. Quel dommage !
6) L'homme dont elle est tombée amoureuse est beaucoup plus âgé qu'elle.
7) Elle a dit à ses amies que j'étais idiot, ce que je n'ai pas apprécié du tout.
8) Les étudiants avec qui notre fils partage un appartement sont tous étrangers.
9) Christine, qui est partie faire les courses, le rappellera dès qu'elle sera de retour.
10) Son dernier livre, qui a été publié en septembre dernier, raconte ses années passées en Espagne quand il était étudiant.

APRÈS L'EFFORT, LE RÉCONFORT

JOKES

A man was walking his dog in the park when he bumped into an old work colleague.
"Do you want to pat my new dog?" he asked.
"He looks a bit vicious. Are you sure he won't bite?"
"I don't know. That's why I want you to pat him!"

Four catholic women were enjoying a coffee morning.
The first told her friends: "My son is a priest. When he walks into a room, everyone calls him 'Father'."
The second said proudly: My son is a bishop. Whenever he walks into a room, people say 'Your Grace'."
The third said smugly: "Well, my son is a cardinal. Whenever he walks into a room, everyone says 'Your Eminence'."
The fourth sipped her coffee in silence until the other three turned to her.
"Well…? " they chorused.
Putting her cup down, she said: "My son is a gorgeous six foot tall male stripper. Whenever he walks into a room, everyone says 'Oh my God!'."

NURSERY RHYME

This is the house that Jack built.

This is the malt
That lay in the house that Jack built.

This is the rat
That ate the malt
That lay in the house that Jack built.

This is the cat
That killed the rat
That ate the malt
That lay in the house that Jack built.

This is the dog
That worried the cat
That killed the rat
That ate the malt
That lay in the house that Jack built.
…

MIND THE PUNCTUATION!

Punctuation marks are the traffic signals of language. Read and compare

Charles the First walked and talked half an hour after his head was cut off.
Charles the First walked and talked. Half an hour after, his head was cut off.

A woman, without her man, is nothing.
A woman: without her, man is nothing.

A panda eats shoots and leaves.

A panda eats, shoots and leaves.

Slow, children crossing.
Slow children crossing.

After we left Grandma, Mummy and I skipped about in the park.
After we left, Grandma, Mummy and I skipped about in the park.

The kids, who got ice-cream, were very happy.
The kids who got ice-cream were very happy.

The student, said the teacher, is crazy.
The student said the teacher is crazy.

Extraits de *"Eats, Shoots & Leaves"* de Lynne Truss.

SÉQUENCE 4 : LE PASSIF

Comprendre pour apprendre

1. Quand l'emploie t-on ?

La voix passive est beaucoup plus employée en anglais qu'en français. Elle permet :

1) de mettre en relief la personne ou la chose qui subit une action, de focaliser sur ce qui arrive au sujet.

2) d'effacer le sujet de l'action ou de produire un énoncé sans connaître le sujet (la source) de l'action (par exemple dans l'utilisation du *pronom évasif* : on ; on m'a dit …).

3) d'exprimer des généralités, un manque d'engagement personnel dans des tournures impersonnelles.

En bref : la voix passive est un changement d'éclairage. Il y a une permutation.

> ***The police*** *arrested* ***the burglars*** *last night.*
>
> ***The burglars*** *were arrested* ***by the police*** *last night.*
>
> ***Someone*** *told* ***me*** *that the burglars had been arrested.*
>
> ***I*** *was told that the burglars had been arrested* (… et je ne communique pas l'identité de la personne qui a révélé l'arrestation).

Quelques emplois par l'exemple :

Le sujet actif est inconnu	*He was arrested yesterday.*
La traduction du « on »	*I was given a new identity card.*
Tournures impersonnelles	*He is said to be in America.*
Tournures avec *be/get + participe passé*	*He is married. He is getting married tomorrow.*
Situations de vie formelles (annonces…)	*Visitors are requested to wear decent clothes.*

Le passif dans certaines expressions idiomatiques :

I've been left holding the baby. (On m'a refilé le bébé).
I was left high and dry/I was left in the lurch. (Je me suis retrouvé le bec dans l'eau).
He was caught red-handed. (Il a été pris la main dans le sac).
He was caught with his fingers in the till. (Il a été pris la main dans la caisse).
This child is tied to his mother's apron-strings. (Cet enfant est pendu aux jupes de sa mère).
There wasn't a soul to be seen in the street. (Il n'y avait pas un chat dans la rue).

2. Comment construit-on le passif ?

On forme le passif à l'aide de l'auxiliaire ***to be*** (que l'on peut conjuguer au temps et à la forme que l'on souhaite) suivi du ***participe passé du verbe***.

Rappelons que le participe passé d'un verbe régulier est obtenu en ajoutant le suffixe *–ed* ; quant aux verbes irréguliers, il faut connaître la dernière colonne de la liste (Exemples : *broken ; found ; seen*). Une liste de verbes irréguliers figure à la fin du manuel.

Si on souhaite mentionner le complément d'agent (celui qui est à l'origine de l'action), on l'introduit par la préposition *by*. Parfois il est plus naturel de ne pas le mentionner.

Notons cependant qu'un énoncé au passif est souvent construit sans complément d'agent.

Exemples : ***Cripps Hall****, which is one of the original student halls of residence at Nottingham University,* ***was founded by the Cripps family*** *in 1959.*
Cripps Hall ***was founded*** *in 1959.*
Cripps Hall dining room ***has been renovated****.*
All students ***are required*** *to wear a tie for Founders' Day Dinner.*

Tableau récapitulatif

be conjugué au temps souhaité	participe passé du verbe	(*by* + agent)

Temps	Voix active	Voix passive
Présent simple	*They speak English here.*	*English* ***is spoken*** *here.*
Présent progressif	*They are building a car park.*	*A car park* ***is being built.***
Present perfect	*He has painted the door.*	*The door* ***has been painted****.*
Prétérit	*They stole a car yesterday.*	*A car* ***was stolen*** *yesterday.*
Passé progressif	*She was serving Sarah.*	*Sarah* ***was being served.***
Past perfect	*They had opened the door.*	*The door* ***had been opened.***
Future simple	*They will ask him.*	*He* ***will be asked.***
Conditionnel présent	*They would create jobs if...*	*Jobs* ***would be created*** *if...*
Conditionnel passé	*We would have sold our house if...*	*Our house* ***would have been sold*** *if...*
Modal + V	*She can't take photos here.*	*Photos* ***can't be taken*** *here.*
Modal + *have* + *PP*	*They should have sold it.*	*It* ***should have been sold****.*

Remarque

La voix passive est parfois construite avec *to get* au lieu de *to be*. Elle correspond souvent à un verbe pronominal en français et exprime le passage d'un état à un autre.

Exemples : *to get married* : se marier (changement de statut) ; *to be married* : être marié (statut) ; *to get dressed* : s'habiller (changement) ; *to be dressed* : être habillé (état)

They are married. (Ils sont mariés).
They got married last summer. (Ils se sont mariés l'été dernier).
They're getting married next June. (Ils se marient en juin prochain).

3. Le passif des verbes à double complément

Prenons cette phrase à la voix active : *Our parents never told us the truth.* (Nos parents ne nous ont jamais dit la vérité). La phrase comporte deux compléments :

1) Un complément d'objet direct : *the truth.*
2) Un complément d'objet indirect/d'attribution : *us.*

Deux structures passives sont alors possibles :

1) *Our parents never told us the truth.*

The truth ***was never told*** *to us by our parents.*
(La vérité ne nous a jamais été révélée par nos parents)

2) *Our parents never told us the truth.*

We ***were never told*** *the truth.* Nous ne tenons pas à donner cette information.
(On ne nous a jamais dit la vérité)

Remarques importantes

La structure avec le complément d'objet indirect/attribution devenant sujet (exemple n° 2) est la structure la plus employée et sert à traduire le pronom indéfini « on ». L'anglais préfère mettre l'accent sur le destinataire (ici : *we*). On constate que le sujet du verbe *dire* a été effacé au profit du « on » évasif. L'objectif de l'énonciateur était bien de rester vague.

Il faut veiller aux bonnes permutations de pronoms : le pronom complément de la voix active devient sujet à la voix passive (voir exemple n°2 : *us/we*).

me	*you*	*him*	*her*	*it*	*us*	*you*	*them*
I	*you*	*he*	*she*	*it*	*we*	*you*	*they*

Voici quelques verbes usuels qui ont un double passif : *to allow* (permettre) ; *to ask* (demander) ; *to award* (décerner); *to bring* (apporter) ; *to give* (donner) ; *to leave* (laisser) ; *to lend* (prêter) ; *to offer* (offrir , proposer) *to promise* (promettre) ; *to read* (lire) ; *to send* (envoyer) ; *to show* (montrer) ; *to teach* (enseigner) ; *to tell* (dire).

Dans les exemples qui suivent, les énoncés ont été transformés au passif dans la colonne de droite afin d'effacer la source et de produire une phrase commençant par « on ».

They sent me an email.	*I was sent an email.* (On m'a envoyé un mail.)
She told me he had won £1000.	*I was told he had won £1,000.* (On m'a dit qu'il avait gagné £1,000.)
They have offered him a better post.	*He has been offered a better post.* (On lui a proposé un meilleur poste.)
He has left her a fortune.	*She was left a fortune.* (On lui a légué une fortune.)
She taught me a few words of Spanish.	*I was taught a few words of Spanish.* (On m'a enseigné quelques mots d'espagnol.)
They have sent them to jail.	*They have been sent to jail.* (On les a envoyés en prison.)
They had promised you a much better job.	*You had been promised a much better job.* (On vous avait promis un bien meilleur emploi.)
They have shown us the legal documents.	*We have been shown the legal documents.* (On nous a montré les actes.)
She asked us to solve the problem.	*We were asked to solve the problem.* (On nous a demandé de résoudre le problème.)

4. Quelques précisions sur le verbe dire : say/tell

Ne pas confondre les significations véhiculées par ces deux verbes à la voix passive :

Someone said he was brilliant at maths. (Quelqu'un a dit qu'il était brillant en math.)	*He was said to be brilliant at maths.* (On a dit/disait qu'il était brillant en math.)
Someone told him to do his maths exercises. (Quelqu'un lui a dit de faire ses exercices de math.)	*He was told to do his maths exercises.* (On lui a dit de faire ses exercices de math.)

Comment traduire « On m'a dit/On t'a dit/on lui a dit etc. » ?

Si il y a une référence précise au passé :	*I was told.../You were told .../He was told .../She was told ...*
S'il n'y a pas de référence précise au passé :	*I have been told.../You have been told .../He has been told .../She has been told ...*

5. Quelques tournures impersonnelles

It is said that... (On dit que…)
It is believed that ... (On croit que…)
It is reported that... (On rapporte que…)
It is thought that... (On pense que…)

Pratiquer pour maîtriser

Exercice 1. Exprimez-vous sur l'actualité en commençant vos phrases par :
It is said that... (On dit que…) ; *It is believed that ...* (On croit que…) ; *It is reported that...* (On rapporte que…) ; *It is thought that...* (On pense que…)

Exercice 2. Testez vos connaissances
Préparez dix questions en utilisant des formes passives et que vous poserez en classe
Il peut s'agir d'œuvres littéraires, d'inventions scientifiques, de lieux célèbres etc.
Exemples : *Who was the telephone invented by?*
Where was Charles Dickens born?
Where is Oscar Wilde buried?
Who was Tintin drawn by?
Who was Richard III written by?
Who was 'Imagine' composed by?
What are the people living in Poland called?
When was the first computer invented?
Who is Queen Elizabeth II married to?
Etc.

Exercice 3. *What's the news?*
Donnez quelques nouvelles de votre environnement proche, de l'actualité française ou étrangère en commençant par : *I've been told that .../I was told that ...*

Exercice 4. Lisez l'article suivant et soulignez toutes les formes passives

Ransom raid men hunted

SIX people were held to ransom in their kitchen as robbers scoured the Hampstead Garden Suburb home for valuables.

At around 8.40pm on Saturday, it is believed at least four men entered a house in The Bishops Avenue through a first-floor window.

After forcing the residents to lie on the kitchen floor, the men stole a safe and fled the scene in a stolen Mercedes parked in the driveaway.

A 42-year-old man who had been driving the Mercedes was arrested after a short police pursuit. He has been charged with burglary and will be remanded in custody until February 25.

Police are still looking for at least three other suspects. They are all described as around 30 years old and about 5ft 10in tall. Suspect one has been described as a black male wearing a grey, zipped jumper, dark trousers and a blue beanie hat. The second has also been described as a black male, wearing a dark top and dark coloured trousers. The third is a white male.

All the property from the robbery has been recovered.

It is believed another vehicle may have been involved. Anyone who saw anything suspicious in The Bishops Avenue at around 8.30pm are asked to contact police on 0208 200 1212, quoting 2400854/08 or to call Crimestoppers, anonymously, on 0800 555 111.

The Times, Thursday, January 17, 2008

Exercice 5. Complétez le tableau avec le verbe *show* à la voix passive et aux temps demandés

Présent simple	*They ...*
Présent progressif	*He ...*
Prétérit simple	*She ...*
Passé progressif	*They ...*
Present perfect	*We ...*
Past perfect	*He ...*

Futur simple	*You …*
Conditionnel : *would + have + PP*	*I …*
Modal : *should*	*She …*

Exercice 6. Mettez ces énoncés à la voix passive
1) They speak English in this restaurant.
2) Stephen Clarke wrote *A Year in the Merde.*
3) My next-door neighbour is repairing my computer.
4) They caught the thief yesterday.
5) If it snows, we will cancel the match.
6) Steve Jobs invented the first Macintosh computer in his parents'garage.
7) They have made thousands of people redundant.
8) They make these T-shirts in China.
9) They shouldn't allow him to wear jeans.
10) Someone took the company car without permission.
11) Someone showed the mayor round the new student hall of residence.
12) The McLeods have invited me to stay with them for Easter.

Exercice 7. Traduisez ces énoncés en anglais
1) Il a été mordu par un chien hier.
2) Ce livre a été publié par *Cambridge University Press* il y a dix ans.
3) En ce moment toutes les lignes téléphoniques sont occupées.
4) La plupart de nos produits sont exportés.
5) La maison de nos voisins a été vendue la semaine dernière.
6) On m'a tout dit et on ne vous a rien dit !
7) Notre chaudière devrait être changée la semaine prochaine.
8) Un nouveau président sera élu au mois de mai.
9) Leslie est inquiète. On devrait lui dire la vérité.
10) On dit qu'il est fou.

APRÈS L'EFFORT, LE RÉCONFORT

HOW WELL DO YOU KNOW YOUR CLASSICS? WHO WAS IT WRITTEN BY ?

1- Who was *Great Expectations* written by?
2- Who was *Moll Flanders* written by?
3- Who was *Tess of the D'Ubervilles* written by?
4- Who was *1984* written by?
5- Who was *Lady Chatterley's Lover* written by?
6- Who was *A Clockwork Orange* written by?
7- Who was *Lord of the Flies* written by?
8- Who was *Wuthering Heights* written by?
9- Who was *Othello* written by?
10- Who was *Pride and Prejudice* written by?

Answers:
1- Charles Dickens; 2- Daniel Defoe; 3- Thomas Hardy; 4-George Orwell;
5- D.H. Lawrence; 6- Anthony Burgess; 7- William Golding; 8- Emily Brontë;
9- William Shakespeare; 10-Jane Austen

NURSERY RHYME

What are little boys made of?
What are little boys made of?
Frogs and snails
And puppy-dogs'tails,
That's what little boys are made of.

What are little girls made of?
What are little girls made of?
Sugar and spice
And all that's nice,
That's what little girls are made of.

NEWS

They were in hiding last night. Probably embarrassed. Certainly a little disoriented. The three French women had set out bound for adventure. The hotel was booked. They had their holiday cash. They were looking forward to the autumnal scenes around Portsmouth, New Hampshire. It didn't seem that far away, the United States. Only eight hours on a ferry from Le Havre. They had preferred to take the boat, rather than fly. But even they were surprised at how little they were suffering from the time zone changes. There was only a minor inconvenience, it seemed. They stepped into a taxi, asking for the Sheraton. They had already booked for a three-day stay, and paid a $500 deposit. But those cabbies. They simply had no idea. Drive you about for hours, and still unable to find a luxury hotel as big as the Sheraton.

The police became involved when the cabbie turned in desperation to the Portsmouth constabulary. He was unable to trace the famous hotel. "They were adamant they had booked into the Sheraton in Portsmouth," PC David Crouch said. "They asked if they were in Portsmouth and I said 'Yes'. Then, they asked 'Is this Hampshire?' and I agreed. It was all a great mystery, so I asked if they had a brochure from the hotel and they produced a pamphlet. I spotted the word Portsmouth, then saw that it was in New Hampshire, USA. I pointed to the map of the leaflet and showed them Portsmouth, then ran my finger down about half an inch and said 'Look! New York!' I didn't know if they were going to laugh or cry when, in broken English, they said 'Are we in the wrong country?' Fortunately, they saw the funny side and burst out laughing. I've been doing this job for thirty-one years and this is the first time I have come across anyone who accidentally came to the wrong country for a holiday." The three women, two in their twenties, one a little older, were taken to the two-star Arcade Hotel in Portsmouth. They plan to return home this morning, according to the receptionist, Sara de Bathe. They were fighting shy of all telephone calls. Particularly long-distance ones.

Adapted from *The Guardian*, 10 September 1993

The least successful tourist on record is Mr Nicholas Scotti of San Francisco. In 1977 he flew from America to his native Italy to visit relatives.

En route the plane made a one-hour fuel stop at Kennedy Airport. Thinking that he had arrived, Mr Scotti got out and spent two days in New York believing he was in Rome.

When his nephews were not there to meet him, Mr Scotti assumed they had been delayed in the heavy Roman traffic mentioned in their letters. While tracking down their address, the great traveller could not help noticing that modernization had brushed aside most, if not all, of the ancient city's landmarks.

He also noticed that many people spoke English with a distinct American accent. However, he just assumed that Americans got everywhere. Furthermore, he assumed it was for their benefit that so many street signs were written in English.
Mr Scotti spoke very little English himself and next asked a policeman (in Italian) the way to the bus depot. As chance would have it, the policeman came from Naples and replied fluently in the same tongue.
After twelve hours travelling round on a bus, the driver handed him over to a second policeman. There followed a brief argument in which Mr Scotti expressed amazement at the Rome police force employing someone who did not speak his own language.
Scotti's brilliance is seen in the fact that even when told he was in New York, he refused to believe it.
To get him on a plane back to San Francisco, he was raced to the airport in a police car with sirens screaming. "See," said Scotti to his interpreter, "I know I'm in Italy. That's how they drive."

Stephen PILE, *The Book of Heroic Failures*, 1979.

HAVE A GOOD READ!

After the knife incident, Father spent less and less time at home and more at work. He made excuses to the family, but I didn't believe him. In spite of all that had happened, I still felt Father was my protector. When he was home, Mother only did about half the things to me that she did when he was gone.

When Father was home, it became his habit to help me with the evening dishes. Father washed and I dried. While we worked, we talked softly so neither Mother nor the other boys could hear us. Sometimes several minutes would pass without us talking. We wanted to make sure the coast was clear.

Father always broke the ice. "How ya doing?" he would say.

"I'm OK", I would answer.

"Did you have anything to eat today?" he often asked. I usually shook my head in a negative gesture.

"Don't worry, some day you and I will both get out of this madhouse."

I knew Father hated living at home, and I felt that it was my fault. I told him that I would be good and that I wouldn't steal food anymore. When I said these things, he always smiled and assured me that it wasn't my fault.

I knew Father probably wouldn't do anything against Mother, but when I stood beside him I felt safe.

Like all good things that happened to me, Mother put an end to Father helping me with the dishes. She said that Father paid too much attention to me and not enough to others in the family. Without a fight, Father gave up. Mother now had complete control over everybody in the household.

Abridged from Dave PELZER, *A Child Called "It"*, 1995

SÉQUENCE 5 : LE DISCOURS DIRECT ET INDIRECT

Comprendre pour apprendre

1. Définitions

- Avec le discours direct on rapporte directement les paroles de quelqu'un, telles qu'elles sont prononcées ; on pourrait presque dire qu'il s'agit d'un *copier coller*. À l'écrit on place ces paroles rapportées entre des guillemets.
  Exemple : *"I'm starving," she said.* (« Je meurs de faim, » dit-elle).

Remarque

Français	Anglais
… dit Joanne … dit-elle	*... Joanne said* *... she said*

- Avec le discours indirect on rapporte les paroles indirectement par l'intermédiaire d'un verbe déclaratif comme *say/tell/ask*, de la conjonction *that* (qui peut être omise en fonction de complément ; revoir la séquence sur les pronoms relatifs) ou de mots tels que *how* (comment), *where* (où), *when* (quand), *whether/if* (si).

Exemples : *She said that she was starving./She said she was starving.* (Elle a dit qu'elle mourait de faim).
They asked me whether I wanted to join them. (Ils/Elles m'ont demandé si je voulais me joindre à eux/elles).
She told us they would probably go to the Olympic Games in London in August. (Elle nous a dit qu'ils/elles iraient probablement aux Jeux Olympiques à Londres en août).

Remarque

Les guillemets ont disparu ; c'est normal puisque ce qui est écrit ne correspond pas à l'original « mot à mot ». Les paroles rapportées ont subi quelques transformations (pronom, temps du verbe).

Style direct	Style indirect
"I'm starving," she said.	*She said that she was starving.* *She said she was starving.*
"Do you want to join us?" they asked me.	*They asked me whether I wanted to join them.*
"We'll probably go to the Olympic Games in London in August," she told us.	*She told us they would probably go to the Olympic Games in London in August.*

2. Les deux manières de rapporter des paroles indirectement

- Avec le verbe *say*

Sujet	*said*	*(that)*	paroles rapportées

Exemples : *Jonathan said (that) he was exhausted.* (Jonathan a dit qu'il était épuisé).
Jonathan said (that) he had bought an exercise bike. (Jonathan a dit qu'il avait acheté un vélo d'appartement).

- Avec le verbe *tell*

Sujet	*told*	complément (nom ou pronom)	*(that)*	paroles rapportées

Exemples : *Jonathan told us (that) he was exhausted.* (Jonathan nous a dit …)
Jonathan told me that he had bought an exercise bike. (Jonathan m'a dit…)

Avec cette construction, nous avons une information supplémentaire : à qui le sujet s'est adressé. Vous devez connaître les pronoms personnels compléments nécessaires à cette construction : *me, you, him, her, it, us, you, them* (revoir la séquence 4 du module 2).

3. Tableau récapitulatif

Discours direct	Discours indirect
"I'm English", she said.	*She said (that) she was English.*
"My name's Davidson", she added.	*She added (that) her name was Davidson.*
"We enjoyed the show," they said.	*They said (that) they had enjoyed the show.*
"Mum was working", he said	*He said (that) her mother was working.*
"I haven't done it yet," she said.	*She said (that) she hadn't done it yet.*
"They are watching a cartoon," he said.	*He said (that) they were watching a cartoon.*
"I'll come for tea," she said.	*She said (that) she would come for tea.*
"I would settle in Britain if I could," he said.	*He said (that) he would settle in Britain if he could.*
" We've been swimming", they said	*They said (that) they had been swimming.*
"You must be quiet", he said.	*He said (that) she/he/they must/had to be quiet.*
"How can I manage?" he wondered	*He wondered how he could manage.*
"Can you give me a hand?" she asked him.	*She asked him to give her a hand.*
"Hurry up!" she told him	*She told him to hurry up.*
"Don't make a noise!" she said to him.	*She told him not to make a noise.*

4. Les incidences sur les expressions temporelles

Discours direct	Discours indirect
Now	*Then*
Last year	*The year before*
Last month	*The month before*
Last week	*The week before*
Yesterday	*The day before*
Next year	*The following year*
Next month	*The following month*
Next week	*The following week*
Tomorrow	*The following day*
This (week)	*That (week)*
Here	*There*

Exemples : *"I saw her last year," I said./I said that I had seen her the year before.*
"I feel in top form now," he said./He said that he felt in top form then.
"I'll go and see them next week," she said./She said that she would go and see them the following week.

Remarque
Dans la langue de tous les jours, ces transformations ne sont pas toujours appliquées.

5. Quelques verbes déclaratifs usuels pour le discours direct
Il y a différentes façons de dire *"I don't know"*, tout dépend du ton ou de la manière dont c'est dit.

"I don't know", she shouted. (Je ne sais pas, s'écria-t-elle).
"I don't know", she sighed. (Je ne sais pas, soupira-t-elle).
"I don't know", she insisted. (Je ne sais pas, insista-t-elle).

Lorsque l'on traduit il faut parfois éviter de calquer : il faut ajouter des mots, faire un étoffement.
"He's pulling your leg!", laughed Peter (« Il se moque de toi ! », dit Peter en riant).
"I don't know", she insisted. (« Je ne sais pas, » dit-elle en insistant.)

Anglais	Français
...he said.	… dit-il.
... he told her.	… lui dit-il.

... he added.	... ajouta-t-il.
... he protested.	... protesta-t-il.
... he thought.	... pensa-t-il/songea-t-il.
... he explained.	... expliqua-t-il.
... he laughed.	... dit-il en souriant.
... he agreed.	... acquiesça-t-il.
... he interrupted.	... interrompit-il.
... he whispered.	... chuchota-t-il.
... he insisted.	... insista-t-il.
... he complained.	... se plaignit-il/dit-il en se plaignant.
...he replied.	... répondit-il/reprit-il/répliqua-t-il/rétorqua-t-il.
... he answered.	... répondit-il.
... he suggested.	... suggéra-t-il.
... he remarked.	... remarqua-t-il.
... he exclaimed.	... s'exclama-t-il.
... he decided.	... décida-t-il.
... she assured him.	... lui assura-t-elle/lui dit-elle pleine d'assurance/avec beaucoup d'assurance.
... she cried.	... dit-elle en criant/en pleurant.
... she screamed.	... dit-elle en criant/en hurlant d'une voix perçante.
... she shouted.	... cria/s'écria-t-elle.
... she asked.	... demanda-t-elle.
... she admitted.	... admit-elle.
... she advised.	... conseilla-t-elle.
... she apologized/apologised.	... dit-elle en s'excusant.
... she went on.	... continua-t-elle/poursuivit-elle.
... she warned him.	...le prévint-elle.
... she murmured.	... murmura-t-elle.
... he declared.	... déclara-t-il/annonça-t-il.
... he questioned.	... interrogea-t-il.
... he argued.	... dit-il en soutenant ses propos ; dit-il presque en se disputant.
... he maintained.	... affirma-t-il/continua-t-il à affirmer/soutenir.
... he denied.	... dit-il en niant.
... he paused.	... dit-il en marquant une pause/en s'interrompant.
... he revealed.	... révéla-t-il.
... he confessed.	... confessa-t-il/avoua-t-il.
... she promised.	... promit-elle.
... she flattered.	... dit-elle d'un ton flatteur.
... she joked.	... dit-elle en plaisantant.
... she told him off.	... le gronda-t-elle.
... she insulted him.	... dit-elle en l'insultant.
... she abused him.	... dit-elle en l'injuriant.
... she offended him.	... dit-elle en le vexant/l'offusquant/en l'offensant.
... he hesitated.	... dit-il avec hésitation.
... he stammered.	... dit-il en bégayant.

Pratiquer pour maîtriser

Exercice 1. *What's the news?* Donnez les dernières infos

Exemples : *They said that the weather would be miserable for the next few days.*
They said that another firm would be relocated to Poland.
They said the President had met ... yesterday.
They said that the Prime Minister wanted to suggest a new law against ...

Exercice 2. Mettre les phrases suivantes au style indirect

1) "It'll rain for most of the day," she said.
2) "I've been working in the garden all day," he told us.
3) "We were lying on the beach in Calpe last night," they said.
4) "She won't come," he said.
5) "Can I have a word with Pat?" Jenny asked.

Exercice 3. Certaines de ces phrases comportent des erreurs. Retrouvez-les et corrigez-les

1) I don't know what does *eerie* mean.
2) He asked her what was the time.
3) She asked me where I lived.
4) He said he was exhausted.
5) They told to her he wants a holiday.
6) Can you say me where is the nearest cash point?
7) My parents told that they didn't mind waiting.
8) Our English friends told us they would spend a fortnight in the Vendée.
9) She said she would probably be late.
10) They didn't say they had bought the tickets.

Exercice 4. Traduisez les phrases suivantes en anglais

1) Elle m'a demandé où j'allais.
2) Il nous a dit qu'ils ne viendraient pas à la fête pour l'anniversaire de Claire.
3) Elle leur a dit qu'elle était infirmière au Royal Hospital depuis vingt ans.
4) Elle lui a demandé où il avait travaillé auparavant.
5) Ils nous ont dit qu'ils laisseraient les clés sous le paillasson.
6) Le directeur m'a dit qu'il fallait que je donne un CV et une lettre de motivation.
7) Elle a dit qu'elle dessinait depuis le début de l'après-midi.
8) Ils m'ont dit qu'ils les avaient vus à la gare la veille.
9) Elle a dit qu'elle y était allée auparavant.
10) Il a dit qu'il s'appelait James Taylor.

APRÈS L'EFFORT, LE RÉCONFORT

HAVE A GOOD READ!

Her one success, she thought, was her daughter, their daughter. As for her husband, she hoped that she was mistaken in her perception of him as unhappy. She thought he seemed angry, despairing; Maffy's forthcoming absence would leave him desolate. There was a desolation in him which she could not reach.
"Are you comfortable, Edward? You are frowning."
"I'm fine, fine," he would say, his eyes preoccupied. "Where's Maffy?"
"At Sophie's house. She won't be late."
"I don't want her to be late."
"You will have to get used to it. Don't worry," she would say, more and more often. "It will be all right. She will only be in Dijon."
"And then at Cambridge."

"Did you think you could keep her here forever?"
"Oh I know. I think I'll go out for a walk. You don't mind, do you? I've got a bit of a headache."
"I don't mind, of course not." She was bewildered . "Won't you take something for it?"
"I just need some air. It's too hot in here."
"Then open a window."
"Leave it, Maud. I shan't be long. You go to bed. Yes, that's it. You go to bed."

She watched with anxious eyes as he wound his scarf round his throat and jerked his arms into his raincoat. She put a hand on his arm.
"She will love us more if we let her go," she said.
He pulled his arm away. "Goodnight, Maud."
She heard the front door shut. Then she went to bed. Thus she was not aware of his strange behaviour in the street, his uncertain walk, his shaking of his head as if to clear his vision, his hands clasping and unclasping in his pockets. She stayed awake until he returned, which was late. She heard him listen outside Maffy's door, then come to bed.
"She came home half an hour ago," she reassured him. "Did you enjoy your walk?"
"Yes, thank you."
"Good night, then, Edward."
"What? Oh, goodnight, Maud."

In the dark he put up no resistance to his night thoughts. He loved his daughter as extravagantly as he loved his wife, and with, he knew, the same lack of success.

Abridged from Anita Brookner, *Incidents in the Rue Laugier*, Jonathan Cape, 1995

I'm going to tell you about a funny thing that happened to my mother and me yesterday evening. I am twelve years old and I'm a girl. My mother is thirty-four but I am nearly as tall as her already.
Yesterday afternoon, my mother took me up to London to see the dentist. He found one hole. It was in a back tooth and he filled it without hurting me too much. After that, we went to a café. I had a banana split and my mother had a cup of coffee. By the time we got up to leave, it was about six o'clock.
When we came out of the café it had started to rain. "We must get a taxi," my mother said. We were wearing ordinary hats and coats, and it was raining quite hard.
"Why don't we go back to the café and wait for it to stop?" I said.
"It isn't going to stop," my mother said. "We must get home."
We stood on the pavement in the rain, looking for a taxi. Lots of them came by but they all had passengers inside them. "I wish we had a car with a chauffeur," my mother said.
Just then, a man came up to us. He was a small man and he was pretty old, probably seventy or more. He raised his hat politely and said to my mother, "Excuse me. I do hope you will excuse me …" He had a fine white moustache and bushy white eyebrows and a wrinkly pink face. He was sheltering under an umbrella which he held high over his head.
"Yes," my mother said, very cool and distant.
"I wonder if I could ask a small favour of you," he said. "It is only a very small favour."
I saw my mother looking at him suspiciously. She is a suspicious person, my mother. She is especially suspicious of two things – strange men and boiled eggs. When she cuts the top off a boiled egg, she pokes around inside it with her spoon as though expecting to find a mouse or something. With strange men, she has a golden rule which says, "The nicer the man seems to be, the more suspicious you must become." This little old man was particularly nice. He was polite. He was well-spoken. He was well-dressed. He was a real gentleman.
"The truth of the matter is," the little man was saying, "I've got myself into a bit of a scrape. I need some help." He gave a gentle smile and said, "I beg you to believe, madam, that I am not in the habit of stopping ladies in the street and telling them my troubles."
"I should hope not," my mother said.
"I've never forgotten it before," he said.

"You've never forgotten what?" my mother asked sternly.
"My wallet," he said. "I must have left it in my other jacket. Isn't that the silliest thing to do?"
"Are you asking me to give you money?" my mother said.
"Oh, good gracious me, no!" he cried.
"Then, what *are* you asking?" my mother said. "Do hurry up. We're getting soaked to the skin standing here."

"I know you are," he said. "And that is why I'm offering you this umbrella of mine if only you would give me in return a pound for my taxi-fare just to get me home."

"I don't think it's quite right that I should take a silk umbrella from you worth twenty pounds."
"Take the umbrella, dear lady, and keep the rain off your shoulders!"
She fished into her purse and took out a pound note. He took it and handed her the umbrella. He pocketed the pound, raised his hat and said, "Thank you, madam, thank you." Then he was gone.

Abridged from *The Umbrella Man, More Tales of the Unexpected*, Roald Dahl, 1980

SÉQUENCE 6 :
LES MOTS DE LIAISON ET DE MODIFICATION

Quelques repères en préambule

- Les conjonctions de coordination relient deux mots ou deux phrases.
  Exemples :
  You'll only need to bring your pens ***and*** *a dictionary.*
  I like black coffee ***but*** *my girlfriend prefers white coffee.*
- Les prépositions accompagnent les verbes et introduisent un nom ou un pronom en les situant dans l'espace.
  Exemples :
  She walked ***across*** *the street without looking right or left.*
  Where are you? – I'm ***in*** *the kitchen.*
- Les adverbes décrivent ou modifient principalement un verbe ou un adjectif.
  Exemples : *Can you speak more* ***slowly****, please?*
  That was ***extremely*** *dangerous what he did.*
- Les particules adverbiales se greffent aux verbes et font corps avec eux en les modifiant légèrement ou complètement. On appelle ces verbes verbes à particules ou verbes postposés (*phrasal verbs*).
  Exemples :
  To look back (regarder en arrière ; se tourner vers son passé) : légère modification.
  To look after (s'occuper de ; prendre soin de) : modification plus conséquente.

LES CONJONCTIONS DE COORDINATION

Comprendre pour apprendre

Les mots de liaison/conjonctions de coordination qui suivent ne constituent pas une liste exhaustive.

➢ Vous voulez exprimer un ajout :

and	et
moreover	de plus, en outre
furthermore	de plus, en outre
and then	et ensuite

➢ Vous voulez exprimer une cause :

because	parce que
because of	à cause de
since	puisque
that's why	c'est pourquoi

➢ Vous voulez exprimer une conséquence :

so	alors, puis
then	alors, puis
thus	ainsi
therefore	donc, par conséquent
consequently	alors, donc, en conséquence

➢ Vous voulez exprimer un contraste :

but	mais
however	cependant

although	quoique, bien que, même si
though	quoique, bien que, même si, pourtant (en fin de phrase)
even though	même si
despite	malgré
in spite of	malgré, en dépit de
and yet	et cependant
unlike	contrairement à
contrary to	contrairement à
on the contrary	au contraire
nevertheless	néanmoins
whereas	tandis que, alors que
while	tandis que, alors que
still	cependant

➢ Vous voulez exprimer un but à atteindre :

to	pour
in order to	pour, afin de, afin que

➢ Vous voulez exprimer une similitude/une identification :

like	comme
as	comme, en tant que

➢ Vous vouez exprimer la simultanéité :

as	comme, tandis que, au moment où
while	tandis que, pendant que

➢ Vous voulez exprimer un choix/une alternative:

or	ou
either ... or ...	soit … soit
neither... nor ...	ni … ni
not only ... but ...	non seulement … mais …
both ... and ...	à la fois … et …
instead of	au lieu de
instead (en fin de phrase)	à la place
rather than	plutôt que
otherwise	sinon

➢ Vous voulez exprimer un moment:

when	quand
as soon as	dès que
while	pendant que
as	comme, tandis que
before	avant
after	après
then	alors, ensuite, puis
till (deux **l**)	jusqu'à
until (un **l**)	jusqu'à

Pratiquer pour maîtriser

Exercice. Complétez les phrases suivantes avec un mot de liaison adéquat

1) They've been living in Spain for two years … they can't speak Spanish.
2) You can … take the blue one … the red one. It's up to you!
3) … the heavy snow, he couldn't drive to work, … he had to use public transport.
4) Let me see. I don't think I'll have the steak and kidney pie. I'll have fish and chips …
5) Where would like like to have lunch? In a pub … in a restaurant?
6) Our son wanted to have his work placement in Britain … improve his English.
7) Their daughter used to work … a tourist guide in Liverpool because she is bilingual.
8) Keith and Angela got our invitation to our golden wedding anniversary and they said they were … coming.
9) It's a lovely house, I must admit and … I'm not sure I'd like to live here.
10) She's just … her brother. They're … terrible. I don't like having them around.

LES PRÉPOSITIONS

Comprendre pour apprendre

1. Repères de base

- En anglais les prépositions introduisent un nom, un pronom ou une forme verbale en *-ing*. Par exemple : *We went **to** a restaurant. He's looking **at** me. We are looking forward **to** seeing you.*
- Les prépositions établissent des relations entre deux éléments d'une phrase. Il peut s'agir de relations exprimant :
  - Le lieu (position, déplacement); exemple : *in the kitchen/into the kitchen.*
  - Le temps (moment précis, durée) ; exemples : *at five o'clock ; during the day.*
  - Le but ; exemple : *for a friend.*
  - La manière ; exemple : *with a smile.*
  - La possession ; exemple : *a friend of mine.*
  - Le moyen ; exemple : *by train.*

2. Règles d'or

- Une préposition entraîne après elle une forme verbale en *-ing*.

Exemples : *I'm not very good at drawing.*
... without producing.

- Une préposition peut également être suivie d'un nom ou d'un pronom complément.

Exemples : *He was looking for the children.*
He couldn't live without his mother.
He couldn't live without her.

- Certains verbes ou adjectifs sont soudés à certaines prépositions. Il n'est pas possible d'en dresser une liste exhaustive ici. Il faut consulter un dictionnaire. Voici quelques exemples :

Verbes + prépositions	Adjectifs/participes passés + prépositions
To look after	*To be afraid of*
To take care of	*To be different from/to*
To approve of	*To be aware of*
To wait for	*To be proud of*
To listen to	*To be crazy about*
To depend on	*To be keen on*
To laugh at	*To be interested in*
To escape from	*To be pleased with*
To think of/about	*To be famous for*
To talk about	*To be fed up with*
To stare at	*To be married to*

➢ Dans une question ou dans une proposition relative, la préposition se place à la fin (revoir les séquences 1 et 3 du module 3).

Exemples : *The man I was talking to is going to be my boss.*
What is it for?
Who are they talking to?
Where are they from?

3. Les principales prépositions

➢ Les prépositions de lieu sans mouvement :

at	à
in	dans
inside	à l'intérieur de
outside	à l'extérieur de, dehors
on	sur
over	au-dessus de
above	au-dessus de
under	sous, au-dessous
below	sous, au-dessous
beneath	sous, au-dessous de
behind	derrière
in front of	devant, en face de
near	près de
beside	à côté de
opposite	en face de
between	entre
next to	à côté de

➢ Les prépositions de lieu indiquant un déplacement :

from ... to ...	de… à …
into	dans
up	en haut
down	en bas
out of	en dehors de, hors de
through	à travers
across	de l'autre côté de
away from	loin de
far from	loin de
past	au-delà de, devant
by	par, à côté de
along	le long de
around	autour de
round	autour de
towards	vers

Attention aux nuances de sens entre :

in/into	*in* : on y est. *into* : on y entre.	dans dans
at/to	*at* : on y est. *to* : on y va.	à à

➤ Les prépositions de temps indiquant un moment précis :

at	à (heure)
in	dans (moment)
on	le (jour)
to	moins (heure)
past	et (quart d'heure et devant les minutes)
by	vers
before	avant
after	après

➤ Les prépositions de temps indiquant une durée:

from ... to	de... à ...
until	jusqu'à
till	jusqu'à
since	depuis (début)
for	pendant, depuis (cela fait...)
during	pendant, au cours de (suivi d'un nom)
in	dans
between	entre
through	pendant, durant

➤ Les prépositions indiquant l'appartenance ou non:

of	de
with	avec
without	sans

Remarque

Les traductions que nous vous donnons indiquent le sens général. Il est bien évident que parfois une telle traduction littérale/générale ne suffira pas. Il faudra alors l'adapter et l'intégrer au contexte.

Exemple : *She was waiting outside the post office.* (Elle attendait **devant** la poste et non pas à l'extérieur de la poste).

Pratiquer pour maîtriser

Exercice 1. Soulignez les prépositions dans l'extrait suivant

The year does not begin in January. Every French person knows that. Only awkward English speakers think it starts in January.

The year really begins on the first Monday of September.

This is when Parisians get back to their desks after their month-long holiday and begin working out where they'll go for the mid-term break in November.

It's also when every French project, from a new hairdo to a nuclear power station, gets underway, which is why, at 9am on the first Monday of September, I was standing a hundred yards from the Champs-Élysées watching people kissing.

My good friend Chris told me not to come to France. Great lifestyle, he said, great food, and totally un-politically correct women with great underwear.

But, he warned me, the French are hell to live with. He worked in the London office of a French bank for three years.

"They made all us Brits redundant the day after the French football team got knocked out of the World Cup. No way was that a coincidence," he told me.

Stephen Clarke, *A Year in the Merde*, Black Swan, 2004

Exercice 2. Trouvez la préposition manquante
1) I'll see you … Sunday.
2) The bus will arrive … 12.30.
3) They're coming … train.
4) He is drinking tea … a mug.
5) Look at this old man … a grey beard.
6) They gave him a laptop … his 20th birthday.
7) Is she good … skiing?
8) This is a painting … Turner.
9) Where have I put my book … birds?
10) We went to a peace march … the war in Afghanistan.
11) Who paid … the drinks?
12) They're really proud … their son.
13) She walked straight … her room and slammed the door.
14) I can't sleep … nights. I have to take tablets
15) We'll have to do some shopping … the afternoon.
16) We've been waiting … six o'clock.
17) You must switch off your mobiles … the lesson.
18) It was made … plastic.
19) What's it … ? – It's … cutting bread.
20) I'm afraid he's been depressed … weeks.

Exercice 3. Dites quelle est la préposition correcte
1) *From/Until* now on, I intend to make sure you phone me *at/in* 7 o'clock every day.
2) You can't walk *in/across* the street. The light is red.
3) They're *at/in* London *for/during* a week.
4) We have been waiting *for/since* yesterday *about/for* news *of/to* you.
5) He jumped *off/of* the wall and broke his leg.
6) I only see my friends *in/at* weekends.
7) They are sitting *around/over* the table.
8) We met them *in/on* our way *to/for* church.
9) Go *past/near* the hospital and it's the first *in/on* the right.
10) He fell *to/into* the water and managed to swim *at/to* the river bank.

Exercice 4. Traduisez les phrases suivantes en anglais
1) Le livre qui est sur la table m'appartient.
2) Elle ressemble à sa mère.
3) Je ne crois pas en Dieu.
4) Je n'ai pas l'habitude de conduire à gauche.
5) Attends jusqu'à minuit.
6) Elle est partie sans prendre ses clés.
7) Je suis né en 1982.
8) Ils sont entrés dans la banque en courant.
9) Où est-elle ? – Sous la table.
10) Elle est de Manchester.

LES ADVERBES

Comprendre pour apprendre

1. Quelques principes de base

- ➢ Les adverbes peuvent :
- ▪ donner un supplément d'information concernant une action ou un état décrit par verbe.
  Exemple : *He drives slowly.* (Il conduit lentement).

- modifier un adjectif.
  Exemple : *It's really good.* (C'est vraiment bon/bien).
- modifier un participe passé.
  Exemple : *She is always badly dressed.* (Elle est toujours mal habillée).
- modifier un autre adverbe.
  Exemple : *She did very well indeed : she passed her DAEU in June.* (Elle a très bien réussi. Elle a été reçue à son DAEU en juin).
- se référer à une notion de manière (par exemple : *quickly*), de lieu (par exemple : *there*), de temps (par exemple : *tomorrow*), de fréquence (par exemple : *always*)
- moduler le mot *enough* dans des expressions types comme : *strangely enough, curiously enough, funnily enough* (Aussi étrange/curieux, amusant que cela puisse paraître).
- moduler le mot *yours* dans des formules types en fin de correspondance. Du plus formel au plus intime on trouve : *Yours faithfully* (Veuillez agréer, Monsieur /Madame, l'expression de mes salutations distinguées.) ; *Yours sincerely* (même traduction moins formelle que la précédente mais qui a tendance de nos jours à occulter la première) ; *Yours affectionately* (Bien affectueusement). « Cordialement » se traduisant par *Kind regards/Kindest regards.*

2. La place des adverbes

➢ **Règles d'or**

1) L'adverbe **ne peut jamais séparer un verbe de son complément** d'objet direct (contrairement au français).

Exemples : J'aime **beaucoup** le thé. *I like tea **very much**.*
Elle parle **très bien** l'anglais. *She speaks English **very well***

2) L'adverbe se place directement **avant le mot qu'il modifie.**

Exemples : ***Only** Phil bought English books.* (C'est seulement Phil qui a acheté...).
*Phil **only** bought English books.* (Phil a seulement acheté…).
*Phil bought **only** English books.* (Phil a acheté uniquement des livres en anglais).
*Phil bought English books **only**.* (Position en fin de phrase possible avec *only* ; même sens que la phrase précédente).

➢ **Le cas de *to be***

1) L'adverbe se place **après** l'auxiliaire être.

Exemples : *She is always late.* (Elle est toujours en retard.)
He is always complaining. (Il faut toujours qu'elle se plaigne).
They were carefully checking all the students' passports. (Ils vérifiaient scrupuleusement tous les passeports des étudiants).

2) Un adverbe de fréquence (*always, never, sometimes* etc.) se place **avant** l'auxiliaire *être* s'il est employé dans une tournure elliptique (c'est-à-dire qu'un mot est sous-entendu). Dans les exemples suivants nous avons mis en gras la tournure elliptique et après le slash le mot sous-entendu que l'on n'écrit pas ou que l'on ne dit pas.

*She is worried but **I'm not**/worried.* (Elle est tracassée mais pas moi). Ici, l'adjectif *worried* n'est pas répété ; il est sous-entendu car il est évident.

Avec un adverbe, nous retrouvons la même structure :

*He is never anxious before an exam but **I always am**/I am always anxious.* (Il n'est jamais inquiet avant un examen, mais moi je le suis). *She is never late but **he always is**/he is always late.* (Elle n'est jamais en retard mais lui si).

➢ **Le cas de *to have* et des modaux**

L'adverbe se place **après** *have* et le modal dans un souci d'équilibre dans la forme verbale. En effet cette dernière est composée de plusieurs éléments:

Exemples : *They have definitely given up.* (Ils ont définitivement abandonné).
He will probably change his mind. (Il changera probablement d'avis).

We can easily do it. (Nous pouvons facilement le faire).
She could easily have finished it. (Elle aurait pu facilement le terminer).
(*She could have finished it easily* est également possible).

➢ **Les adverbes de manière, de lieu et de temps précis**

Ils se placent après le complément d'objet direct ou après le verbe.

Exemples : *She left quickly.* (Elle est partie rapidement).
She left the room quickly. (Elle a quitté la sale précipitamment).
(Impossible de dire ou d'écrire : *She left quickly the room*).

➢ **Les adverbes de temps imprécis ou de fréquence.**

Deux cas possibles:

1) Si la forme verbale est simple, c'est-à-dire constituée d'un seul élément (comme *buy, buys, bought*), l'adverbe se place devant.

Exemple : *They never buy anything.* (Ils/Elles n'achètent jamais rien).

2) Si la forme verbale est composée, c'est-à-dire constituée de plusieurs éléments (comme *have seen, were complaining, is done, has been working,*) l'adverbe se place après le premier élément.

Exemples : *I have never seen her.* (Je ne l'ai jamais vue).
I would never have liked to settle in the States. (Je n'aurais jamais aimé m'installer aux États-Unis).

➢ **Les adverbes dans les formes comparatives.**

On emploie *more* ou *less*.

Exemples : *You should drive more carefully.* (Tu devrais conduire plus prudemment).
She drives more carefully than her husband. (Elle conduit plus prudemment que son mari).

3. Les différents types d'adverbes

Revoir les remarques sur le positionnement de ces adverbes dans la phrase.

➢ **Les adverbes de manière.**

1) On les construit généralement en ajoutant *–ly* à l'adjectif.

Exemples : *slow/slowly ; happy/happily ; careful/carefully ; gentle/gently ; silent/silently ; busy/busily ; noisy/noisily* etc.

2) Attention aux anomalies et incohérences !

Exemples : *hardly* ne veut pas dire « durement » mais « à peine ».
shortly existe mais pas « *longly* ».
I'll see you shortly (Je te verrai d'ici peu).

Quelques formes irrégulières courantes :

Adjectifs	Adverbes
hard*: A hard day's work.*	***hard****: She works hard.*
fast*: A fast train.*	***fast****:He drives too fast.*
early*: An early bird.*	***early****: I must get up early tomorrow.*
late*: Late arrivals won't be admitted.*	***late****:They arrived late at work this morning.*

3) Attention : He is ***early*** (*early* est adverbe) ; an ***early*** train (*early* est adjectif) ; a ***silly*** girl (*silly* est adjectif). Un mot qui se termine en *–ly* n'est pas systématiquement un adverbe. Si le mot en *–ly* qualifie un nom, c'est un adjectif (Exemples : *a friendly visitor ; a lovely girl* etc.).

➢ **Quelques adverbes de lieu**

here (ici), *there* (là, là-bas), *upstairs* (en haut, à l'étage), *downstairs* (en bas), *next door* (à côté), *backward/backwards* (en arrière, à la renverse, à l'envers), *forward/forwards* (en avant), *around* (autour), *everywhere* (partout).

- **Quelques adverbes de temps**

tomorrow (demain), *soon* (bientôt), *now and then* (de temps à autre), *yesterday* (hier), *late* (tard), *early* (tôt), *today* (aujourd'hui), *nowadays* (de nos jours).

- **Quelques adverbes de fréquence.**

always (toujours), *almost always* (presque toujours), *normally* (généralement, d'habitude), *generally* (généralement, d'habitude), *usually* (d'habitude, généralement), *frequently* (fréquemment), *often* (souvent), *quite/very often* (assez/très souvent), *sometimes* (quelquefois, parfois), *occasionally* (parfois, à l'occasion), *rarely* (rarement), *seldom* (rarement), *hardly ever* (presque jamais), *never* (jamais : dans les négations), *ever* (jamais : dans les affirmations et interrogations).

Pratiquer pour maîtriser

Exercice 1. Donnez les adverbes correspondant à ces adjectifs
hopeful, simple, crazy, real, incredible, awful, quick, dangerous, good, surprising, usual, hard, definite, true, fast, loud.

Exercice 2. Quotidiennement vôtre !
Dites en quelques phrases la manière dont vous (ou des personnes de votre entourage) faites certaines choses de la vie quotidienne, la fréquence etc.

Exemples : *I understand English easily but I find it hard when I have to speak it.*
I always get up early but I hardly ever go to bed late.
My girlfriend works methodically. She is extremely well-organised.
My mother is getting old but she still drives. Mind you, she drives very slowly and cautiously.
I always read a contract carefully before signing it.
Etc.

Exercice 3. Mettez l'adverbe entre parenthèses au bon endroit dans la phrase
1) He has been late before. (never)
2) There is a good film on Saturday evenings. (usually)
3) We go to Spain in the summer. (sometimes)
4) I forget to take some cash with me. (quite often)
5) We have my mother round for a meal at the weekend. (normally)
6) They see squirrels in their garden. (occasionally)
7) Have you been to London? (ever)
8) It's the best meal we have had. (ever)
9) Dad goes on the beach. He can't stand the sun! (hardly ever)
10) She is on time (seldom).

Exercice 4. Mettez les mots dans le bon ordre pour faire des phrases correctes.
1) always/go/my children/bed/midnight/to/before.
2) has/articles/girlfriend/occasionally/the/published/*Observer*/my/in.
3) often/shopping/she/afternoons/goes/Saturday/on.
4) what/ever/tell/understands/I/she/her/hardly.
5) you/why/the/go/do/cinema/never/to ?

Exercice 5. Traduisez les phrases en anglais
1) J'emmène souvent les enfants à la plage.
2) Elle n'aime pas beaucoup les glaces.
3) Je ne comprends vraiment pas ce que vous voulez dire.
4) Ma mère parle toujours très fort.
5) Je prends quelquefois la voiture de mes parents.

LES VERBES À PARTICULES

Comprendre pour apprendre

1. Définition

Un verbe à particule/*phrasal verb* est constitué d'un verbe principal suivi d'une particule (ou postposition). Parfois une préposition vient s'ajouter.

Verbe	+ particule	+ préposition
Ces deux éléments font corps		
To run	away	
To sit	down	
To put	up	with
To get	on	with
To run	out	of
To break	down	

2. Identification et signes particuliers

On peut dire qu'il y a trois cas:

1) Le sens du verbe à particule est clair car il se rapproche du sens du verbe principal.
Exemples : *to stand up* (se lever) ; *to sit down* (s'asseoir) ; *to tidy up* (ranger) ; *to wash up* (faire la vaisselle) ; *to walk across* (traverser).

2) Il est impossible de deviner le sens du verbe à particule car il est très différent du sens du verbe principal. Hélas c'est souvent le cas ! Que faire ? Consulter des ouvrages spécifiques sur ces verbes et apprendre ces verbes par cœur au fur et à mesure qu'on les rencontre.
Exemples : *to give up/to give in* (abandonner, renoncer) ; *to get on with* (bien s'entendre avec) ; *to put up* (héberger) ; *to take off* (décoller) ; *to throw up* (vomir) ; *to break out* (éclater/guerre) ; *to pull up* (s'arrêter, stopper/véhicule).

3) Un même verbe à particule peut avoir plusieurs sens différents.
Exemples : *to take off* peut vouloir dire en fonction du contexte :
a- décoller/avion ; b- enlever, ôter/un vêtement, c- emmener ; d- imiter

3. Ne pas confondre préposition et postposition/particule adverbiale

- Une préposition introduit obligatoirement un nom/pronom complément.

Exemples : *She looked at Mr Jones/She looked at him.*
She was waiting for the children/She was waiting for them.

- Une postposition modifie le sens d'un verbe et fait partie du verbe. Cette particule n'est pas obligatoirement suivie d'un complément.

Exemples : *He gave up smoking.* (Il a arrêté de fumer).
He gave up. (Il a arrêté).
The football match was called off because of the heavy rain. (Le match a été annulé parce qu'il pleuvait beaucoup).
He wasn't a good candidate. We turned him down. (Ce n'était pas un bon candidat. On a l'a refusé).
She walked back. (Elle est rentrée à pied).

- Ces verbes peuvent être transitifs (ils sont suivis d'un complément d'objet direct) ou intransitifs (ils ne sont pas suivis d'un complément d'objet direct).

Exemples : *She put on her coat.* (Elle a mis son manteau).
My car broke down. (Ma voiture est tombée en panne).

- Parfois il peut y avoir juxtaposition de la particule adverbiale et de la préposition.

Exemples : *She doesn't get on well with her brother.* (Elle ne s'entend pas avec son frère).

To get on: particule ; *with* : préposition; *her brother* : complément.
Do you usually stay in in the evening? (Est-ce que vous êtes souvent chez vous le soir ?)
To stay in: particule; *in the evening* : préposition et complément.
Can you turn back to page 65? (Pouvez-vous revenir à la page 65?)
To turn back: particule ; *to page 65* : préposition et complément.

4. L'ordre des mots

Les verbes à particule ont des effets sur la structure d'une phrase.

Règles de base

- Un nom complément court peut se placer entre le verbe et la particule adverbiale.

Exemples : *He took off his bowler hat.* (Il a ôté son chapeau melon).
He took his bowler hat off.

- Un pronom complément se place obligatoirement entre le verbe et sa particule adverbiale.

Exemples : *Pick them up.* (Ramassez-les).
Take it off. (Ôtez-le).
Put them back. (Remettez-les).

- S'il y a une préposition, il y a obligatoirement un complément.

Exemples : *She doesn't get on well with her neighbours.* (Elle ne s'entend pas bien avec ses voisins).
She doesn't get on well with them. (Elle ne s'entend pas bien avec eux).

Constructions particulières mais idiomatiques

Parfois la particule adverbiale/postposition se place en pole position juste devant le sujet du verbe (cela peut être un nom ou un pronom). Cela peut ajouter une nuance d'impératif /d'ordre. Voici quelques exemples :
Off we go! Off he went! Down she goes. Through it goes. In she goes. Out she comes. Out it comes! (a tooth at the dentist's). Back he comes. Off John goes ! Off goes John ! Back John came at six o'clock. Back came John at six o'clock !

Récapitulatif sur les verbes à particules et les différents types de structure

Structures	Exemples	Traduction
1- Verbe + particule	*James told his wife to hurry up.*	James a dit à sa femme de se dépêcher.
2- Verbe + particule + complément	*I'm dying for a cup of tea.*	J'ai vraiment envie d'une tasse de thé.
3- Verbe + complément + particule	*I'll call you back tomorrow.*	Je te rappellerai demain.
4- Verbe (+ complément) + particule (+ complément)	*She switched off the TV.* *She switched the TV off.*	Elle a éteint la télé.
5- Verbe + complément + particule + complément	*I'll keep you to your promise.*	Je vais faire en sorte que tu tiennes ta promesse.
6- Verbe + particule + préposition + complément	*Is he going in for the London Marathon ?*	Est-ce qu'il s'inscrit pour le Marathon de Londres ?
7- Verbe + complément + particule + préposition + complément	*Ron easily takes up with the people he meets when he is France.*	Ron se lie facilement d'amitié avec les gens qu'il rencontre quand il est en France.
8- Particule + sujet + verbe (tournures idiomatiques)	*Off we go!*	Allez, on part ! Nous voilà partis !

5. Un élément incontournable

Ce type de verbes est très fréquent dans la langue anglaise parlée et écrite. Apprenez-les tout simplement par cœur au fur et à mesure que vous les rencontrerez. Votre anglais aura une résonance plus authentique, plus idiomatique si vous employez un *phasal verb* plutôt que son équivalent « transparent » comme le montre le tableau ci-dessous:

Phrasal verb	**Verbe équivalent transparent.**
To pass away	*To die*
To find out	*To discover*
To bring up	*To raise (to educate)*
To take off	*To remove (clothes)* *To leave the ground (a plane)* *To imitate*
To break up	*To split* *To finish/to interrupt (a relationship)*
To cut down	*To reduce*
To drop in	*To visit/to come and see*
To give up	*To stop/to abandon*
To make up	*To invent*
To pass out	*To faint/to collapse*
To pick up	*To collect*
To tell off	*To reprimand/to scold*
To go back	*To return*
To call off	*To cancel*
To go on/to keep on	*To continue*

En guise de conclusion: quelques exemples avec leurs traductions

Anglais	**Français**	**Anglais**	**Français**
To turn up	Arriver (sans prévenir)	*To bring up*	Élever (des enfants)
To break down	Tomber en panne	*To put up*	Héberger
To run out	S'épuiser	*To turn down*	Refuser
To carry on/go on	Continuer	*To give up*	Abandoner
To find out	Trouver/découvrir	*To pass out*	Perdre connaissance
To break out	Éclater (guerre)	*To fit in*	S'intégrer/bien aller
To fill in	Remplir (document)	*To put off*	Repousser (dédain)/remettre, reporter
To polish up	Astiquer	*To drink up*	Terminer (son verre)
To write out	Écrire (en toutes lettres)	*To take off*	Décoller
To sleep in	Faire la grasse matinée	*To think over*	Réfléchir
To come in	Entrer	*To throw away*	Jeter
To cheer up	Reprendre espoir	*To give back*	Rendre
To turn down	Baisser le son	*To run over*	Écraser
To take off	Enlever/ôter	*To look forward to*	Attendre avec impatience de

Pratiquer pour maîtriser

Exercice 1. Retrouvez les bonnes correspondances et reportez vos réponses dans la grille ci-dessous

1	2	3	4	5	6	7	8	9	10

1- to break into	A- céder, capituler
2- to grow up	B- élever (des enfants)
3- to check in	C- annuler
4- to keep on	D- se faire distancer
5- to black out	E- entrer par effraction
6- to fall behind	F- grandir (devenir adulte)
7- to bring up	G- se faire enregistrer (hôtel, aéroport)
8- to jot down	H- continuer, ne pas cesser de
9- to give in	I- noter, prendre note de
10- to call off	J- perdre connaissance

Exercice 2. Même exercice

1	2	3	4	5	6	7	8	9	10

1- to lay out	A- faire la grasse matinée
2- to pay back	B- rendre visite à quelqu'un (à l'improviste)
3- to pop in	C- parler sans cesse
4- to run away	D- rembourser
5- to lie in	E- disposer, arranger
6- to rabbit on	F- attendre avec impatience
7- to match up	G- reculer
8- to move back	H- perdre connaissance
9- to look forward to	I- s'enfuir
10- to pass out	J- harmoniser, faire correspondre

Exercice 3. Retrouvez la bonne particule parmi celles proposées ci-dessous. Chaque particule est employée une seule fois

back – away – down – out – round – in – up – aside – over – off

Français	Anglais
Économiser	*To save* --------
Écraser, renverser	*To run* ----------
Partir, s'en aller	*To set* ----------
Se retourner	*To look* ---------
Se faire enregistrer (hôtel)	*To sign* ----------
S'asseoir	*To sit* -----------
Parler franchement	*To speak* ---------
Se mettre de côté	*To stand* ---------
Rentrer à pied	*To walk* ---------
S'abstenir	*To stay* ----------

Exercice 4. Retrouvez le verbe à particule équivalent au verbe en gras et si nécessaire faites les modifications syntaxiques. Choisissez parmi les verbes suivants: *to pick up – to call off – to take off – to keep on – to go back*

1) Please **remove** your hat before coming into the cathedral.
2) They had to **return** to the hospital.
3) The concert **was cancelled** because of a storm.
4) They were exhausted but they **continued** walking.
5) We'll **collect** you from the airport.

Exercice 5. Vrai ou faux ? Peut-on changer l'ordre des mots en gras ? Reportez votre réponse V (vrai) ou F (faux) dans la grille ci-dessous

1	2	3	4	5	6	7	8	9	10

1) She turned **on the lamp**.
2) She sent **back the damaged parcel.**
3) The old lady walked **across the road** without looking and was nearly knocked over.
4) Take **off your coat**. It's quite warm in here.
5) Can you turn **down the music**? I can't hear anything.
6) My parents are looking **after my son** during the holidays.
7) They're waiting **for the bus**.
8) The plane to Madrid took **off very late** because of a bomb scare.
9) He put **on his new football boots** and was very proud.
10) I found **out later** that he had also stolen a lot of money.

Exercice 6. Traduisez en français

1) What's the matter? – He is crying because he's just been told off.
2) Children shouldn't answer their parents back.
3) She treats him badly. How does he put up with it?
4) We're really looking forward to the summer holidays.
5) My wife and I often eat out on Sundays.
6) The taxi pulled up outside the station.
7) He was lying but I believed everything he said. He really took me in.
8) When she came to, she was in hospital.
9) The robbers got away in a big black BMW.
10) I eat too much. I must try to cut down.

Exercice 7. Dictée (extrait de texte choisi par votre professeur)

Exercice 8. Compréhension de texte

In the eye of the storm...
By Amanda Hodgkinson

The storm known as Klaus has blown itself out and by now, hopefully all of us untouched by it are beginning to get our lives back to normal. Like most of you reading this, last Saturday our electricity went off. By Monday, we still hadn't got electricity. That evening we sat in our living room keeping warm by the fire. The silence was total. There was no sound in the house except for the occasional crackle of flames from the wood burner. All the noise of normal life had gone. No fridge humming, no television or radio, no kettle boiling or computer buzzing. Although living without electricity was pretty tiring, it was also rather wonderful to experience such calm.

And then, later that evening, the electricity came back on! One moment we were sitting in contemplative silence, the darkness pressing in all around us, and the next moment our house was lit up like the Eiffel Tower at Christmas! There was the chirpy sound of electronic beeping as phones and clocks came back to life. The radio suddenly blared. The fridge whirred. We were assaulted by the sound of everyday life coming back to us. I was almost sorry to leave behind the candlelight and silence…

I've talked to many people about the weekend of the storm and the general feeling I get is that most of us, as some time or other, shared the same feeling of delight at life without phones, internet or television. But equally, most of us shared the same sense of absolute delight in having them back!

January 2009

Amanda Hodgkinson is an English journalist and writer. She's living in the Gers.

1) General comprehension

What is this article about? Choose the correct answer

A- A storm in southern England.

B- The advantages of electricity

C- Christmas in Paris.

D- An unusual weekend in France.

2) Detailed comprehension

True or false? Put your answers (T, F) in the grid below

1	2	3	4	5	6	7	8

1) The article was written by an English journalist who spent a few days in France.
2) When she wrote her article, everything in her house was back to normal.
3) They had no electricity from Saturday until Monday night.
4) They had nothing in the house to keep them warm.
5) They found some candles.
6) There was no noise at all and they were frightened.
7) She talked to many people during the weekend.
8) She could live without a computer now.

Complete the sentences with information from the article

1) The storm was called -------------. (paragraph 1)
2) They had to sit by the ------------- to keep warm. (paragraph 1)
3) She realised that living without electricity was ------------- tiring. (paragraph 1)
4) When the electricity came back on, she almost missed the ------------------ (paragraph 2)
5) To conclude, most of them had mixed feelings about having no ----------------------------- --------------------- (paragraph 3)

Electrical appliances and noises: match them up

1- fridge	A- boiling
2- kettle	B- beeping
3- computer	C- humming
4- phones and clocks	D- blaring
5- radio	E- buzzing

3) Language

Synonyms : find in the article words or phrases which mean the same as:

1) There wasn't any noise = --- (paragraph 1)
2) had disappeared = -- (paragraph 1)
3) illuminated = ----------------------------------- (paragraph 2)
4) to abandon = ---------------------------- (paragraph 2)
5) I've spoken to = -------------------------------- (paragraph 3)
6) experienced = ------------------------- (paragraph 3)

4) Explain briefly

When the electricity came back on, what did Amanda Hodgkinson compare the event to?

APRÈS L'EFFORT, LE RÉCONFORT

JOKE

A couple drove down a country road for several miles, not saying a word.
An earlier discussion had led to an argument and neither of them wanted to concede their position.
As they passed a barnyard of mules, goats and pigs, the husband said sarcastically: "Relatives of yours?"
"Yep," the wife replied, "in-laws".

ADVERT (seen on a bus in Nottingham)

The early bird catches the thief R.O.B.I.N. Reduction of Burglary in Nottingham.

Commentaires
Campagne de prévention contre le vol et les cambriolages à Nottingham.
Nottingham : fief de Robin des Bois (*Sherwood Forest*)
Cette annonce est en fait une déformation linguistique du proverbe anglais « *The early bird catches the worm* » (L'avenir appartient à ceux qui se lèvent tôt).
On joue sur l'acronyme R.O.B.I.N. pour faire allusion à Robin des Bois

NURSERY RHYME

A was an archer and shot an arrow.
B was a big baker eating bread and buns.
C was a captain with curly hair.
D was a dreamer who rode a donkey.
E was an esquire and his elegant elephant.
F was a farmer having fun following his plough.
G was a goat and a goose was her friend.
H was a hunter and he hunted a hare.
I was an idler and he would do nothing.
J was a jovial judge who liked jumping a lot.
K was a king who made me a knight.
L was a lion leaping through the leaves.
M was a merchant going to the market.
N was a nanny nursing a little child.
O was an onion growing under an oak.
P was a pig who was smoking a pipe.
Q was a quarrel with two boys of the town.
R was a rat who ate poor Richard's hat.
S was a sheep who was sweet but silly.
T was a thoughtful tinker mending a pot.
U was my uncle, who had a unicorn.
V is a veteran who tells of his valour.
W is a watchman who is watching a witch.
X was an extravagant but exact xylophone.
Y was a yawning youth who did not like yachting.
Z was a zigzagging zany, a silly fool.

ANNEXES

1. APPRENDRE LES VERBES IRRÉGULIERS

Les principaux verbes irréguliers à connaître.

VERBES	PRÉTÉRIT	PARTICIPE PASSÉ	TRADUCTION
To awake	awoke	awaken	*s'éveiller*
To be	was/were	been	*être*
To bear	bore	borne	*porter, supporter*
To beat	beat	beaten	*battre*
To become	became	become	*devenir*
To begin	began	begun	*commencer*
To bend	bent	bent	*courber, plier*
To bet	bet	bet	*parier*
To bind	bound	bound	*lier, relier*
To bite	bit	bitten	*mordre*
To bleed	bled	bled	*saigner*
To blow	blew	blown	*souffler*
To break	broke	broken	*casser*
To bring	brought	brought	*apporter*
To build	built	built	*construire*
To burn	burnt / burned	burnt / burned	*brûler*
To burst	burst	burst	*éclater*
To buy	bought	bought	*acheter*
To catch	caught	caught	*attraper*
To choose	chose	chosen	*choisir*
To come	came	come	*venir*
To cost	cost	cost	*coûter*
To creep	crept	crept	*ramper*
To cut	cut	cut	*couper*
To deal with	dealt with	dealt with	*s'occuper/traiter de*
To dig	dug	dug	*creuser*
To do	did	done	*faire*
To draw	drew	drawn	*tirer, dessiner*
To dream	dreamt / dreamed	dreamt / dreamed	*rêver*
To drink	drank	drunk	*boire*
To drive	drove	driven	*conduire*
To eat	ate	eaten	*manger*
To fall	fell	fallen	*tomber*
To feed	fed	fed	*nourrir, se nourrir*
To feel	felt	felt	*sentir, se sentir*
To fight	fought	fought	*se battre*
To find	found	found	*trouver*
To flee	fled	fled	*fuir, s'enfuir*
To fly	flew	flown	*voler (dans l'air)*
To forbid	forbade	forbidden	*interdire*
To forget	forgot	forgotten	*oublier*
To forgive	forgave	forgiven	*pardonner*
To forsake	forsook	forsaken	*abandonner*
To freeze	froze	frozen	*geler*
To get	got	got	*obtenir, devenir*
To give	gave	given	*donner*
To go	went	gone	*aller*
To grow	grew	grown	*pousser, croître*
To hang	hung	hung	*pendre*

To have	had	had	*avoir*
To hear	heard	heard	*entendre*
To hide	hid	hidden	*cacher, se cacher*
To hit	hit	hit	*frapper*
To hold	held	held	*tenir*
To hurt	hurt	hurt	*blesser, faire mal*
To keep	kept	kept	*garder*
To kneel	knelt	knelt	*s'agenouiller/être à genoux*
To know	knew	known	*savoir, connaître*
To lay	laid	laid	*poser, mettre (la table), pondre*
To lead	led	led	*mener, conduire*
To lean	leant/leaned	leant/leaned	*se pencher*
To learn	learnt/learned	learnt/learned	*apprendre*
To leave	left	left	*laisser, partir*
To lend	lent	lent	*prêter*
To let	let	let	*laisser, permettre*
To lie	lay	lain	*être étendu*
To light	lit	lit	*allumer, éclairer*
To lose	lost	lost	*perdre*
To make	made	made	*faire, fabriquer*
To mean	meant	meant	*signifier, vouloir dire*
To meet	met	met	*(se) rencontrer*
To mistake	mistook	mistaken	*se tromper*
To pay	paid	paid	*payer*
To put	put	put	*mettre*
To read	read	read	*lire*
To ride	rode	ridden	*aller à cheval/bicyclette*
To ring	rang	rung	*sonner*
To rise	rose	risen	*se lever (soleil)*
To run	ran	run	*courir*
To say	said	said	*dire*
To see	saw	seen	*voir*
To seek	sought	sought	*chercher*
To sell	sold	sold	*vendre*
To send	sent	sent	*envoyer*
To set	set	set	*placer, fixer*
To sew	sewed	sown	*coudre*
To shake	shook	shaken	*secouer*
To shed	shed	shed	*verser des larmes*
To shine	shone	shone	*briller*
To shoot	shot	shot	*tirer (arme, ballon)*
To show	showed	shown	*montrer*
To shrink	shrank	shrunk	*rétrécir*
To shut	shut	shut	*fermer*
To sing	sang	sung	*chanter*
To sink	sank	sunk	*couler*
To sit	sat	sat	*être assis, s'asseoir*
To sit down	sat down	sat down	*s'asseoir*
To sleep	slept	slept	*dormir*
To slide	slid	slid	*glisser*
To smell	smelt	smelt	*sentir*
To sow	sowed	sown	*semer*
To speak	spoke	spoken	*parler*

To spell	spelt/spelled	spelt/spelled	*épeler*
To spend	spent	spent	*dépenser, passer (temps)*
To spill	spilt/spilled	spilt/spilled	*renverser (liquide)*
To spit	spat	spat	*cracher*
To split	split	split	*fendre*
To spoil	spoilt	spoilt	*gâter*
To spread	spread	spread	*étaler, étendre*
To stand	stood	stood	*être debout*
To stand up	stood up	stood up	*se lever*
To steal	stole	stolen	*voler (dérober)*
To stick	stuck	stuck	*coller*
To sting	stung	stung	*piquer*
To stink	stank	stunk	*puer*
To strike	struck	struck	*frapper*
To swear	swore	sworn	*jurer*
To sweep	swept	swept	*balayer*
To swim	swam	swum	*nager*
To take	took	taken	*prendre*
To teach	taught	taught	*enseigner*
To tear	tore	torn	*déchirer*
To tell	told	told	*dire, raconter*
To think	thought	thought	*penser*
To throw	threw	thrown	*jeter, lancer,*
To understand	understood	understood	*comprendre*
To upset	upset	upset	*renverser, bouleverser*
To wake (up)	woke (up)	woke (up)	*(se) réveiller*
To wear	wore	worn	*porter (vêtement)*
To weep	wept	wept	*pleurer, sangloter*
To win	won	won	*gagner (course, pari)*
To write	wrote	written	*écrire*

Tests d'entraînement

Ces tests ont pour objectif de vous aider à apprendre ces verbes de façon progressive et méthodique. Apprenez les verbes irréguliers par séries de vingt. Vous pouvez consacrer une semaine ou plus. Lorsque vous pensez être prêt pour le 1er test, complétez la grille correspondante et ainsi de suite jusqu'à la fin.

N'hésitez pas à refaire régulièrement ces différents tests, car c'est à force de mémoriser ces formes irrégulières que vous pourrez les maîtriser.

TEST 1 : -----------/20

INFINITIVE	PRETERITE	PAST PARTICIPLE	TRANSLATION
1	became		
2		broken	
3		begun	
4			souffler
5	beat		
6- to cost			
7	built		
8			acheter
9		caught	
10- to be			
11	bit		
12 – to come			

13			apporter
14			couper
15		done	
16	dreamt/dreamed		
17- to burn			
18			s'éveiller
19	chose		
20	drew		

TEST 2 : -----------/20

INFINITIVE	PRETERITE	PAST PARTICIPLE	TRANSLATION
1		forgotten	
2	hung		
3	drove		
4			geler
5- to fall			
6	fought		
7			entendre
8		had	
9- to drink			
10		grown	
11			pardonner
12- to feel			
13	hid		
14	flew		
15		eaten	
16		gone	
17- to get			
18		found	
19			nourrir/se nourrir
20	gave		

TEST 3 : -----------/20

INFINITIVE	PRETERITE	PAST PARTICIPLE	TRANSLATION
1- to hit			
2	made		
3			rencontrer
4		held	
5		paid	
6		led	
7- to let			
8			prêter
9	meant		
10		kept	
11			sonner
12		put	
13- to know			
14	read		
15			apprendre
16	lit		
17		ridden	
18- to lose			
19	hurt		
20			quitter, laisser

TEST 4 : -----------/20

INFINITIVE	PRETERITE	PAST PARTICIPLE	TRANSLATION
1			envoyer
2			fermer
3	sold		
4- to set			
5- to split			
6		run	
7	stood		
8			sentir
9- to say			
10		shown	
11		stolen	
12	saw		
13			chanter
14			parler
15	spilled/spilt		
16		rose	
17- to sit			
18	shot		
19		spent	
20	slept		

TEST 5 : -----------/20

INFINITIVE	PRETERITE	PAST PARTICIPLE	TRANSLATION
1- to wake			
2			mordre
3		told	
4	broke		
5			savoir, connaître
6- to tear			
7			coller
8		fallen	
9			porter (un vêtement)
10		written	
11	took		
12	felt		
13- to drive			
14			nager
15 – to sell			
16	threw		
17			choisir
18		thought	
19	won		
20- to understand			

TEST 6 : -----------/20

INFINITIVE	PRETERITE	PAST PARTICIPLE	TRANSLATION
1			brûler
2		run	
3- to say			
4	slept		
5		seen	
6			construire
7			coûter
8		given	
9- to keep			
10		left	
11- to feed			
12	stood		
13	thought		
14		woken	
15			gagner
16- to write			
17		rung	
18	caught		
19			devenir
20			être

TEST 7 : -----------/20

INFINITIVE	PRETERITE	PAST PARTICIPLE	TRANSLATION
1			renverser
2		come	
3	drank		
4- to eat			
5	went		
6		hung	
7			frapper
8		sung	
9	understood		
10- to fall			
11	learned/learnt		
12		split	
13			pousser/grandir
14		forgotten	
15	held		
16- to fly			
17	did		
18		spent	
19			faire/fabriquer
20		slept	

Grilles supplémentaires pour poursuivre votre auto-évaluation

TEST 8 : -----------/20

INFINITIVE	PRETERITE	PAST PARTICIPLE	TRANSLATION
1			
2			
3			
4			
5			
6			
7			
8			
9			
10			
11			
12			
13			
14			
15			
16			
17			
18			
19			
20			

TEST 9 : -----------/20

INFINITIVE	PRETERITE	PAST PARTICIPLE	TRANSLATION
1			
2			
3			
4			
5			
6			
7			
8			
9			
10			
11			
12			
13			
14			
15			
16			
17			
18			
19			
20			

TEST 10 : -----------/20

INFINITIVE	PRETERITE	PAST PARTICIPLE	TRANSLATION
1			
2			
3			
4			
5			
6			
7			
8			
9			
10			
11			
12			
13			
14			
15			
16			
17			
18			
19			
20			

Et pour conclure, nous vous proposons un petit jeu. Vous aurez besoin d'un dé. Entraînez-vous avec le parcours ci-dessous. Vous pouvez ensuite en inventer un autre pour le proposer à un partenaire. *All the best!*

FINISH	Go back 4 spaces.	Miss turn.	Spot the odd one out : ***to set – to put – to hit – to hide – to cost.***	Go to FINISH.
Spot the odd one out : ***to flee – to think – to lose – to shake – to meet.***	Complete: **…,** ***fell,*** **…, …**	Go on 2 spaces.	Spot the odd one out: ***to swim – to draw – to wait – to drink – to write.***	Give the preterite of ***to swim.***
True or false? *To beat – beat – bitten – mordre.*	Miss a turn.	Go on 1 space.	Complete: **…, …., *chosen*, …**	Give the past participle of ***to show.***
Complete: ***to sing,*** **…, …, ….**	Go on 2 spaces.	What's the past participle of ***to steal***?	Complete : **…, …, … *jeter/lancer.***	Go back to START.
What's the infinitive of ***caught***?	Give the preterite of ***to fall.***	Miss a turn.	What's the French for ***to wear***?	Give the preterite of ***to teach.***
START	Give the past participle of ***to write.***	What's the English for ***oublier?***	Go on 3 spaces.	What's the infinitive of ***felt?***

2. *PICKN'CHOOSE* : S'ENTRAÎNER EN 100 RUBRIQUES
Petit bilan d'expression orale/écrite

Préambule.
Vous pourrez faire cette activité soit personnellement, soit par groupes de deux en classe. Choisissez un numéro (au hasard, avec un ou plusieurs dés ou autre technique) et essayez de répondre à la question ciblée. Vous réviserez et consoliderez vos connaissances et compétences de façon ludique. *Enjoy yourself!*

1. Do we use *do, play, go or go to* with these words? Cards, museums, the cooking, swimming, concerts, football, jogging.
2. Make up two questions to ask about the words in bold in these sentences: A- **My younger brother** went to **London** last week. B- **Tom** wants to buy **a new car.**
3. Make up a sentence using the following: My mum/enjoy/watch/football matches/TV.
4. Correct the mistakes in these sentences: A- If I'll fail my exam, I won't go to university. B- She'll start revising as soon as she get home.
5. Imagine you've never been to a better place than Greece. You say: Greece is the … (complete)
6. Thousands of people have seen *"Bienvenue chez les Ch'tis"*. Make up a sentence: It is/popular/French film.
7. What is the past simple and past participle of these verbs? A- forget, win, buy, see, fall, write B- find, give, take, go, light, know
8. What are the opposites of these adjectives? A- polite, honest, reliable, sober, talkative B- patient, mature, nervous, generous, organised
9. What are the corresponding nationalities? A- Wales, Germany, Portugal, Italy, Ireland B- Britain, Greece, Holland, Spain, Australia
10. Make up sentences with these words: A- yet/told/hasn't/she/him B- her/passed/'s/exam/she/just
11. Vocabulary. A- Say ten things you can take on holiday. B- Say ten things you can do on holiday.
12. Put these sentences into the passive A- JK Rowling wrote Harry Potter. B- They make Nokia mobiles in Finland.
13. Vocabulary A- Name ten parts of the human body. B- Give ten verbs describing physical postures.
14. What is the difference between these words? A- to lend money/to borrow money B- kitchen/cooking
15. Do we use *for or since* with each of these time phrases? A- an hour, six o'clock, 2008, ages, I was born, Christmas B- last week, the Second World War, a long time, a year, midnight, this morning
16. Talk about: A- two things you've done today. B- two things you did yesterday.

17. Which prepositions do we use after *go* with these words?
A- London, my wife, holiday, the bank
B- a tour, a walk, the beach, the bus

18. Give some advice to an English/American friend visiting your area.

19. What verb forms come after these verbs?
A- can, plan , prefer, decide, want, would like
B- suggest, forget, intend, enjoy, start, don't mind

20. What is the difference between…?
A- to stop to talk/to stop talking?
B- I like speaking English/I'd like to speak English.

21. Vocabulary. Make nouns from these verbs.
A- draw, collect, discuss, teach, cook
B- assist, decide, argue, play, perform

22. Correct the mistakes:
A- I've been to China in 2001.
B- That was a very excited book.

23. Correct the mistakes:
A- It's the first time I'm going to England.
B- If I was you, I would call her.

24. Spot the mistakes:
A- She phoned to me last night.
B- Have you ever been in Switzerland?

25. Make these sentences negative:
A- He has to get up early.
B- I had to speak English.

26. Make future statements:
A- He must speak English fluently.
B- They may take some photos.

27. Vocabulary:
A- Give five adjectives to describe character/personality.
B- Give five adjectives to describe feelings.

28 Put these words in the correct order:
A- little/girl/a/sweet
B- boots/big/leather/black

29. What are the comparatives and superlatives of these adjectives?
A- boring, rich, far, modern, happy, good
B- lazy, bad, old, exciting, hot, stupid

30. Which of these phrases can we use with countable nouns?
A- a few, some, a bit, not many
B- lots of, not much, a little, any

31. Complete with *some, any or no*.
A- Would you like … tea?
B- Are there … buses today?
C- Sorry. We haven't got … left.
D- There are … mistakes in your dictation! Well done!

32. Complete:
A- When I was a child, I used to …
B- When I was a child, I didn't use to …

33. Do these verbs describe *states or activities*?
A- like, play, do, believe, think
B- run, know, hate, work, want

34. Complete with "some","a" or "an":
… cheese ;… book ; … money; … toast; … water; … rice ; … sandwich; … apple ; … university ; … euro ; … children ; … knives

35. Give eight jobs + eight free time activities.
36. Talk about what you did last weekend.
37. Give all the verb forms of these verbs: become; find; choose; meet; leave; take; write; put
38. Make up questions corresponding to the words in bold letters: A- Her mother was born **in Liverpool.** B- That's **my dictionary.** C- They stayed in London **for a month**.
39. How do we say these numbers? 44 ; 135 ; £10.99 ; 13/05/56 ; 87.000 ; Mobile 06 67 74 92 ; 1st ; 3rd ; 25th
40. Make up a sentence with these words: A- get up usually I at nine about B- bought our ago a year we house
41.Make up questions with these words: A- what/you/last/do/did/weekend B- tonight/are/going/you/to/who/meet/are
42. Give the infinitive forms: fell; won; lost ; broke ; forgot; told
43. Comparisons: A- Compare Asterix and Obelix (4 sentences) B- Compare Britain and Spain C- Compare a Renault Twingo and a Peugeot 407
44. Give the nationalities: Spain, China , the USA, Poland; France; Turkey; Italy; Germany ; England
45. Give the comparative forms: boring ; good; long ; expensive ; bad ; happy ; wet
46. Give the superlative forms: good ; bad ; easy ; comfortable ; stupid ; interesting ; nice
47. What is the opposite? cheap ; unfriendly ; fast ; clean ; boring ; poor ; happy ; noisy
48. Give six types of shops.
49. Give six items you can wear.
50. Make adverbs from these adjectives: beautiful ; fast ; happy ; good ; slow ; quiet
51. Give eight types of food and drink.
52. Describe your house/flat.
53. Give eight family members and ten things you can find in a house.
54. Make these sentences negative: A- We went on holiday last year. B- They've got a car. C- She'll buy a new car next week. D- She likes speaking English.
55. Give the plural form of: child ; man ; tooth ; knife ; tomato ; box ; match ; city
56. Make compound nouns: driver – brush – paper – stop – taxi – writing – water – tooth – bus – drinking – glasses – man – post – sun
57. Complete with the verb "to be" in the simple present: A- The news … good. B- Your hair … too long. C- The children … playing. D- My English homework … dead easy! E- Where … your luggage?
58. Complete with *some, any* or *no*: A- Would you like … tea?

B- I haven't got … money. C- There aren't … buses today.
59. Spot the right phrase: A- every week B- all the weeks C- every weak D- all weak
60. Spot the right phrase: A- too much strong B- too much children C- too many news D- too noisy
61. Classify from a large quantity to a small quantity: much – little – too much – a little – very little – far too much
62. Say it in English: A- Ma mère et moi. B- Elle nous aime bien. C- Je l'aime. D- Elles se détestent. E- Servez-vous
63. Say it another way without using the noun : A- It's **my car**. B- It's **her mobile**. C- It's **their flat**. D- It's **our room**.
64. Say : A- how old you are. B- when you were born. C- how tall you are. D- how much you weigh (or is it top secret?).
65. Dates: A- Give today's date. B- Give two important dates for you. C- Give two important dates in France or in England.
66. Say it another way using the possessive: A- the car of my English teacher. B- the passports of the students. C- A school for girls only.
67. Which is the correct answer for "*La femme dont le mari …*"? A- The woman whose husband … B- The wife who's husband … C- The women whose the husband…
68. How would you say "*une petite boîte noire en bois*"? A- A wooden small black box. B- A black wooden small box. C- A small black wooden box. D- A small wooden black box.
69. Which is the correct sentence? A- It's the most interesting book I've never read. B- It's the book the most interesting that I've ever read. C- It's the most interesting book than I have ever read. D- It's the book most interesting I've never read. E- It's the most interesting book that I have ever read.
70. Say it another way: A- A boy who writes with his left hand.

B- A girl with blue eyes.
71. As easy as ABC!! Find ten words beginning with the letters A- B- C
72. Alphabet : Give one word beginning with A, B, C, D, E …… X, Y, Z.
73. Give: A- the days of the week. B- the twelve months of the year.
74. Make up questions corresponding to the words in bold letters: A- It was **£9.99.** B- She's **only ten.** C- He arrived **at 6.30.** D- They'll visit **the Tower of London.**
75. Give the negative forms: A- She knows him. B- They understand.
76. Give the interrogative forms: A- She's working. B- They speak German. C- They're waiting.
77. Give the full forms of 's: A- Pat's pen friend. B- He's crying. C- He's broken his left arm. D- She's been running.
78. Choose the correct answer: A- They *'ve left/left* at 10. B- She *has seen/saw* the film last week C- Look at that! What *have you done/did you do*? D- If I *was/were* you
79. One expression can't be used with the preterite. Which one? Two days ago – on Friday – yesterday – on Sundays – last year – the other day -–soon
80. Say it in English: A- Autrefois je fumais. B- Avant je travaillais en Angleterre. C- Est-ce que tu habitais à Nantes avant ?
81. Say it in English: A- J'apprends l'anglais depuis le mois d'octobre. B- Je connais mon professeur d'anglais depuis huit mois.
82. Say it in English: A- Il joue au foot (maintenant). B- Il joue au foot depuis vingt minutes.
83. Complete with the verb « surf » A- They … the Net when their parents arrived. B- They … the Net since 6.00 pm when their parents arrived.
84. Simple past or present perfect? A- Dickens … (write) a lot of novels. B- … (you + write) a book? – No, not yet. C- How many books … (you + write)? – Ten.
85. Answer these questions: A- What time is it? B- What's the teacher doing? C- What's the weather like? D- What time will you finish your English lesson? E- Where will you go after?

86. Say it in English: A- J'achèterai un ordinateur. B- Je vais acheter un ordinateur. C- Je suis sur le point d'acheter un ordinateur.
87. Tags « n'est-ce pas » and « ah bon ». Complete : A- She'll text you, …? B- She'll text you. - …?
88. Conjugate the verb "to work" in the conditional.
89.Put into the future: A- I must leave. B- He can walk. C- He may go out.
90. Give two probabilities about: A- the weather. B- French politics. C- your future holidays.
91. What's the difference between…? A- How old you are! B- How old are you?
92. Say two exclamations with: A- What …! B- What a …! C- What an …! D- How …!
93. So or such? That is the question! A- It's … stupid! B- She's … a nice girl. C- I'm … sorry. D- They've got … beautiful flowers!
94. Complete with a relative pronoun: A- That's the man … stole the bicycle. B- Have you seen the house … walls are badly damaged? C- That's the place … Shakespeare was born. D- His last book, … was published in October, was a flop!
95. Complete with a preposition: A- to be afraid … B- to be interested … C- to be different … D- to be married …
96. Complete with a preposition: A- to listen … B- to wait … C- to talk … D- to look …
97. Just for fun ! Chain reaction: give ten more words; we have started for you. TE**A** – **A**PPLE – **E**GG – **G**REAT – **T**RAFFIC – **C** …
98. Just for fun! Chain reaction with the whole class: verbs only! WOR**K** – **K**EEP– **P**RACTISE – **E**AT – **T**AKE - **E**XCLAIM …
99. General knowledge on Britain: *"In Britain, you must do as the British do!"* Ask your partners five questions on British life/culture/politics etc.
100. Give five good reasons to learn English.

CORRIGÉ DES EXERCICES

MODULE 1

SÉQUENCE 1
LE PRÉSENT SIMPLE

Exercice 1. Conjuguez les verbes suivants au présent simple

live; pass ; brush ; go ; cry ; play ; watch

Forme affirmative	Forme négative	Forme interrogative	Forme interro-négative
I live/pass/brush/go/cry /play/watch	*I don't live/pass/brush/go/ cry/play/watch*	*Do I live/pass/brush/go/ cry/play/watch?*	*Don't I live/pass/brush/go/cry/ play/watch?*
You live/pass/brush/go/cry /play/watch	*You don't live/pass/brush/go/ cry/play/watch*	*Do you live/pass/brush/go/ cry/play/watch?*	*Don't you live/pass/brush/go/cry /play/watch?*
He/she lives/passes/brushes/ goes/cries/plays/ watches	*He/she doesn't live/pass/brush/go/ cry/play/watch*	*Does he/she live/pass/brush/go/ cry/play/watch?*	*Doesn't he/she live/pass/brush/go/cry/ play/watch?*
We live/pass/brush/go/ cry/play/watch	*We don't live/pass/brush/go/ cry/play/watch*	*Do we live/pass/brush/go/ cry/play/watch?*	*Don't we live/pass/brush/go/cry /play/watch?*
You live/pass/brush/go /cry/play/watch	*You don't live/pass/brush/go/ cry/play/watch*	*Do you live/pass/brush/go/ cry/play/watch?*	*Don't you live/pass/brush/go/cry /play/watch?*
They live/pass/brush/go/ cry/play/watch	*They don't live/pass/brush/go/ cry/play/watch*	*Do they live/pass/brush/go/cry/ play/watch?*	*Don't they live/pass/brush/go/cry /play/watch?*

Exercice 4. Complétez cet extrait du roman de Julian Barnes, *Talking it Over* avec les verbes au présent simple proposés

One of the first things people **tell** you about money is that it **is** an illusion. It's notional. If you **give** someone a dollar bill it's not 'worth' a dollar – it's 'worth' a small piece of paper and a small amount of printer's ink – but everyone **agrees**, everyone subscribes to the illusion it's worth a dollar, and therefore it **is**. All the money in the world only **means** what it does because people **subscribe** to the same illusion about it. Why gold, why platinum? Because everyone **agrees** to place value upon them. And so on.

You can probably **see** where I'm leading. The other world illusion, the other thing that **exists** simply because everyone agrees to place a certain value on it, is love.

I'm not friendless. Don't misjudge me. I **go** to work, and I **work** hard, and I **earn** my money. I **live** in a nice apartment not too far from Dupont Circle. I **have** friends, both male and female, with whom I **spend** time. I **get** as close to them as I want to, but no closer.

Exercice 5. Traduisez en anglais

1) I take the bus every day.
2) I know Paul's girlfriend.
3) We'll visit Warwick Castle when you come.
4) The plane ticket costs £450.
5) Do you often listen to the BBC?
6) I never work on Mondays.
7) The last train to London leaves at half past eleven/at eleven thirty pm.
8) Does she live in a flat/in an apartment?

LE PRÉSENT PROGRESSIF

Exercice 1. Conjuguez les verbes suivants au présent progressif en suivant les consignes.

I	work	*Forme négative*	I'm not working.
She	write	*Forme affirmative*	She's writing.
They	stay	*Forme interrogative*	Are they staying?
We	leave	*Forme affirmative*	We're leaving.
You	come	*Forme interro-négative*	Aren't you coming?
He	paint	*Forme négative*	He isn't painting.
They	run	*Forme négative*	They aren't running.
You	meet	*Forme affirmative*	You are meeting.

Exercice 2. Mettez les verbes entre parenthèses au présent progressif

1) Britons are drinking more and (are) getting fatter but (are) living longer, figures show.
2) She's still depressed but things are getting better.
3) Where are they going? – They're off to Brighton.
4) A new multiplex is opening next month.
5) Our son is studying to become an engineer.
6) What's the matter, Ron? – I'm not feeling well.
7) He is facing charges of being an accomplice to rape.
8) Why are you being so fussy?
9) Where is he? – He is cleaning the car.
10) Who are you thinking of? Keith?

Exercice 3. Traduisez en anglais

1) What are you doing? – I'm reading the newspaper/the paper.
2) We are going to the pub this evening.
3) She is not working at the moment.
4) I don't understand what she says/what she is saying.
5) He is always complaining
6) Is he watching the news? – No, he isn't.
7) Are you working on Saturday afternoon? –Yes, I am.
8) She is sitting in the corner.

Exercice 4. Quelle est la différence entre…?

1A) *What does he do?* : Que fait-il ? (Dans la vie en général/statut/vie professionnelle.)
1B) *What is he doing?:* Que fait-il ? (En ce moment.)
2A) *He's stupid* : Il est idiot/bête.
2B) *He's being stupid* : Il fait l'imbécile. (On insiste sur le comportement à l'instant même.)
3A) *They think it's a good project* : Ils/Elles pensent que c'est un bon projet. (Il s'agit d'une opinion.)
3B) *They're thinking about the project* : Ils/Elles réfléchissent au projet. (En ce moment ils/elles *sont en train d*'y penser.)

SÉQUENCE 2
LE PRÉTÉRIT SIMPLE

Exercice 1. Conjuguez les verbes suivants au prétérit simple. Suivez les consignes

We	*Forme affirmative*	wait	We waited.
I	*Forme négative*	drive	I didn't drive.
You	*Forme interrogative*	buy	Did you buy?
He/she	*Forme interro-négative*	get	Didn't he/she get?
We	*Forme affirmative*	remember	We remembered.
You	*Forme affirmative*	forget	You forgot.
They	*Forme affirmative*	cry	They cried.

Exercice 2. Dites si le prétérit simple conviendrait pour exprimer les énoncés suivants en anglais

1	2	3	4	5	6	7
F	F	V	V	V	F	V

1) Je n'ai jamais vraiment aimé prendre l'avion.
2) Elle nous connaît depuis l'année dernière.
3) Quand es-tu allé en Angleterre?
4) Il est grand temps que je commence mes révisions. Les examens approchent.
5) Nous avons attendu une heure puis nous sommes partis.
6) Hier à cette heure-là, nous attendions Pat à l'aéroport.
7) Je préférerais qu'il ne vienne pas.

Exercice 3. *Dreams, dreams, dreams*
Complétez les phrases suivantes avec la forme correcte du verbe
1) I wish she had a car.
2) It's time somebody taught her a lesson.
3) If I were you, I would leave it as it is.
4) I'd rather you didn't drive tonight. You look tired.
5) Do you mind if I smoke? – I'd rather you didn't.
6) What would you do if they decided to leave home?

Exercice 4. Traduisez en anglais
1) What time did they arrive?
2) They met yesterday morning.
3) Where were you? I called twice last night/yesterday evening.
4) I didn't see her on Sunday.
5) It is high time you worked.
6) I wish I had more money./If only I had more money.
7) I'd rather you didn't call her/phone her/ring her up.
8) She waited (for) twenty minutes then she left.
9) I bought a computer last Saturday.
10) Why didn't you tell him/her?

LE PRÉTÉRIT PROGRESSIF

Exercice 2. Comparez et traduisez en français
1) « Je suis allée à Londres la semaine dernière. » dit-elle.

Emploi du passé composé car ce sont des paroles rapportées. Style oralisé.

2) Il allait toujours à Londres en voiture. Il n'aimait pas (prendre) les transports en commun.

Emploi de l'imparfait. Comportement habituel, routine dans le passé.

3) Il entra dans un pub, cria sur tout le monde et s'écroula/s'effondra. Il était ivre

Emploi du passé simple. Style narratif et caractère unique de l'action. Cela s'est passé une seule fois. Registre de langue élevé. Le passé composé est possible mais il s'agirait alors de paroles rapportées : Il est entré dans un pub, a crié ... et s'est écroulé.

Exercice 3. Vrai ou faux ? On emploie le prétérit pour traduire les phrases suivantes

1- Je n'ai pas vu ma sœur depuis trois mois.		FAUX
2- Je ne suis jamais allé aux États-Unis.		FAUX
3- Ma mère ne travaille pas en ce moment.		FAUX
4- Regarde ! J'ai acheté une nouvelle moto.		FAUX
5- Les enfants sont allés à Londres hier.	VRAI	
6- J'ai toujours aimé le chocolat.		FAUX
7- Il est temps que tu te mettes à travailler ton anglais.	VRAI	
8- Si seulement elle venait en Espagne avec nous.	VRAI	

9- Je ne l'ai pas cru quand il m'a dit qu'il avait une villa en Espagne	VRAI	
10- Dickens a écrit *De Grandes Espérances*.	VRAI	

Exercice 4. Mettez les verbes entre parenthèses à la forme correcte, soit au prétérit simple soit au passé progressif

1- They met early this morning.
2- When did you see them?
3- She was making some coffee when I arrived.
4- He was reading the newspaper while she was doing the washing-up. How rude!
5- We didn't go to the British Museum. We didn't have enough time.

Exercice 5. Marqueurs temporels. Chassez l'intrus dans chaque colonne

Yesterday	Every day	**The other day : *past***
Last Monday	On Sundays	Tomorrow
Next week : *future*	Today	In a couple of days
Two years ago	**At five this morning : *past***	Next year
On Friday.	Now	Soon

Exercice 6. Complétez les questions

1) Where did you go last Saturday?
2) What did you have for dinner?
3) How long did she teach in that school?
4) Why did they arrive late?
5) Who told you the whole story?

Exercice 7. Verbes irréguliers. Complétez le tableau

To speak	spoke	spoken	parler
To find	found	found	trouver
To see	saw	seen	voir
To write	wrote	written	écrire
To take	took	taken	prendre
To swim	swam	swum	nager
To choose	chose	chosen	choisir
To drink	drank	drunk	boire
To buy	bought	bought	acheter
To eat	ate	eaten	manger

Exercice 8. Traduisez en anglais

1) What were you doing? – I was reading the newspaper when he arrived.
2) « What were you doing at five o'clock on Saturday morning? » asked the inspector.
3) She was listening to her MP3 while (she was) waiting for the bus.
4) She was sitting in an armchair and (was) waiting patiently.
5) She was speaking on the phone when her boss came into the office.

SÉQUENCE 3
AUTRES FAÇONS D'EXPRIMER LE PASSÉ
USED TO + V

Exercice 2. Comment diriez-vous ?

1- Je n'ai pas l'habitude de conduire à gauche.

A- I'm not used to driving on the left.

2- Tu avais une barbe avant, hein?

B- You used to have a beard, didn't you?

3. Ne t'inquiète pas ! Tu t'y habitueras.

A- Don't worry ! You'll get used to it.

4. Il était si gros que ses copains l'appelaient *Piggy.*

A- He was so fat that his friends called him Piggy.

B- He was so fat that his friends used to call him Piggy

5. Avant, nous habitions dans un appartement.

B- We used to live in a flat.

Exercice 3. Trouvez les bonnes correspondances.

1	2	3	4	5
D	B	E	A	C

1- She used to eat vegetarian food.
2- She's got used to eating vegetarian food.
3- She isn't used to eating vegetarian food.
4- She didn't use(d) to eat vegetarian food.
5- She is used to eating vegetarian food.
A- Avant elle ne mangeait pas de plats végétariens.
B- Elle s'est habituée à manger des plats végétariens.
C- Elle a l'habitude de manger des plats végétariens.
D- Autrefois, elle mangeait des plats végétariens.
E- Elle n'a pas l'habitude de manger des plats végétariens.

Exercice 4. Lisez cette pub anglaise et dites de quel article il s'agit et ce qui a changé ; les personnes ciblées

Your eyes aren't what they used to be.
Your ears aren't what they used to be.
Your knees aren't what they used to be.
Fortunately stair lifts aren't what they used to be.

Il s'agit d'une publicité pour un ascenseur-escalier (*stairlift*) que l'on installe chez les personnes handicapées ou âgées.

Traduction :

Vos yeux ne sont plus ce qu'ils étaient.
Vos oreilles ne sont plus ce qu'elles étaient.
Vos genoux ne sont plus ce qu'ils étaient.
Heureusement, les monte-escaliers ne sont plus ce qu'ils étaient !

WOULD + V

Exercice 1. Dites si l'auxilaire *would* fait référence au conditionnel ou au comportement prévisible.

1) ***Conditionnel :*** What would you like to do tonight?
2) ***Comportement prévisible :*** He would call his girlfriend every day and ask her if she had changed her mind.
3) ***Conditionnel :*** I would insist if I were you.
4) ***Comportement prévisible :*** They would often hear him complaining.
5) ***Comportement prévisible :*** She would shout at her children all the time.
6) ***Comportement prévisible :*** He would never take his car to town. He said public transport was easier and cheaper.
7) ***Conditionnel :*** It's very hot. I'm sure you wouldn't mind a drink.

Exercice 2. Traduisez en français cet extrait de roman :

Anthea had been fond of her grandmother – Granny, that is, rather than her mother's mother, who was, or had been, Nan. She used to visit her in Swansea twice a year and spend a week with her every summer in Pembrokeshire. Each visit would end with Granny fetching her purse –'a little something to tide you over' – and Anthea guiltily accepting her largesse.

Blake Morrison, *South of the River*, Vintage Books, London, 2007 p.262

Proposition de traduction
Anthea avait beaucoup aimé sa grand-mère, c'est-à-dire mamie, plutôt que la mère de sa mère, que l'on appelait, ou que l'on avait appelée mémé. Elle lui rendait visite à Swansea deux fois par an et passait une semaine avec elle tous les étés dans le Pembrokeshire. À la fin de chaque visite, mamie allait (systématiquement) chercher son porte-monnaie : « Tiens, un petit quelque chose pour que tu puisses tenir/pour te dépanner » et Anthea acceptait cette générosité en culpabilisant/avec un sentiment de culpabilité.

PLUPERFECT/PAST PERFECT SIMPLE ET PROGRESSIF

Exercice 1. Trouvez l'erreur et récrivez cette phrase correctement
The driver was driving for 38 hours without a break before colliding with the family's car.
Phrase correcte: *The driver* ***had been driving*** *for 38 hours without a break before colliding with the family's car.*
Commentaire: L'action èst ancrée dans le passé du passé (cela avait commencé 38 heures auparavant) et cela se poursuivait (une conduite imprudente jusqu'à l'accident.) : *had been + V-ing.*

Exercice 2. Mettez les verbes entre parenthèses exprimant le passé aux formes adéquates.
1) There was smoke everywhere. Everybody wondered what had happened/was happening.
2) They were exhausted but they kept walking.
3) As soon as all her friends had left, Irena went to the kitchen and started doing the dishes. She was not used to having/had not been used to having so many guests in her house.
4) I had never tried haggis until I visited friends in Scotland.
5) We hadn't noticed that Chris had left a twenty-pound note on our son's desk.
6) We didn't want to go to Mexico with them because we had already been there.
7) I hadn't spoken to her for ages ! We had had an argument a couple of years before.
8) She had taught/had been teaching geography for thirty odd years when she decided to retire.
9) They split up three months ago. How long had they been married ? – No idea!
10) You said he used to teach at the University of Nottingham, didn't you?

Exercice 3. Traduisez en anglais
1) She used to live in Nottingham, didn't she?
2) We didn't use to have holidays. - Didn't you?
3) They kept on arguing/quarrelling/quarreling.
4) Did you use to work thirty-five hours a week? – Oh no, I didn't.
5) We had known each other for five years when we got married.
6) She was waiting for her parents in the park.
7) She had been waiting for her parents in the park when it started/began to rain // when it started/began raining.
8) She had forgotten her umbrella.
9) When I told them how it had happened and why she had done it, nobody/no one believed me.
10) I wish I had written to them earlier/sooner. // I regret not having written/not writing to them earlier/sooner.

SÉQUENCE 4
LE PRESENT PERFECT SIMPLE

Exercice 1. Dans quelles phrases utiliseriez-vous le *present perfect* ?
2- Elle vient d'arriver à la maison.
3- Elle est infirmière depuis une dizaine d'années.
4- Je suis allé trois fois au Japon.
6- Tu n'as pas fermé la porte à clé !

7- J'ai perdu mes clés !
8- Il a lavé la voiture.
9- Oh non ! J'ai oublié mon agenda.

Exercice 2. Terminez les conjugaisons

1- She	has	made	a cake.
2- She	hasn't	made	a cake.
3- Has	she	made	a cake?
4- They	have	seen	this film.
5- They	haven't	seen	this film
6- Have	they	seen	this film?

Exercice 3. *For* ou *since* ? Mettez les expressions suivantes dans la colonne adéquate

last month – two years – ten minutes – 1980 – last July – the Second World War – I was born – a week – Saturday – years – a long time – she left him.	
FOR	SINCE
two years ; ten minutes ; a week ; years ; a long time.	last month; 1980; last July; the last World War; I was born ; Saturday ; she left him.

Exercice 4. Complétez ces phrases en mettant le verbe entre parenthèses au *preterit* ou au *present perfect simple*
1) I have never played golf.
2) She has never been to New York.
3) We have done many different jobs.
4) He found a job last week.
5) Charles Dickens wrote many novels.
6) How many books have you written?
7) He's on holiday at the moment. He's gone to Calpe, in Spain.
8) They got married three months ago.
9) We've been married for six months.
10) I haven't read this book yet.
11) Have you ever met them? – No, never.
12) It's the most ridiculous story that I've ever heard.

LE PRESENT PERFECT PROGRESSIF

Exercice 1. Retrouvez les bonnes correspondances

1	2	3	4	5	6	7	8	9	10
G	H	F	E	I	D	B	J	C	A

ANGLAIS	FRANÇAIS
1- She has been working for two hours.	A- Ils étudient depuis treize heures.
2- He has been painting since yesterday.	B- Il peint depuis midi.
3- We've been waiting for ten minutes.	C- Elle travaille depuis quatorze heures.
4- They have been studying for an hour.	D- Cela fait deux heures que nous attendons.
5- We've been waiting since this morning.	E- Ils étudient depuis une heure.
6- We've been waiting for two hours.	F- Nous attendons depuis dix minutes.
7- He has been painting since midday.	G- Cela fait deux heures qu'elle travaille.
8- He has been studying since one o'clock.	H- Il peint depuis hier.
9- She has been working since two o'clock.	I- Nous attendons depuis ce matin.
10- They've been studying for thirteen hours.	J- Il étudie depuis treize heures.

Exercice 2. Parmi ces phrases, lesquelles seraient traduites au *present perfect progressif* ?
3) Elle travaille dans une banque depuis cinq ans.
6) Cela fait une heure qu'ils discutent.

7) J'ai travaillé toute la journée.
8) Elle pleure depuis ce matin.
9) J'apprends l'anglais depuis le mois d'octobre.
10) Il nage depuis vingt minutes.

Exercice 3. Traduisez en anglais les phrases 2, 3, 6, 7, 8, 9 et 10 de l'exercice précédent.
2) I have always liked English/the English language.
3) She's been working in a bank/She's worked in a bank for five years.
6) They've been talking for an hour.
7) I've been working all day.
8) She's been crying since this morning.
9) I've been learning English since October.
10) He's been swimming for twenty minutes.

Exercice 4. Traduisez en anglais.
1) You've been watching the telly since ten o'clock this morning.
2- She's been learning Spanish for years.
3- « Mum/Mummy, wake up ! Look. It's been snowing! »

SÉQUENCE 5
LE FUTUR SIMPLE

Exercice 4. Traduisez en anglais
1) The plane will arrive at half past five/five thirty.
2) I won't go to London by train.
3) Will you come to our party on Saturday/next Saturday?
4) She will go to Dublin next week, won't she?
5) They won't sell their flat/apartment.
6) They will travel abroad when they are retired/they retire.
7) What will you be doing at this time tomorrow?
8) I'll probably be shopping/doing the shopping with my girlfriend.
9) When will they have finished painting your kitchen?
10) We'll visit them/go and see them as soon as they have settled into their new house/home.

AUTRES FAÇONS D'EXPRIMER LE FUTUR

Exercice 3. Traduisez en anglais
1) We're going to Italy tomorrow.
2) She's going to work in Spain.
3) It's bound to rain.
4) It's going to be hard/difficult.
5) She's likely to stay in London. Her boyfriend is English.
6) The British Prime Minister is to meet the Queen this evening/tonight.
7) He is about to give up/give in.
8) The film starts at half past ten/ten thirty pm. Don't be late.

SÉQUENCE 6
LE CONDITIONNEL

Exercice 5. Traduisez en anglais
1) I wouldn't do that if I were you.
2) Would you buy a flat/an apartment on the coast if you had enough money?
3) You should have told me (that) you would be late.
4) If you go/leave now, you should arrive/get there around/by half past eleven.
5) I'd like/I'd love to go to India next year.
6) What would you do if you lost your identity card?

SÉQUENCE 7
L'IMPÉRATIF

Exercice 1. ***Home safety***

Voici quelques consignes pour les parents de jeunes enfants :

- Buy all medecines in childproof bottles and always keep them out of reach of your child.
- Don't leave aerosol cans lying all around.
- Make sure that the flex of electrical appliances is kept out of reach of your child.
- Fit safety socket covers to all power points.
- Screen and bar all upper storey windows and never leave anything that your child could climb up on near them.
- Keep pins, needles, matches, lighters, sharp knives and scissors out of the reach of your child, in a locked or childproof drawer.
- Always turn the handles of pans towards the back of the stove.
- Never leave a boiling pan or chip pan unattended on the stove.
- Don't cook with your toddler around you. Arrange a play area in a special part of the kitchen.
- Make sure your houseplants are not poisonous.
- Never leave your baby alone on the changing table, even for a second.
- Buy non-flammable night clothes.
- Fit a safety gate to the top and bottom of the stairs.
- Never leave a paddling pool with water in it. Empty it.
- Remove all poisonous plants from the garden.
- Store all gardening tools in a locked shed.
- Lock away all pesticides, plant sprays and car cleaners.

Exercice 2. Trouvez les bonnes correspondances

1	2	3	4	5	6	7	8	9	10
J	A	F	M	Q	I	L	E	O	K

11	12	13	14	15	16	17	18	19	20
C	G	N	P	B	H	D	T	S	R

1- Slow down!	A- Dépêchez-vous !
2- Hurry up!	B- Laisse-moi tranquille
3- Stand up!	C- Au plaisir de te lire.
4- Move along!	D- Tiens ça !
5- Speak up!	E- Faites comme chez vous !
6- Close the door!	F- Levez-vous !
7- Shut up!	G- Soyez prudent !
8- Make yourself at home!	H- Prenez place !
9- Don't worry!	I- Fermez la porte !
10- Take it easy!	J- Ralentissez !
11- Write soon!	K- Du calme !
12- Have a safe journey!	L- Fermez-la !
13- Have fun!	M- Circulez !
14- Give me the key!	N- Amusez-vous bien !
15- Leave me alone!	O- Ne vous en faites pas !
16- Have a seat!	P- Donne-moi la clé !
17- Hold this!	Q- Parlez plus fort !
18- Take care!	R- De rien !
19- Feel free.	S- N'hésite pas.
20- Don't mention it!	T- Fais bien attention à toi !

Exercice 3. Une recette anglaise typique

Scones

Warm buttered scones spread with plenty of homemade jam and topped with whipped cream are everyone's idea of an English cream tea.

- ✓ 225 g plain flour
- ✓ 1 x 5 ml spoon bicarbonate of soda
- ✓ 1 x 5 ml spoon cream of tartar
- ✓ 25 g butter
- ✓ 150 ml buttermilk ; if buttermilk is not available, use fresh milk with 1 x 2.5 ml spoon lemon juice

- ❖ **Sift** the flour with the bicarbonate of soda and cream of tartar into a mixing bowl.
- ❖ **Rub in** the butter.
- ❖ **Make** a well in the centre of the flour and **pour** in the buttermilk.
- ❖ **Mix** quickly to a soft dough with a palette knife.
- ❖ **Turn** the dough onto a floured board and **knead** lightly until smooth.
- ❖ **Roll out** approximately 1.75cm thick.
- ❖ **Stamp out** into approximately 12 rounds with a 5cm pastry cutter.
- ❖ **Leave** to stand for 15 minutes before baking.
- ❖ **Put** the rounds on a heated greased baking sheet and **bake** in a hot oven (220C Gas mark 7) for about 10 minutes or until the scones are well-risen and golden.
- ❖ **Transfer** to a wire rack to cool slightly.
- ❖ **Serve** warm.

Exercice 4. Traduisez en anglais

1) Look at me !
2) Never do that again !
3) Let's not forget./Dont let's forget.
4) Don't touch this/it!
5) Do have/take a biscuit.
6) Let's see.
7) You leave me alone!
8) Let's not move.
9) Don't cry.
10) Let's make a cake.

SÉQUENCE 8
L'AUXILIAIRE

Exercice 1. Mettre à la forme négative

1) They didn't send them an email.
2) We didn't have croissants for breakfast.
3) I won't tell you.
4) It isn't raining.
5) She didn't forget her car keys.
6) We wouldn't like to live in the city centre.
7) We didn't go to London last week.
8) They weren't at the pub.
9) He didn't write this article.
10) I didn't post the letter.

Exercice 2. Mettre à la forme interrogative

1) Can he speak Chinese?
2) Must they go?
3) Does she phone her mum every day?

4) Have you got a cat?
5) Were you in Singapore last July?
6) Did he work hard?
7) Are there many people?
8) Did she get up early?
9) Had they seen her before?
10) Has she been waiting for a long time?

Exercice 3. Répondre aux questions suivantes avec des réponses courtes
1) Were you born in France? - Yes, I was.
2) Does she like school? - No, she doesn't.
3) Did he send a birthday card? - Yes, he did.
4) Can they stay with us? – No, they can't.
5) Will they finish before tomorrow? – No, they won't.
6) Have I told you? - Yes, you have.
7) Are you enjoying yourself? – Yes, I am.
8) Was he at the post office? – No, he wasn't.
9) Do they usually camp? – No, they don't.
10) Is it broken? – Yes, it is.

Exercice 4. Insister sur ce que l'on affirme
1) We did invite her boyfriend.
2) Do come in, Mrs Jones!
3) I do believe it's the right thing to do.
4) Do sit down.
5) She did say she had forgotten to sign in.

Exercice 5. N'est-ce pas ?
1) Claire broke the vase, didn't she?
2) They will arrive soon, won't they?
3) You shouldn't wear jeans here, should you?
4) They can't keep quiet, can they?
5) They've got a lovely house, haven't they?

Exercice 6. Vraiment ? Ah bon ? Ah oui ?
1) He'd love to settle in Britain. – Would he?
2) She thinks it's a stupid idea. – Does she?
3) They didn't go on holiday last summer. – Didn't they?
4) I was ill. – Were you?
5) We couldn't move. – Couldn't you?

Exercice 7. Le contraste.
1) She likes tea but he doesn't.
2) He wouldn't like to work part-time but she would.
3) We gave up smoking but they didn't.
4) I'll spend another year at university but they won't.
5) They've got an English phone box in their garden but we haven't.

Exercice 8. La similitude
1) She can't write. Neither can she./She can't either.
2) She's read his book. So have I.
3) She likes classical music. So does her husband.
4) They don't know his name. Neither do I./I don't either.
5) We didn't like that film. Neither did he./He didn't either.

Exercice 9. En guise de conclusion

A partir de l'énoncé suivant : *He went skiing last February,* complétez le tableau :

Forme négative	*He didn't go skiing last February.*
Forme interrogative	*Did he go skiing last February?*
…, n'est-ce pas??	*He went skiing last February, didn't he?*
Ah oui ?/Ah non?/Ah bon?/Vraiment ?	*He went skiing last February. – Did he?*
… eux aussi.	*He went skiing last February. So did they.*
… mais pas elle.	*He went skiing last February but she didn't.*

SÉQUENCE 9
LES AUXILIAIRES MODAUX

Exercice 3. De quelles modalités s'agit-il? Relation avec autrui ? Spéculation ? Précisez pour chacune de vos réponses.

1- Shall we go to the restaurant?	Relation avec autrui. Suggestion.
2- I think you should rest a little.	Relation avec autrui. Conseil.
3- May I ask you something?	Relation avec autrui. Permission.
4- I can't speak German very well.	Relation avec autrui. Inaptitude.
5- I can't understand a word.	Relation avec autrui. Inaptitude.
6- They may arrive late.	Relation avec autrui. Permission. Spéculation. Probabilité : il se peut que…
7- She can't have written that.	Spéculation. Impossibilité.
8- He might be right.	Spéculation. Probabilité : il se pourrait que...
9- You should tell him.	Relation avec autrui. Conseil.
10- He must be very tired.	Spéculation. Très forte probabilité.

Exercice 4. Quel auxiliaire modal choisiriez-vous pour traduire ces phrases ?

1- Ils doivent s'impatienter.	*must + be + V-ing*
2- Il ne sent rien.	*can't + V*
3- Elle est obligée de se lever tôt.	*must + V/has to + V*
4- Tu ne dois pas crier dans les couloirs.	*mustn't + V*
5- Il aurait pu la tuer. Il est très violent.	*could have + PP*
6- Tu devrais manger plus.	*should + V/ought to + V*
7- Il a dû rater son train.	*must + have + PP*
8- Et si nous ouvrions une bouteille ?	*Shall + V*
9- Je n'arrive pas à trouver mes clés.	*can't + V*
10- Il sait compter jusqu'à cent.	*can + V*

Exercice 5. Mettre les énoncés au futur

1) She won't be allowed to use her mum's car.
2) They'll have to register before September 1$^{st.}$
3) Look at the sign. It says *'No through road for motor vehicles'.* We won't be allowed to/We won't be able to drive to the village along this road.

Exercice 6. Mettre les énoncés au passé

1) He had to call the police.
2) *'No ball games'.* The children couldn't play/weren't allowed to play football in the park.
3) Could you drive/Were you able to drive back home with all this snow?

Exercice 7. Traduire les énoncés suivants en anglais

1) I can't lift this luggage. It's too heavy.
2) May I see your form ? You should have signed it.
3) You shouldn't smoke.
4) She'll have to wait until/till next week.

5) Will you be able to help me?
6) I wasn't allowed to use my father's computer.
7) Our English friends may come this summer.
8) The plane might be late.
9) They must be waiting for us.
10) She may have forgotten the appointment.
11) Tom's brother couldn't hear anything/could hear nothing.
12) I could dance all night when I was young.

MODULE 2

SÉQUENCE 1
LES DÉTERMINANTS

Exercice 1. À partir des éléments suivants composez un groupe nominal

Exemple : *restaurant/Italian*	*An Italian restaurant.*
1) car/expensive	*An expensive car.*
2) address/new	*A new address.*
3) friend/old	*An old friend.*
4) apple/big	*A big apple.*
5) child/unhappy	*An unhappy child.*
6) uncle/rich	*A rich uncle.*
7) job/easy	*An easy job.*
8) exercise/hard	*A hard exercise.*
9) language/European	*A European language.*
10) book/small	*A small book.*

Exercice 2. Complétez avec le déterminant correct
1) Ken Loach makes films.
2) I need a new computer. The one I've got is too old.
3) She never drinks milk.
4) Ron is an old friend.
5) My brother's house is made of wood.
6) My son often listens to the radio.
7) She's wearing an orange skirt.
8) Do you ever listen to classical music?
9) *"An apple a day keeps the doctor away"* as the old saying goes.
10) I don't like cheese.

Exercice 3. Complétez avec *a, an* ou *one*
1) She's got a nice jacket.
2) Mum, can I have a sweet?
3) No, I said one sweet, not two.
4) I've got a problem.
5) They've only got one child.

Exercice 6. Noms propres : déterminants ou non? Cochez selon votre réponse

Enoncés	Je mets *the*	Je ne mets pas *the*
1) Mary		✓
2) Dr Smith		✓
3) Russians	✓	
4) Germany		✓
5) Piccadilly Circus		✓
6) Uncle Dave		✓

7) Atlantic	✓	
8) Russian		✓
9) United States	✓	
10) Middle East	✓	
11) British Museum	✓	
12) Cambridge University		✓
13) Nantes Cathedral		✓
14) Loire	✓	
15) Great Pyramid	✓	
16) Thames	✓	
17) Hyde Park		✓
18) Far West	✓	
19) America		✓
20) Queen Elizabeth II		✓

Exercice 7. Où sont les déterminants?

Then the police arrived. I like the police. They have uniforms and numbers and you know what they are meant to be doing. There was a policewoman and a policeman. The policewoman had a little hole in her tights on her left ankle and a red scratch in the middle of the hole. The policeman had a big orange leaf stuck to the bottom of his shoe which was poking out from one side. The policewoman put her arms round Mrs Shears and led her back towards the house.

Exercice 8. Traduire en anglais

1) Love is the most important thing in life.
2) I love travelling. I'd like to go to Greece, (to) China, (to) the United States/the States and to South Africa.
3) Our English friends always have/take bacon and eggs for breakfast.
4) I read/I have read this morning an interesting article on the gap which is widening between the rich and the poor/between rich people and poor people.
5) Do you know (that) the Swiss speak German, French and Italian?
6) Do you/Can you play the electric guitar?
7) It's raining and she went out without a raincoat.
8) The roses (that) you gave to Julie are beautiful.
9) What does your mother do? – She is a nurse/works as a nurse in a big hospital.
10) I don't like butter, milk, spinach, cheese, beer, tomatoes but I'm not fussy!

SÉQUENCE 2
LES NOMS

Exercice 1. Dénombrable ou indénombrable ?

Mettre *dén* (dénombrable) ou *indén* (indénombrable) devant le nom

dén	banana	*indén*	fruit
indén	milk	*indén*	friendship
indén	meat	*dén*	pen
dén	table	*dén*	book
indén	bread	*indén*	honesty
dén	vegetable	*indén*	advice
dén	carrot	*indén*	spaghetti
indén	wine	*dén*	cup
indén	happiness	*indén*	water
dén	cake	*indén*	plastic

Exercice 2. Compléter la grille

singulier	pluriel
1- woman	*women*
2 - tooth	*teeth*
3- hero	*heroes*
4- city	*cities*
5- holiday	*holidays*
6- taxi	*taxis*
7- foot	*feet*
8 - book	*books*
9 - tax	*taxes*
10- tree	*trees*
11- wife	*wives*
12- villa	*villas*
13- child	*children*
14- sandwich	*sandwiches*
15 - glass	*glasses*
16- shoe	*shoes*
1- crisis	*crises*
18- man	*men*
19- crocodile	*crocodiles*
20-street	*streets*

Exercice 3. Choisir la forme correcte

1	2	3	4	5	6	7	8	9	10
B	A	A	B	B	A	A/B	B	A/B	A

1) Don't you think people … always ready to help?
A- is B- are
2) Antique furniture … more and more.
A- costs B- cost
3) No news … good news.
A- is B- are
4) Your hair … really nice!
A- looks B- look
5) My jeans … dirty.
A- is B- are
6) My English homework … dead easy!
A- is B- are
7) What's happening? - There is an accident. The police … just arrived.
A- has B- have
8) Why … all those people looking at me? Have I said anything stupid?
A- is B- are
9) What is the Prime Minister going to do? - I wonder. The government … divided.
A- is B- are
10) The news from Iran … alarming.
A- is B- are

Exercise 4. À partir des deux listes de mots, retrouver les noms composés

1- tooth	*spoon*	*Toothbrush*
2- bus	*race*	*Bus stop*
3- grand	*ring*	*Grandson*
4- coffee	*box*	*Coffee machine*
5- tea	*lamp*	*Teaspoon*
6- bath	*chair*	*Bathroom*

7- horse	*son*	*Horse race*
8- letter	*paste*	*Letter box*
9- key	*machine*	*Keyring*
10- post	*room*	*Postman*
11- reading	*stop*	*Reading lamp*
12- police	*opener*	*Police car*
13- bottle	*book*	*Bottle opener*
14- phone	*car*	*Phone book*
15- arm	*man*	*Armchair*

Exercice 5. Traduire en anglais

1) The news is bad./This is bad news.
2) You must wash your hair.
3) Where is your luggage? – Over there.
4) They have three boys and a/one girl.
5) The children are playing in the park.
6) My white trousers are dirty.
7) Children are all the same!
8) Can you give me some advice?
9) Mathematics is not my cup of tea.
10) We have bought some new furniture to put in our sitting-room.

Exercice 6. Traduire en français
Proposition de traduction

Tempête dans un verre d'eau

Après avoir fait un dîner bien arrosé, et passé le reste de la soirée dans un bar à vins, un viticulteur et un négociant en vins se sont disputés à propos de la carte des vins et pour savoir si on devait boire du vin rouge ou du vin blanc avec du poisson. Inutile de dire qu'ils étaient tous les deux bien avinés. Le lendemain ils avaient tout oublié de leur dispute et prenaient plaisir à discuter de la mise en bouteille…

SÉQUENCE 3
LES QUANTIFICATEURS

Exercice 1. Complétez la grille suivante

How much sugar	Combien de sucre	*Most (of the) girls*	La plupart des filles
Too much coffee	Trop de café	*All day*	Toute la journée
So many students	Tant d'étudiants	*A lot of/lots of/many people*	Beaucoup de gens
A little milk	Un peu de lait	*A few days*	Quelques jours
Hardly any clients /customers	Presque pas de clients	*Enough cream*	Assez de crème
Very little wind	Très peu de vent	*A lot of/much rain*	Beaucoup de pluie
Each student	Chaque élève	*The whole month*	Le mois entier
No stamps	Pas de timbres	*There isn't any tea left*	Il ne reste pas de thé
Fewer/(less) sweets	Moins de bonbons	*Something else*	Autre chose
Very few friends	Très peu d'amis	*Nowhere else*	Nulle part ailleurs

Exercice 2. Complétez avec *some, any, no*

1) We have coffee but no milk, so, you'll have to drink it black.
2) Would you like some tea? – Yes, please.
3) I can't pay. I haven't got any money.
4) Are there any letters for us?

5) There's no point(in) telling him. He can't do anything about it.
6) Somebody's been smoking here. I can smell it!
7) I know nothing about politics.
8) There were some people waiting for you.
9) I don't want any wine, thank you.
10) Yes, that's fine. Any hat will do.
11) It's too dark. I can't see anything.
12) I think they live somewhere near Cambridge.
13) What's in that drawer? - Nothing. It's empty.
14) I'm looking for my car keys. I can't find them anywhere.
15) I'm starving. I haven't eaten anything since this morning.
16) There are no good restaurants on the sea front. You should try the old town.
17) There are no buses today. We'll take a taxi.
18) Do you know anyone in England? – Yes, I've got lots of friends.
19) I'm afraid there's no beer left.
20) He just says anything that comes to mind.

Exercice 3. Dites-le d'une autre façon
1) They've got no money = They haven't got any money.
2) There aren't any stamps left = There are no stamps left.

Exercice 4. Complétez la traduction
1) Il y a trop de monde. Allons ailleurs.
There are too many people. Let's go somewhere else.
2) Apportez quelques CD si vous pouvez.
Bring a few CDs if you can.
3) Tu ne devrais pas fumer autant.
You shouldn't smoke so much/as much.
4) Elle ne nous a pas donné beaucoup de conseils utiles.
She didn't give us much useful advice
5) Il me reste un peu d'argent.
I've got a little money left.
6) Combien de lait voulez-vous dans votre thé ?
How much milk do you want in your tea?
7) Trop de gens connaissent la vérité.
Too many people know the truth.
8) Veux-tu autre chose ?
Do you want something/anything else?
9) Elle ne dit jamais rien à personne.
She never says anything to anyone.
10) N'importe qui sait que la plupart des Anglais aiment la reine.
Anyone/Anybody knows that most English people like the Queen.
11) Si j'étais à ta place, je prendrais et plusieurs sandwichs et quelques pommes.
If I were you, I would take a few sandwiches and a few apples.
12) C'est bien, Jonathan. Il y a très peu d'erreurs dans ton exercice. Poursuis les efforts.
Well done, Jonathan. There are very few mistakes in your exercise. Keep working hard.
13) Ce n'est pas étonnant que ton gâteau ait un drôle de goût. Tu as mis trop de farine et pas assez de lait.
No wonder your cake tastes funny. You put in too much flour and not enough milk.
14) Nous ne pourrons aller nulle part.
We won't be able to go anywhere.
15) Elles n'ont rien pu voir. Il y a avait beaucoup trop de gens.
They couldn't see anything. There were too many people.

16) Il n'y a plus de sucre. Il va falloir que j'aille en acheter.

There isn't any sugar left. I'll have to go and get some.

17) Ils ne peuvent pas encore s'installer dans leur nouvelle maison. Elle n'a ni eau ni électricité.

They can't move into their new house yet. It has neither water nor electricity.

18) A cause du movement de grève, il n'y avait presque pas de trains ce matin.

Because of (the) industrial action, there were hardly any trains (running) this morning.

19) Elle ne travaille pas tous les jours.

She doesn't work every day.

20) Hier, elle a travaillé toute la journée.

She worked all day, yesterday.

Exercice 5. Traduisez en anglais

1) It rained all day yesterday.
2) We watch television every evening.
3) I don't know anything/I know nothing about digital cameras.
4) Both of them are twenty (years old)./They are both twenty (years old).
5) Neither of them is/are married.
7) I've got a little money left.
8) They have a few Spanish friends.
9) There was very little fog but a lot of wind/lots of wind.
10) The sea was flat/as still as a millpond/was like a sheet of glass. There were no waves.

SÉQUENCE 4
LES PRONOMS

Exercice 1. Complétez le tableau après avoir bien étudié le cours

Pronoms sujets	Pronoms compléments	Pronoms possessifs	Pronoms réfléchis
I	me	mine	myself
you	you	yours	yourself
he	him	his	himself
she	her	hers	herself
it	it	its	itself
we	us	ours	ourselves
you	you	yours	yourselves
they	them	theirs	themselves

Exercice 2. Dites-le avec un pronom possessif

Exemple : It's our house. It's ours.
1) It's your mobile. It's yours.
2) It's my collection. It's mine.
3) It's their tent. It's theirs.
4) They're her books. They're hers.
5) It's his flat. It's his.

Exercice 3. Dites-le d'une autre façon en remplaçant le mot *alone*

1) He went to Spain by himself/on his own.
2) My mother lives by herself/on her own.
3) Did you stay by yourself/by yourselves/on your own?
4) I went camping by myself/on my own.

Exercice 4. Complétez la traduction

1) Ils s'aimaient. Moi, je ne les aimais pas.
They loved each other. I didn't like them.

2) Nous allons au concert, mon neveu et moi.
My nephew and I are going to the concert.

3) Ils se réuniront à nouveau l'an prochain.
They will meet again next year.

4) Tous les matins je me lève à sept heures. Je me lave, je me rase et je me brosse les dents.
Every morning, I get up at seven. I have a wash/I wash, I have a shave /shave and I brush my teeth.

5) Je ne prends jamais mon petit déjeuner à la maison. Je le prends au bureau ; une tasse de café tout simplement.
I never have breakfast at home. I have it at the office; I just have a cup of coffee.

6) Est-ce que vous vous êtes bien amusés hier soir?
Did you enjoy yourselves last night?

7) Je me souviens très bien d'eux.
I remember them very well.

8) Nos parents ne nous ont jamais encouragés quand nous étions plus jeunes.
Our parents never encouraged us when we were younger.

9) Il faudra que tu fasses une lettre de motivation toi-même.
You will have to write a covering letter yourself.

10) Bien sûr que nous les aiderions s'ils n'avaient pas assez d'argent.
Of course we would help them if they didn't have enough money.

11) Est-ce que tu l'as vue mercredi?
Did you see her on Wednesday?

12) On ne parle pas la bouche pleine.
You shouldn't talk with your mouth full.

Exercice 5. Retrouvez le texte original de *The Curious Incident of the Dog in the Night-Time* de Mark Haddon. Les pronoms et déterminants manquants sont mentionnés ci-dessous

you - a – they – her – my - it – the - she – its – Ø – I – this – me - our

It was 7 minutes after midnight. The dog was lying on the grass in the middle of the lawn in front of Mrs Shears' house. Its eyes were closed. It looked as if it was running on its side, the way dogs run when they think they are chasing a cat in a dream. But the dog was not running or asleep. The dog was dead. There was a garden fork, sticking out of the dog. The points of the fork must have gone all the way through the dog and into the ground because the fork had not fallen over. I decided that the dog was probably killed with the fork because I could not see any other wounds in the dog and I do not think you would stick a garden fork into a dog after it had died for some other reason, like cancer for example, or a road accident. But I could not be certain about this.

I went through Mrs Shears' gate, closing it behind me. I walked onto her lawn and knelt beside the dog. I put my hand on the muzzle of the dog. It was still warm.

The dog was called Wellington. It belonged to Mrs Shears who was our friend. She lived on the opposite side of the road, two houses to the left.

Wellington was a poodle. Not one of the small poodles that have hairstyles, but a big poodle. It had curly black fur, but when you got close you could see that the skin underneath the fur was a very pale yellow, like chicken.

I stroked Wellington and wondered who had killed him, and why.

SÉQUENCE 5
LES NOMBRES

Exercice 1. Après avoir étudié le cours, complétez le tableau suivant

Trois	*three*	Le neuvième	*The ninth*
Treize	*thirteen*	Des milliers de…	*Thousands of ...*
Le 2^e^	*The 2nd/the second*	Le cinquantième	*The fiftieth*
Quarante-quatre	*Forty-four*	Une ou deux fois	*Once or twice*
Le douzième	*The twelfth*	Vingt mille	*Twenty thousand*
Cinq cents	*Five hundred*	15%	*Fifteen per cent*
Trois mille	*Three thousand*	Quatre-vingt dix-huit	*Ninety-eight*
deux douzaines	*Two dozen*	Les deux tiers	*Two thirds*
Vingt-sept	*Twenty-seven*	Le cinquième	*The fifth*
Dix-neuf	*nineteen*	Huit cent trente	*Eight hundred and thirty*

Exercice 3. Comment diriez-vous ?

1966	*Nineteen sixty-six*
2001	*Two thousand and one*
Le 1er mars.	*(on) the first of March.* *(on) March the first.*
Le 25 avril.	*(on) the twenty-fifth of April.* *(on) April the twenty-fifth.*
Dans les années 70.	*In the nineteen seventies.* *In the seventies.*
Le seul musée.	*The only museum.*
Des milliers de lecteurs.	*Thousands of readers.*
Les trois quarts de la population.	*Three quarters of the population.*
Les trois dernières lettres.	*The last three letters.*
Six mille cinq cent quarante-trois timbres.	*Six thousand, five hundred and forty-three stamps.*

Exercice 4. Réécrivez les dates de ces jours fériés (*Bank and Public Holidays*) en Angleterre pour l'année 2012

1) New Year's Day : 1st January 2012/January 1st 2012
2) Bank Holiday : 2nd January 2012/January 2nd 2012
3) Good Friday : 6th April 2012/April 6th 2012
4) Easter Monday: 9th April 2012/April 9th 2012
5) May Day Holiday : 7th May 2012/May 7th 2012
6) Spring Bank Holiday : 28th May 2012/May 28th 2012
7) Queen's Diamond Jubilee : 5th June 2012/June 5th 2012
8) Summer Bank Holiday : 27th August 2012/August 27th 2012
9) Christmas Day : 25th December 2012/December 25th 2012
10) Boxing day : 26th December 2012/December 26th 2012

Exercice 7. Traduisez ces phrases en anglais

1) Our house is fifty years old.
2) My mother is seventy-three (years old).
3) I was born on the twenty-first of February nineteen eighty-three/on 21st February 1983/on February 21st 1983.
4) He spent the last twenty years of his life in South America.
5) The room is fifteen metres long and eight wide.
6) How old are you? – (I am) twenty-seven.
7) We receive/get hundreds of letters every week/each week.

8) Prince Andrew is Queen Elizabeth the Second's third child/the third child of Queen Elizabeth the Second.
9) It's already half past ten!/It's half past ten already!
10) Our son visits us/comes to see us/comes and sees us twice a month.

SÉQUENCE 6
LA POSSESSION

Exercice 1. Complétez ces phrases avec l'adjectif possessif adéquat
1) He broke his arm while playing football.
2) The company I work for has just changed its name.
3) We saw George and his sister at the market.
4) Where can I wash my hands?
5) My children have got their exam in a fortnight.
6) She said her husband is seriously ill.
7) Could you leave your camera here, please?
8) We're going to sell our flat in Spain.

Exercice 2. Dites-le d'une autre façon en utilsant « une forme de possession »
1) The speech made by the Prime Minister. = The Prime Minister's speech.
2) The decision made by the parents. = The parents' decision.
3) The best film made by Hitchcock. = Hitchcock's best film.
4) The heavy traffic in Chicago. = Chicago's heavy traffic.
5) The newspaper published yesterday. = Yesterday's newspaper.
6) The announcement made last week. = Last week's announcement.
7) The plays written by Shakespeare. = Shakespeare's plays.
8) The place where the butcher works. = The butcher's.
9) The essays wriiten by the students. = The students' essays.
10) The meeting which took place last week. = Last week's meeting.

Exercice 3. Mettez l'apostrophe aux bons endroits
1) I'm going to Dave's this evening.
2) I've got to go to the doctor's later.
3) Could you get some sausages at the butcher's, please?
4) She is reading a woman's magazine.
5) I can't find the Harpers' house. Could tell me where it is?
6) Whose boat is this? It's Simon's.
7) Is this the actress's room?
8) Haven't you seen the article? It's in today's paper.
9) It is the children's party.
10) I don't like Steve's jacket.

Exercice 4. Complétez la grille

Français	Anglais
1- Le frère de Pamela.	*Pamela's brother.*
2- La voiture du père de Iain.	*Iain's father's car.*
3- Le chapeau du vieux monsieur.	*The old (gentle)man's hat.*
4- Les adolescent(e)s d'aujourd'hui.	*Today's teenagers.*
5- Une école de filles.	*A girls' school.*
6- Un/une ami(e) de sa sœur. (à lui)	*A friend of his sister's.*
7- Après une dure journée de travail.	*After a hard day's work.*
8- Une année de silence.	*A year's silence.*
9- Les amis de mes frères.	*My brothers' friends.*
10-Après trois semaines de vacances	*After three weeks' holiday.* *After a three-week holiday.*

Exercice 5. Traduisez les énoncés suivants en anglais
1) The children's bedroom/room is upstairs.
2) Louise's husband teaches physics in a boys' school.
3) Where are you going? – I'm going to the baker's.
4) Our English friends' children are very polite.
5) Have you read Tom Sharpe's last book?/Tom Sharpe's latest book (le tout dernier livre).
6) We have a ten-minute break.
7) They were walking slowly with their hands in their pockets.
8) He is a friend of his/her mother's./He is one of his/her mother's friends.
9) He works in a firm/a company whose headquarters are in the United States. // He works in a firm/a company the headquarters of which are in the United States.
10) The young girl whose parents have just divorced is depressed.

SÉQUENCE 7
LES ADJECTIFS

Exercice 1. Mettez les mots dans l'ordre

1- sick – a – woman	*A sick woman.*
2- red– mini - that – beautiful - skirt	*That beautiful red mini skirt.*
3- give – to – nice - something	*To give something nice.*
4- a –girl – frightened - young	*A frightened young girl.*
5- boy – haired – a - dark	*A dark-haired boy.*
6- trip – surprising – a - very	*A very surprising trip.*
7- transport – the – road - regulations	*The road transport regulations.*
8- brown – funny – leather – a – Italian - hat	*A funny brown Italian leather hat.*
9- documentary – American – an - exciting	*An exciting American documentary.*
10- tiring – a – job - manual	*A tiring manual job.*

Exercice 2. Mettez de l'ordre pour faire des phrases correctes
1) Why does your father look angry?
2) *The Sun* used to be the most famous daily paper in Britain.
3) It was an important meeting but she couldn't go because she was ill.
4) She loves milk chocolate, doesn't she?
5) There are more and more unemployed people in France.
6) My best friend has just bought a big old blue American car.

Exercice 3. Démêlez ces lettres ; vous retrouverez des adjectifs anglais substantivés, c'est-à-dire transformés en noms

DLINB	*The blind*	LEYRDLE	*The elderly*
VLIGIN	*The living*	CHIR	*The rich*
ROOP	*The poor*	SMOHLESE	*The homeless*
DADE	*The dead*	SHEWL	*The Welsh*

Exercice 4. Complétez le tableau

Pays	Peuple	Individu	Nationalité
1- Australia	The Australians	An Australian	Australian
2- Poland	The Poles	A Pole	Polish
3- Holland	The Dutch	A Dutch person	Dutch
4- Wales	The Welsh	A Welshman/woman/person	Welsh
5- China	The Chinese	A Chinese	Chinese
6- Lebanon	The Lebanese	A Lebanese	Lebanese
7- Turkey	The Turks	A Turk	Turkish
8- Denmark	The Danes	A Dane	Danish

9- Norway	The Norwegians	A Norwegian	Norwegian
10- Spain	The Spaniards	A Spaniard	Spanish

Exercice 5. Retrouvez l'adjectif composé

1) A story which breaks your heart is a heart-breaking story.
2) A student who works hard is a hard-working student.
3) A child who behaves well is a well-behaved child.
4) A girl who is twenty years old is a twenty-year-old girl.
5) Someone who was sentenced to jail for five years has a five-year sentence.
6) A man who has flat feet is a flat-footed man.
7) A young boy who writes with his left hand is a left-handed boy.
8) This trip is sponsored by the school, so it is a school-sponsored trip.
9) Their daughter has curly hair. She is curly-haired.
10) My new office has air-conditioning. It is air-conditioned.

Exercice 6. Lisez ce passage de *His'n'Hers* de Mike Gayle, 2004 et remplissez les blancs à l'aide des dix adjectifs

It's my first night at university in Birmingham and I'm at the freshers' disco with hundreds of other brand-new university students. From what I can gather Freshers'Night is the most important event of your university career. This is where you make friendships that will last a lifetime and snog men who look like extras from *Brideshead Revisited.* And I'm taking no chances of missing out on the action. Having been something of a Laura-Ashley-proper-dresses girl at sixth-form college and having had to wear a quasi-nurse's uniform during my year out working for *Boots* I decided to give myself something of a makeover. I'm wearing the most "studenty" clothes I could find: a second-hand suede jacket I bought at a market in Cambridge, a T-shirt that says "Meat Is Murder" (even though I love chicken), Levi 501's that are rolled up above my ankles, no socks, and brand new Doc Marten's shoes, which I bought two days ago and which are already rubbing my heels so badly that one is bleeding. Jane, my best new friend of the last eight hours, and I have been keeping an eye on a boy standing at the other end of the bar with a group of cool-looking guys. The one I like looks the coolest of the bunch. I like his wavy dark brown hair, his worn leather jacket and his slightly grimy-looking jeans. We've been exchanging long glances across the room all evening. It's as if we can't take our eyes off each other. And the longer we look at each other without speaking, the more I want to run across the room, throw my arms around him and kiss him until he surrenders.

Exercice 7. Lisez cet extrait de *Perfectly Correct* de Philippa Gregory, 1996 et soulignez les adjectifs et autres mots ayant une fonction adjectivale.

Mr Miles was eating his tea. A large brown loaf stood on the table with two thick slices carved from it. He had a broad wedge of pie on a plate with a pile of bright green tinned peas and boiled potatoes. A brown teapot stood on the table with a sugar bowl and a bottle of milk. He had a book propped against the butter dish and the radio was tuned to Radio 4.

Exercice 8. Traduisez en anglais les phrases suivantes qui comportent toutes des adjectifs

1) Do you remember the good old days?
2) They want higher salaries/wages.
3) He (has) met a fair-haired woman with green eyes/a fair-haired and green-eyed woman.
4) The Welsh/Welsh people sometimes understand the Bretons.
5) Do you know (what) the speed limit on English motorways (is)?
6) I'm not very optimistic on the future of French public services.
7) It/That was an interesting lecture. No one got bored.
8) Who threw (some) stones at the policemen? – A fourteen-year-old boy.
9) He had a big bright-red German motorbike and he wore/was wearing (a pair of) black leather trousers.
10) Thousands of people are unemployed.

SÉQUENCE 8
LES COMPARATIFS ET SUPERLATIFS

Exercice 1. Complétez le tableau

Adjectifs	Comparatifs de supériorité	Superlatifs de supériorité
Dangerous	*more dangerous*	*the most dangerous*
Bright	*brighter*	*the brightest*
Sad	*sadder*	*the saddest*
Warm	*warmer*	*the warmest*
Ridiculous	*more ridiculous*	*the most ridiculous*
Busy	*busier*	*the busiest*
Cool	*cooler*	*the coolest*
Careful	*more careful*	*the most careful*
Good	*better*	*the best*
Slim	*slimmer*	*the slimmest*

Exercice 2. Lisez les informations et complétez le dialogue ou les énoncés en utilisant les formes correctes des adjectifs entre parenthèses

Caroline : Where can we go on holiday in August?

Steve : It is true that Greece is the sunniest country of the three and not as cold as Scotland and Australia. The problem with Australia is that it is much further than the other two as well as being the most expensive.

Caroline : Okay, but look at the rainfall. Scotland is awful! It is wetter than Greece and Australia and I need lots of sun! So let's go to Greece.

Exercice 3. Même exercice

1) Charlotte was older than Emily and Anne.
2) It is said that Charlotte was the prettiest of the three.
3) *Jane Eyre*, a great English novel, is more famous than *The Tenant of Wildfell Hall*, which is not much read nowadays.
4) Charlotte lived longer than Emily.
5) *Wuthering Heights* is still as successful as *Jane Eyre*; they are read by the same number of people.
6) The Brontë sisters are certainly the most well-known sisters in the little village of Haworth.
7) Living far away from their little village was their worst experience.
8) I think that *Wuthering Heights* is one of the best English novels.

Exercice 4. Même exercice

1&2) The country residence is the most recent construction of the five and it is also the dearest.
3) The apartment is certainly noisier than the bungalow because of Southampton's heavy traffic.
4) The bungalow is as expensive as the apartment.
5) Which is the oldest property? – It is the detached house.
6) For modern tastes, the country residence is certainly the best/is certainlybetter.
7) If you prefer antiques and typical old houses, the cottage and the detached house seem to be more adapted than the other three properties.
8) The country residence is twice as big as the detached house.
9) My parents who are getting old think that the apartment would be the most convenient place to live in.
10) Last but not least, the apartment is one of the cheapest properties. They aren't rolling in money!

Exercice 6. Traduisez en français

1) C'est la plus grosse voiture que j'aie jamais vue.
2) Le chinois est beaucoup plus difficile que le français.
3) C'est beaucoup mieux.
4) Pourriez-vous me dire/m'indiquer où se trouve le distributeur le plus proche ?
5) Il y a moins de bus le dimanche.
6) Cette station balnéaire a dix fois plus d'immeubles qu'il y a vingt ans.
7) Les prix sont de plus en plus élevés/Les prix augmentent sans arrêt. Ne me demandez pas pourquoi. C'est à cause de l'euro !/C'est la faute à l'euro !
8) Ils ont deux fils. L'aîné étudie la linguistique à Cambridge.
9) Elle n'est pas aussi jolie que sa mère.
10) Je fus d'autant plus surpris(e) qu'il n'ouvrit pas la bouche. /J'ai été d'autant plus surpris(e) qu'il n'a rien dit/qu'il n'a pas dit un seul mot/qu'il n'a pas pipé mot.
11) Plus elle fume et plus elle déprime/moins elle a le moral.
12) C'est la voiture la moins chère au monde.

MODULE 3

SÉQUENCE 1
LES QUESTIONS

Exercice 1. Corrigez les questions

1) Why is she leaving?
2) Where do they live?
3) When will he come?
4) Did she forget?
5) Did they divorce?
6) How does she get to work?
7) What have you done?
8) How long have we been waiting?

Exercice 2. Remettez les mots dans l'ordre pour faire des questions correctes

1) Where does Maria's boyfriend come from?
2) Who built the Eiffel Tower?
3) What do the Germans have for breakfast?
4) How long have they been living in the States?
5) Has he booked the flight?
6) Who got up first this morning?
7) Why are you taking Sandra to the doctor's?
8) Do you know how much he will ask for it?
9) Do you find it difficult to get up at five every morning?
10) How will they travel to Spain?

Exercice 3. Posez les questions en vous servant des mots mis entre parenthèses

1) What did she lose?
2) Which jacket would you like to try?
3) Where are they?
4) When will you get it?
5) How often does she come?

Exercice 4. Posez les questions se rapportant aux mots en gras

1) Whose car is that?/Whose is that car?
2) How much is that teapot?/How much does that teapot cost?
3) How old will Adriana be in June?

4) How long have you had this villa?
5) When did you last see them?

Exercice 5. Complétez le tableau

Questions directes	**Questions indirectes**
What time does he get up?	I don't know what time he gets up.
Why did she stop smoking?	I wonder why she stopped smoking.
Where is the post office?	Could you tell me where the post office is.
How will they explain it to him?	Do you know how they will explain it to him?
Why didn't they like it?	Can you see why they didn't like it?

Exercice 6. Ajoutez une touche négative à ces questions
Nous avons mis entre parenthèses l'autre structure plus formelle et moins courante.
1) Why can't she go on her own? (Why can she not go on her own?)
2) Why don't you like them? (Why do you not like them?)
3) Doesn't she realize it's extremely important? (Does she not realize it is extremely important?)
4) Aren't you coming with us? (Are you not coming with us?)
5) Won't she have a lie-in? (Will she not have a lie-in?)
6) Hasn't she been crying? (Has she not been crying?)
7) Didn't they plan to go shopping? (Did they not plan to go shopping?)
8) Weren't they awful? (Were they not awful?)
9) Shouldn't she be at school? (Should she not be at school?)
10) Wouldn't you like to try again? (Would you not like to try again?)

Exercice 9. Traduisez en anglais
1) How long have you known Pete?
2) How long has it been raining?
3) Who told you ?
4) Who is she talking to?/To whom is she talking?
Who is she speaking with?/To whom is she speaking?
5) When did you arrive?
6) Who was she invited by?/By whom was she invited?
7) How long ago did you buy your mobile home?/How long have you had your mobile home?
8) Why didn't he want to stay with you?/Why did he not want to stay with you?
9) Has he kept his flat/apartment? – Yes, he has.
10) Whose is this English dictionary?/Whose English dictionary is this? – It's mine.

SÉQUENCE 2
L'EXCLAMATION

Exercice 1. Complétez les exclamations suivantes
1) What a day!
2) How marvellous!
3) What lovely cars!
4) How extraordinary!
5) What a good boy!
6) What fantastic weather!
7) How fast they speak!
8) What awful children!
9) How well-behaved they are!
10) What an amazing actress!

Exercice 2. Complétez avec *so* ou *such (a/an/Ø)*
1) It was so windy that we had to stay indoors.
2) We were in such a rush that we forgot to take our passports!
3) They were so thirsty that we went into a pub.
4) Oh thank you. They're such beautiful flowers!
5) He was so tired that he went to bed straightaway.
6) I've never met such friendly people.
7) He drives so fast! He is always showing off when he's behind the wheel.
8) It was such a stupid idea to go there!
9) He bought her such an expensive ring for her birthday that he couldn't afford to take her to a restaurant afterwards.
10) Don't you remember? Of course, it was such a long time ago!

Exercice 3. Faites des exclamations par des tournures interro-négatives
1) Look at him. Doesn't he look weird!
1) Look! Doesn't she swim well for her age!
2) Look at them. Aren't they lazy!
3) Thank you. Isn't it lovely!
4) Didn't we have a good laugh!
5) Oh yes, isn't he clever!

Exercice 4. Voici les exclamations revues et corrigées
1) What a terrible day!
2) What a pity!
3) How painful!
4) What awful weather!
5) What a nightmare!
6) What great news!
7) What a fascinating book!
8) Isn't she sweet!
9) Aren't they stupid!/How stupid they are!
10) What beautiful roses!
11) What a shocking story!
12) She's such a nice girl!/She's so nice!

SÉQUENCE 3
LES SUBORDONNÉES RELATIVES

Exercice 1. Ajoutez un pronom relatif dans les phrases suivantes
1) I used to have a car which/that made an awful lot of noise and it always broke down.
2) The people who live in this house have gone to Australia.
3) What I told you before was wrong. Sorry!
4) This is the room where the body was found.
5) That man, who is wearing a dinner jacket, has refused to talk to me. I wonder why.
6) This is Gillian, whose husband works with me.
7) They never want to try what I cook. Isn't it funny?
8) Here's the parcel which/that came for you this morning.
9) The Black Country Museum near Birmingham is one of the best museums that I have seen this year.
10) All that happened was her fault.

Exercice 2. Transformez ces phrases pour inclure une subordonnée relative
1) I saw a young man who was wearing a pink jacket.
2) The bus which/that goes to Leamington isn't running today.

3) I've found the keys which/that I lost/I had lost yesterday.
4) This wine which/that I bought at the supermarket tastes awful.
5) I know a good antique shop in the New Forest which/that sells collectable teapots.

Exercice 3. Vrai ou faux ? Peut-on supprimer le pronom relatif dans les énoncés suivants. Mettez V (vrai) ou F (faux) dans la grille ci-dessous

1	2	3	4	5	6	7	8	9	10
F	F	F	V	V	F	V	F	V	F

1) The person who wrote this English poem was not a native speaker.
2) Money is all that matters to them.
3) She's the one who brings home the bacon.
4) The second-hand car which we bought was immaculate.
5) The accident that she had was not all that serious. She will recover soon.
6) The attractive girls who appeared on the show were all professional dancers.
7) The woman who you laughed at used to be my P.E. teacher.
8) The novel that sold so well was reprinted twice during the year.
9) The film that you want to see starts in half an hour.
10) I know a good bookshop in Nottingham which sells comics and graphic novels.

Exercice 4. Retrouvez les bonnes correspondances

"Oh I do want to be beside the seaside!"

1	2	3	4	5	6	7	8	9	10
I	E	A	F	C	G	B	J	D	H

1) She wants me to take them to Brighton.	A- Ils aimeraient les emmener à Brighton.
2) I want to take her to Brighton.	B- J'aimerais qu'elle aille à Brighton.
3) They'd like to take them to Brighton.	C- J'aimerais qu'elle m'emmène à Brighton.
4) She wants to take them to Brighton.	D- Elle aimerait que j'aille à Brighton.
5) I'd like her to take me to Brighton.	E- Je veux l'emmener à Brighton.
6) She'd like to go to Brighton.	F- Elle veut les emmener à Brighton.
7) I'd like her to go to Brighton.	G- Elle aimerait aller à Brighton.
8) They want me to take her to Brighton.	H- J'aimerais l'emmener à Brighton.
9) She'd like me to go to Brighton.	I- Elle veut que je les emmène à Brighton.
10) I'd like to take her to Brighton.	J- Ils veulent que je l'emmène à Brighton.

Exercice 5. Traduisez en anglais

1) *Imagine* is the song (that) I prefer.
2) All that matters to me is health.
3) Did you know the people who sold you that mobile?
4) What is incredible is that she refuses to speak to us.
5) The comic strip/graphic novel I told you about yesterday has just been sold. What a pity!
6) The man she has fallen in love with/with whom she has fallen in love is much older than her/she is.
7) She said to her friends/She told her friends (that) I was stupid, which I didn't appreciate /like at all.
8) The students our son shares a flat with/with whom our son shares a flat are foreigners /foreign students.
9) Christine, who has gone shopping, will call him back/ring him back/phone him back as soon as she is back (home)/comes back (home).
10) His latest book, which was published last September, tells about all his years/is about all his years spent in France when he was a student.

SÉQUENCE 4
LE PASSIF

Exercice 4. Lisez l'article suivant et soulignez toutes les formes passives

Ransom raid men hunted

SIX people were held to ransom in their kitchen as robbers scoured the Hampstead Garden Suburb home for valuables.

At around 8.40pm on Saturday, it is believed at least four men entered a house in The Bishops Avenue through a first-floor window.

After forcing the residents to lie on the kitchen floor, the men stole a safe and fled the scene in a stolen Mercedes parked in the driveaway.

A 42-year-old man who had been driving the Mercedes was arrested after a short police pursuit. He has been charged with burglary and will be remanded in custody until February 25.

Police are still looking for at least three other suspects. They are all described as around 30 years old and about 5ft 10in tall. Suspect one has been described as a black male wearing a grey, zipped jumper, dark trousers and a blue beanie hat. The second has also been described as a black male, wearing a dark top and dark coloured trousers. The third is a white male.

All the property from the robbery has been recovered.

It is believed another vehicle may have been involved. Anyone who saw anything suspicious in The Bishops Avenue at around 8.30pm are asked to contact police on 0208 200 1212, quoting 2400854/08 or to call Crimestoppers, anonymously, on 0800 555 111.

The Times, Thursday, January 17, 2008

Exercice 5. Complétez le tableau avec le verbe *show* à la voix passive et aux temps demandés

Présent simple	*They are shown…*
Présent progressif	*He is being shown …*
Prétérit simple	*She was shown …*
Passé progressif	*They were being shown…*
Present perfect	*We have been shown …*
Past perfect	*He had been shown …*
Futur simple	*You will be shown …*
Conditionnel: *would + have + PP*	*I would have been shown …*
Modal : *should*	*She should be shown …*

Exercice 6. Enoncés à la voix passive

1) English is spoken in this restaurant.
2) *A Year in the Merde* was written by Stephen Clarke.
3) My computer is being repaired by my next-door neighbour.
4) The thief was caught yesterday.
5) The match will be cancelled if it snows.
6) The first Macintosh computer was invented by Steve Jobs in his parents' garage.
7) Thousands of people have been made redundant.
8) These T-shirts are made in China.
9) He shouldn't be allowed to wear jeans.
10) The company car was taken without permission.
11) The mayor was shown round the new student hall of residence.
12) I've been invited to stay at the McLeods' for Easter.

Exercice 7. Traduisez ces énoncés en anglais

1) He was bitten by a dog yesterday.
2) This book was published by *Cambridge University Press* ten years ago.

3) At the moment all the phone lines are being used/are engaged.
4) Most of our products are exported.
5) Our neighbours' house was sold last week.
6) I was told/I've been told everything and you weren't told/you haven't been told anything! // … and you were told/you have been told nothing!
7) Our boiler should be/ought to be changed next week.
8) A new president will be elected in May.
9) Leslie is anxious/worried. She should be told the truth./We should tell her the truth.
10) He is said to be mad/crazy/a lunatic.

SÉQUENCE 5
LE DISCOURS DIRECT ET INDIRECT

Exercice 2. Phrases suivantes au style indirect
1) She said (that) it would rain for most of the day.
2) He told us (that) he had been working in the garden all day.
3) They said (that) they had been lying on the beach in Calpe the night before.
4) He said (that) she wouldn't come.
5) Jenny asked if/whether she could have a word with Pat.

Exercice 3. Voici les phrases qui comportaient des erreurs et qui ont été corrigées
1) I don't know what *eerie* means.
2) He asked her what the time was.
5) They told her he wanted a holiday.
6) Can you tell me where the nearest cash point is?
7) My parents said that they didn't mind waiting.

Exercice 4. Traduisez en anglais
1) She asked me where I was going.
2) He told us/said to us (that) they wouldn't come to Claire's birthday party.
3) She told them (that) she had been a nurse at the Royal Hospital for twenty years.
4) She asked him where he had worked before.
5) They told us (that) they would leave the keys under the doormat.
6) The manager told me (that) I had to give them a CV and a covering letter.
7) She said (that) she had been drawing since the beginning of the afternoon.
8) They told me (that) they had seen them at the railway station the day before.
9) She said (that) she had been there before.
10) He said (that) his name was/he was called/he was James Taylor.

SÉQUENCE 6
LES MOTS DE LIAISON ET DE MODIFICATION
LES CONJONCTIONS DE COORDINATION

Exercice. Complétez les phrases suivantes avec un mot de liaison adéquat.
1) They've been living in Spain for two years but they can't speak Spanish.
2) You can either take the blue one or the red one. It's up to you!
3) Because of the heavy snow, he couldn't drive to work, so/therefore he had to use public transport.
4) Let me see. I don't think I'll have the steak and kidney pie. I'll have fish and chips instead.
5) Where would like like to have lunch? In a pub or in a restaurant?
6) Our son wanted to have his work placement in Britain in order to/so as to/to improve his English.
7) Their daughter used to work as a tourist guide in Liverpool because she is bilingual.
8) Keith and Angela got our invitation to our golden wedding anniversary and they said they were both coming.

9) It's a lovely house, I must admit and yet I'm not sure I'd like to live here.
10) She's just like her brother. They're both terrible. I don't like having them around.

LES PRÉPOSITIONS

Exercice 1. Soulignez les prépositions dans l'extrait suivant

The year does not begin in January. Every French person knows that. Only awkward English speakers think it starts in January.
The year really begins on the first Monday of September.
This is when Parisians get back to their desks after their month-long holiday and begin working out where they'll go for the mid-term break in November.
It's also when every French project, from a new hairdo to a nuclear power station, gets underway, which is why, at 9am on the first Monday of September, I was standing a hundred yards from the Champs-Élysées watching people kissing.

My good friend Chris told me not to come to France. Great lifestyle, he said, great food, and totally un-politically correct women with great underwear.
But, he warned me, the French are hell to live with. He worked in the London office of a French bank for three years.
"They made all us Brits redundant the day after the French football team got knocked out of the World Cup. No way was that a coincidence," he told me.

Stephen Clarke, *A Year in the Merde*, Black Swan, 2004

Exercice 2. Trouvez la préposition manquante

1) I'll see you on Sunday.
2) The bus will arrive at 12.30.
3) They're coming by train.
4) He is drinking tea from a mug/out of a mug.
5) Look at this old man with a grey beard.
6) They gave him a laptop for his 20th birthday.
7) Is she good at skiing?
8) This is a painting by Turner.
9) Where have I put my book about/on birds?
10) We went to a peace march against the war in Afghanistan.
11) Who paid for the drinks?
12) They're really proud of their son.
13) She walked straight into/out of her room and slammed the door.
14) I can't sleep at nights. I have to take tablets
15) We'll have to do some shopping in the afternoon.
16) We've been waiting since six o'clock.
17) You must switch off your mobiles during the lesson.
18) It was made of plastic.
19) What's it for? - It's for cutting bread.
20) I'm afraid he's been depressed for weeks.

Exercice 3. Dites quelle est la préposition correcte
Nous avons souligné la préposition correcte.

1) *From/Until* now on, I intend to make sure you phone me *at/in* 7 o'clock every day.
2) You can't walk *in/across* the street. The light is red.
3) They're *at/in* London *for/during* a week.
4) We have been waiting *for/since* yesterday *about/for* news *of/to* you.
5) He jumped *off/of* the wall and broke his leg.
6) I only see my friends *in/at* weekends.
7) They are sitting *around/over* the table.

8) We met them *in/on* our way *to/for* church.
9) Go *past/near* the hospital and it's the first *in/on* the right.
10) He fell *to/into* the water and managed to swim *at/to* the river bank.

Exercice 4. Traduisez les phrases suivantes en anglais
1) The book which is on the table belongs to me/is mine.
2) She looks like her mother.
3) I don't believe in God.
4) I'm not used to driving on the left.
5) Wait until/till midnight.
6) She left without taking her keys.
7) I was born in 1982.
8) They ran/rushed/dashed into the bank.
9) Where is she? – Under the table.
10) She is from/comes from Manchester.

LES ADVERBES

Exercice 1. Donnez les adverbes correspondant à ces adjectifs
hopeful, simple, crazy, real, incredible, awful, quick, dangerous, good, surprising, usual, hard, definite, true, fast, loud.
Adverbes : hopefully, simply, crazily, really, incredibly, awfully, quickly, dangerously, well, surprisingly, usually, hard, definitely, truly, fast, loudly.

Exercice 3. Mettez l'adverbe entre parenthèses au bon endroit dans la phrase
1) He has never been late before.
2) There is usually a good film on Saturday evenings./Usually there is a good film …
3) We sometimes go to Spain in the summer./Sometimes we go to Spain in the summer/We go to Spain in the summer sometimes.
4) I quite often forget to take some cash with me.
5) We normally have my mother round for a meal at the weekend./Normally we have my mother round for a meal at the weekend.
6) They occasionally see squirrels in their garden. They see squirrels in their garden occasionally.
7) Have you ever been to London?
8) It's the best meal we have ever had.
9) Dad hardly ever goes on the beach. He can't stand the sun!
10) She is seldom on time.

Exercice 4. Mettez les mots dans le bon ordre pour faire des phrases correctes.
1) My children always go to bed before midnight.
2) My girlfriend has occasionally published articles in the *Observer.*
3) Sometimes she …/ She (sometimes) goes shopping on Saturday afternoons (sometimes).
4) She hardly ever understands what I tell her.
5) Why do you never go to the cinema?

Exercice 5. Traduisez les phrases en anglais
1) I often take the children to the beach.
2) She doesnt like ice-cream very much/a lot.
3) I don't quite/really understand what you mean.
4) My mother always speaks very loudly.
5) I sometimes take/drive my parents' car.

LES VERBES À PARTICULES

Exercice 1. Retrouvez les bonnes correspondances et reportez vos réponses dans la grille ci-dessous

1	2	3	4	5	6	7	8	9	10
E	F	G	H	J	D	B	I	A	C

1- to break into	A- céder, capituler
2- to grow up	B- élever (des enfants)
3- to check in	C- annuler
4- to keep on	D- se faire distancer
5- to black out	E- entrer par effraction
6- to fall behind	F- grandir (devenir adulte)
7- to bring up	G- se faire enregistrer (hôtel, aéroport)
8- to jot down	H- continuer, ne pas cesser de
9- to give in	I- noter, prendre note de
10- to call off	J- perdre connaissance

Exercice 2. Même exercice

1	2	3	4	5	6	7	8	9	10
E	D	B	I	A	C	J	G	F	H

1- to lay out	A- faire la grasse matinée
2- to pay back	B- rendre visite à quelqu'un (à l'improviste)
3- to pop in	C- parler sans cesse
4- to run away	D- rembourser
5- to lie in	E- disposer, arranger
6- to rabbit on	F- attendre avec impatience
7- to match up	G- reculer
8- to move back	H- perdre connaissance
9- to look forward to	I- s'enfuir
10- to pass out	J- harmoniser, faire correspondre

Exercice 3. Retrouvez la bonne particule parmi celles proposées ci-dessous. Chaque particule est employée une seule fois

back – away – down – out – round – in – up – aside – over – off

Français	Anglais
Économiser	*To save up*
Écraser, renverser	*To run over*
Partir, s'en aller	*To set off*
Se retourner	*To look round*
Se faire enregistrer (hôtel)	*To sign in*
S'asseoir	*To sit down*
Parler franchement	*To speak out*
Se mettre de côté	*To stand aside*
Rentrer à pied	*To walk back*
S'abstenir	*To stay away*

Exercice 4. Retrouvez le verbe à particule équivalent au verbe en gras et si nécessaire faites les modifications syntaxiques. Choisissez parmi les verbes suivants: *to pick up – to call off – to take off – to keep on – to go back*

1) Please **remove/take off** your hat/**take** your hat **off** before coming into the cathedral.
2) They had to **return/go back** to the hospital.
3) The concert **was cancelled/called off** because of a storm.
4) They were exhausted but they **continued/kept on** walking.
5) We'll **collect** you/**pick** you **up** from the airport.

Exercice 5. Vrai ou faux ? Peut-on changer l'ordre des mots en gras? Reportez votre réponse V (vrai) ou F (faux) dans la grille ci-dessous

1	2	3	4	5	6	7	8	9	10
V	V	F	V	V	F	F	F	V	F

1) She turned **the lamp on**.
2) She sent **the damaged parcel back.**
3) The old lady walked **across the road** without looking and was nearly knocked over.
4) Take **your coat off**. It's quite warm in here.
5) Can you turn **the music down**? I can't hear anything.
6) My parents are looking **after my son** during the holidays.
7) They're waiting **for the bus**.
8) The plane to Madrid took **off very late** because of a bomb scare.
9) He put **his new football boots on** and was very proud.
10) I found **out later** that he had also stolen a lot of money.

Exercice 6. Traduisez en français

1) Qu'est-ce qui se passe? – Il pleure parce qu'on vient de le gronder.
2) Les enfants ne devraient pas répondre à leurs parents.
3) Elle n'est pas tendre avec lui./Elle le maltraite. Comment peut-il supporter cela?
4) Nous attendons vraiment avec impatience les vacances d'été.
5) Ma femme et moi allons souvent au restaurant le dimanche.
6) Le taxi s'est arrêté devant la gare.
7) Il mentait mais j'ai cru tout ce qu'il a dit/disait. Il m'a vraiment trompé./Je me suis vraiment laissé prendre à son jeu./Je me suis vraiment fait avoir.
8) Quand elle est revenue à elle/a repris conscience, elle était à l'hôpital.
9) Les voleurs se sont enfuis au volant d'une grosse BMW noire.
10) Je mange trop. Il faut que j'essaie de manger moins/de moins manger.

Exercice 7. Dictée (extrait de texte choisi par votre professeur)

Exercice 8. Compréhension de texte : *In the eye of the storm*

1) General comprehension

What is this article about? Choose the correct answer

D- An unusual weekend in France.

2) Detailed comprehension

True or false? Put your answers (T, F) in the grid below

1	2	3	4	5	6	7	8
F	T	T	F	T	F	F	F

1) The article was written by an English journalist who spent a few days in France.
2) When she wrote her article, everything in her house was back to normal.
3) They had no electricity from Saturday until Monday night.
4) They had nothing in the house to keep them warm.
5) They found some candles.
6) There was no noise at all and they were frightened.

7) She talked to many people during the weekend.
8) She could live without a computer now.

Complete the sentences with information from the article
1) The storm was called Klaus. (paragraph 1)
2) They had to sit by the fire to keep warm. (paragraph 1)
3) She realised that living without electricity was pretty/very tiring. (paragraph 1)
4) When the electricity came back on, she almost missed the candlelight/silence (paragraph 2)
5) To conclude, most of them had mixed feelings about having no phone, no television, no internet, no electricity (no fridge, no radio, no clocks, no kettle, no computer) (paragraph 3)

Electrical appliances and noises: match them up

1	2	3	4	5
C	A	E	B	D

1- fridge A- boiling
2- kettle B- beeping
3- computer C- humming
4- phones and clocks D- blaring
5- radio E- buzzing

3) Language
Synonyms : find in the article words or phrases which mean the same as:
1) There wasn't any noise = There was no sound./The silence was total. (paragraph 1)
2) had disappeared = had gone. (paragraph 1)
3) illuminated = lit up. (paragraph 2)
4) to abandon = to leave behind. (paragraph 2)
5) I've spoken to = I've talked to. (paragraph 3)
6) experienced = shared the same feeling/sense. (paragraph 3)

4) Explain briefly
When the electricity came back on, what did Amanda Hodgkinson compare the event to?
She compared the event to the Eiffel Tower with all its Christmas lights/illuminations :
"... and the next moment our house was lit up like the Eiffel Tower at Christmas."

Achevé d'imprimer par Corlet, Imprimeur, S.A. - 14110 Condé-sur-Noireau
N° d'Imprimeur : 170364 - Dépôt légal : janvier 2015 - *Imprimé en France*